이미지 경영 기본서

Principle of
Image Management

CENGAGE

Principle of Image Management

Kim Sun Hee
Yang Jung Mi
Oh Min Jae

ISBN-13: 978-89-6218-499-0

Cengage Learning Korea Ltd.
14F YTN Newsquare 76 Sangamsan-ro
Mapo-gu Seoul 03926 Korea
Tel: (82) 2 330 7000
Fax: (82) 2 330 7001

Cengage Learning is a leading provider of customized learning solutions with office locations around the globe, including Singapore, the United Kingdom, Australia, Mexico, Brazil, and Japan. Locate your local office at: **www.cengage.com**

Cengage Learning products are represented in Canada by Nelson Education, Ltd.

To learn more about Cengage Learning Solutions, visit **www.cengageasia.com**

Printed in Korea
Print Number: 01 Print Year: 2021

이미지 경영 기본서

Principle of
Image Management

김선희 · 양정미 · 오민재 지음

CENGAGE

Andover • Melbourne • Mexico City • Stamford, CT • Toronto • Hong Kong • New Delhi • Seoul • Singapore • Tokyo

저자 소개

김선희

관광경영학 박사
대한항공 객실부사무장
중부대학교 항공서비스학과 교수

양정미

교육학 박사
대한항공 객실부사무장
극동대학교 항공운항서비스학과 교수

오민재

관광경영학 석사
대한항공 객실부사무장
극동대학교 항공운항서비스학과 교수

이미지 경영 기본서

초판 1쇄 인쇄 | 2021년 2월 25일
초판 1쇄 발행 | 2021년 3월 4일

지은이 | 김선희, 양정미, 오민재
발행인 | 송성헌
발행처 | 센게이지러닝코리아㈜
등록번호 | 제313-2007-000074호(2007.3.19.)
주　　소 | 서울시 마포구 상암산로 76 YTN 뉴스퀘어 14층
전　　화 | 02) 330-7000
이메일 | asia.infokorea@cengage.com
홈페이지 | www.cengage.co.kr

ISBN-13: 978-89-6218-499-0

정가 22,000원

머리말

생활예절은 사람들이 서로 질서를 지키며 행복하게 살아갈 수 있도록 규범을 정해 놓은 생활 방식이다. 미래 사회는 기계가 인간의 행동을 예측하는 시대라고 많은 학자들이 이야기한다.

그러나 시대를 막론하고 서로에 대한 배려심을 갖는 것은 매우 중요하다. 이를 위해 사회에서는 인성교육을 강조하지만 머리로 배울 뿐 행동 변화를 보이지 않아 대인관계에서 어려움을 겪는 상황이 발생하기도 한다. 이 책은 앞으로 우리 사회가 생활 및 문화적으로 급격한 변화를 겪더라도 최소한은 유지되어야 하는 기본적인 생활 속 예절을 정의하고 일상적인 상황에서 바로 적용할 수 있는 내용을 중심으로 정리하였다. 또한 대학 신입생, 신입사원과 예비 취업생이 자신이 선택한 직업(환경) 내에서 역량을 펼쳐 나가는 데 필요한 바람직한 마인드와 태도, 대인관계 능력을 갖추도록 하는 데 그 목표를 두었다.

이 책은 제1부 이미지 메이킹과 매너, 제2부 직장 매너, 제3부 글로벌 매너로, 총 3부로 구성되었다.

제1부에서는 매너의 개념과 이미지 메이킹에 대해 다룬다. 직업과 개성에 맞는 바람직한 이미지 창출로 비즈니스 경쟁력을 향상하고, 대인관계 능력과 역할에 맞는 자기표현 기법 체득으로 성공적 자아 실현과 자기 변화를 이룰 수 있는 내용이다.

제2부에서는 취업 대비 직장 매너를 다룬다. 자신이 희망하는 기업의 인재상에 부합하기 위해 자신의 강점을 최대한 부각시킬 수 있는 면접 준비와 직장 내에서의 인간관계를 위한 경조사 예절을 다룬다.

제3부에서는 글로벌 매너에 대해 다루며, 구체적으로는 해외여행 시 필요한 항공기 내에서의 매너, 호텔, 관광지 매너와 식음료 및 공공장소 매너를 통해 바로 실천 가능한 내용으로 구성하였다.

많은 사람들의 관심이 다가올 미래의 예측에 집중되고 있지만, 어떤 시대가 도래하든 '기본에 충실함'이 무엇보다 우선됨을 기억하길 바라며, 타인에게 바라기보다 자신이 먼저 어떻게 다가가야 하는지에 대해 진지하게 고민하는 분들과 대학 신입생이나 예비취업생분들에게도 도움이 되길 바라는 마음으로 집필하였다. 다양한 내용을 다루고자 많은 노력을 기울였으나 아직 미비한 점이 있을 것이다. 부족한 부분은 다음에 더욱 수정 · 보완할 수 있도록 많은 조언과 격려를 부탁드린다.

끝으로 이 책이 출판되기까지 정성을 아끼지 않은 센게이지러닝코리아 대표님과 끝까지 심혈을 기울여 주신 김민정 님께 진심으로 감사드린다.

2021년 2월

저자 일동

차례

PART 1 이미지 경영

CHAPTER 3

언어적 커뮤니케이션 스킬과 이미지 메이킹

—

55

CHAPTER 4

외모 개발을 위한 이미지 메이킹

—

81

PART **2** # 직장 매너

CHAPTER 7

경조사 예절

157

PART 3 글로벌 매너

CHAPTER 8

해외여행 매너

173

PART 1

이미지 경영

CHAPTER

1 이미지 메이킹과 매너

이미지 메이킹은 개인의 이미지를 분석하고 진단하여 직업과 개성에 맞는 바람직한 이미지를 창출함으로써 비즈니스 경쟁력을 향상시키고, 상황에 맞는 대인관계 능력 및 신분과 역할에 맞는 자기표현 기법을 체득함으로써 성공적 자아실현과 자기변화를 이룰 수 있는 과정이다. 이미지 메이킹을 통해 자신의 부가가치를 높임으로써 타인에게 호감을 줄 수 있고, 원만한 인간관계 구축으로 삶의 질 또한 높일 수 있게 된다.

사회가 바라는 사람은 끊임없이 자신을 가꾸고 내면의 가치를 외적으로도 승화시킬 수 있는 이미지 메이커이다. 바람직한 이미지는 밝은 미소로 친근감 있는 인상을 주고 좋은 관계를 맺고자 하는 선의의 마음을 다른 사람에게 전달할 수 있어야 한다.

이 장에서는 이미지 메이킹과 매너의 개념, 인간관계 형성의 바탕이 되는 매너의 올바른 이해, 매너와 에티켓의 차이, 그리고 동양 예절과 서양 예절의 차이점에 대해 알아본다.

1. 이미지 메이킹

이미지 메이킹(image making)은 20세기 후반에 들어서 개인과 사회, 국가에까지 그 영향력이 확대되고 있다. 이미지 메이킹은 개인의 이미지 분석과 진단을 통해 직업과 개성에 맞는 바람직한 이미지를 창출함으로써 비즈니스 경쟁력을 향상시키고, 상황에 맞는 대인관계 능력 및 신분과 역할에 맞는 자기표현 기법을 체득함으로써 성공적 자아실현과 자기변화를 이룰 수 있는 과정이다. 진정한 이미지 메이킹은 시대가 요구하는 미의식과 가치관이 자신의 외적 · 내적 모습에 반영될 때 비로소 실현된다.

이미지 메이킹은 포장술이나 위장술이 아니라 바람직한 내면의 변화로 이루어지는 외면의 변화이다. 성격이나 대인관계, 문제점이 한 번에 바뀌는 것은 불가능하지만

다른 사람에게 보이는 모습이 긍정적인 방향으로 바뀌게 되면 자신감을 얻고 활기차고 건강해진다. 이 같은 시도는 근래에 정치인, 경영자, 일반인 사이에서 활발하게 이루어지고 있으며, 여러 인물의 예를 들 수 있다.

존 F. 케네디 대통령은 이미지 메이킹을 전략적으로 활용한 최초의 정치인이다. 블랙슈트로 젊은 나이에 비즈니스 감각을 드러낸 빌 게이츠나 신체의 약점을 특유의 따뜻하고 부드러운 목소리의 친근한 이미지로 부각시킨 프랭클린 루스벨트 대통령, 세련된 현대적 감각으로 이미지 리더십 시대를 지낸 일본의 고이즈미 총리 등의 정치인과 기업인은 모두 성공적인 이미지 메이킹으로 자신을 부각시킨 대표적인 사람들이다.

이미지 메이킹에서는 개인별 컬러 진단을 통한 컬러의 적용, 얼굴형에 따른 헤어스타일과 메이크업 연출, 패션스타일, 대화 스킬, 자세를 교정하여 좋은 이미지를 만들어 가는 것이 중요하다.

1.1. 이미지 메이킹의 개념

이미지(image)는 imitari(흉내 내다)와 ago가 합쳐져 '흉내 낸 것'이라는 뜻의 라틴어 '이마고(imago)'에서 유래한 말로, 사전에 의하면 형태나 모양, 느낌, 심상, 관념을 의미한다. 상대방에게서 자연스럽게 긍정적인 태도를 이끌어 낼 수 있는 힘의 원천은 바로 좋은 이미지이다. 그리고 좋은 이미지는 높은 지위나 천 마디 말보다 더 큰 위력을 발휘하게 된다.

이미지의 정의는 다음과 같다.

이미지의 정의

감각 대상에 대해 감지된 정보가 마음속에서 정보처리 과정을 거치며 재구성되어 만들어지는 형상(刑象)이자 어떤 사람이나 사물에 대해 가지는 상이나 기억, 인상, 평가 및 태도의 총체이다.

이미지는 심리적 · 정신적 특성으로 사람의 내면에 있는 생각, 습관, 감정, 욕구, 심성 등의 내적 이미지와 표정, 자세, 헤어스타일, 패션, 메이크업, 매너, 언어적 커뮤니케이션 등의 외적 이미지로 나누어진다. 어떤 사람을 생각할 때 떠오르는 형체, 표정, 음성, 말투, 옷차림, 성격, 헤어스타일, 자세, 걸음걸이, 얼굴 생김새 등 그 사람에 대한 수많은 생각이 머릿속에서 형체를 만들고 그것을 편집하고 재구성하게 되는데, 이렇게 그 사람에 대한 생각과 감정이 모인 것이 바로 '이미지'이다.

좋은 이미지는 실력이자 경쟁력이다. 이미지를 좋게 만들기 위해 자신이 갖고 있는 장점을 부각시키고 단점을 보완하여 타인에게 긍정적이고 차별화된 이미지를 만들어 내는 것이 이미지 메이킹이다. 성공적인 이미지 메이킹은 우선 긍정적인 내적 이미지를 만들고 이를 바탕으로 자신의 장점을 부각시킬 수 있는 외적 이미지를 만들어 가는 것이라고 할 수 있다. 이미지 메이킹이 구체적으로 어떠한 요소로 구성되는지, 개인의 이미지 메이킹이 어떠한 요소를 가지고 단계별 발전과정을 거치는지 알아보자.

1.2. 이미지 메이킹의 구성요소

(1) 개인 이미지 메이킹(personal image making)

개인이 지닌 개성과 특성을 파악하여 잠재력과 매력, 장점을 개발하고 향상시켜 최상의 이미지를 만드는 과정으로, 자신만의 고유한 이미지를 구축하여 경쟁력을 확보할 수 있다.

개인 이미지의 종류

- 실제적 자기 이미지(actual self-image): 실제로 갖고 있는 이미지이다.

- 이상적 자기 이미지(ideal self-image): 되고 싶다고 생각하는 사람의 모습이다. 일반적으로 외모를 관리할 때 실제적 자기 이미지보다는 이상적 자기 이미지에 가깝게 자신을 표현하고자 한다.
- 면경적 자기 이미지(looking glass self-image): 타인에게 보이고 싶은 이미지이다. 자신의 외모가 타인에게 어떻게 인식되는지를 상상하고, 이에 대해서 스스로 긍지 또는 굴욕감을 느끼기도 한다.
- 상황적 자기 이미지(situational self-image): 특정한 상황에서 타인이 자신에 대해 생각해 주길 바라는 자신의 이미지이다. 일반적으로 대부분의 사람들은 다양한 자기 이미지를 동시에 갖고 각기 상황에 맞는 이미지와 일치하는 외모와 행동을 연출하게 된다. 일상생활에서 시간과 장소, 연령과 성별, 직업, 속해 있는 집단과 상황에 맞는 적절한 이미지를 연출하는 것이 중요하다(일반적으로 직장에서, 학교에서, 집에서의 자기 이미지는 각각 다르다. 따라서 상황에 맞는 이미지 연출이 필요하다).

개인 이미지 메이킹의 방법

개인 이미지의 향상은 나 자신을 바르게 아는 데서 시작된다. 이 과정을 통해 실제적 자기 이미지와 비교하여 어느 부분을 향상시킬지에 대한 방법도 나오게 된다. 실제적 자기 이미지를 올바로 인식하고 개선, 관리할 수 있다는 신념과 변화에 대한 의지를 가진다면 긍정적 이미지 연출이 가능하다. 효과적인 이미지 메이킹은 내면과 외면이 조화를 이루고 합치될 때 자연스럽고 바람직하게 연출될 수 있다.

- 외적 이미지 메이킹: 자신의 체형이나 외모를 객관적으로 판단한다. 신체적 결함을 보완하고 긍정적이고 매력적인 장점을 부각시키는 것이 필요하다. 자신이 이상적으로 바라는 이미지를 모방하여 표정, 자세, 패션, 메이크업, 화술 등을 자신의 스타일로 창출하는 것이다. 누구누구와 매우 흡사하거나 비슷한 인상을 가졌다는

그림 1 개인 이미지 연출을 위한 단계별 분석과 이미지 향상 방안

점을 이용하여 외적으로 이미지 메이킹을 하면 된다(예, 클린턴 대통령과 오바마 대통령이 케네디 대통령을 이미지 메이킹).

- 내적 이미지 메이킹: 외적 이미지와는 반대의 개념으로, 보이지 않는 정신적인 형상을 만드는 것이다. 외적 이미지만으로 사람을 판단한다 하더라도 진실이 무엇인지는 시간이 지나면 알 수 있다. 따라서 진정한 개인의 외적 이미지는 결국 내면에서 나온다. 내적 이미지에 충실하면 외적 이미지를 돋보이게 할 수 있으므로, 무엇보다 왜곡되지 않은 진정한 자기 자신의 이미지를 찾아야 한다. 자신의 성격, 태도, 가치관 등에 대해 스스로 생각해 보고 타인에게 자신의 내적 이미지를 물어본 후, 이들을 종합하여 올바른 내면의 이미지를 만들어야 한다. 장점은 더욱 개발하여 전면에 부각시키고 단점은 그 원인을 분석하고 보완하려는 노력이 필요하다.

현대는 이미지의 시대이며 좋은 이미지를 구축할 수 있는 사람이 성공한다. 개인은 이미지 메이킹을 통해 자신의 부가가치를 높여 타인에게 호감을 주고, 원만한 인간관계를 형성하여 삶의 질 또한 높이게 된다. 따라서 개인의 특별하고 독특한 이미지는 성공적인 삶을 위한 전략의 밑바탕이며, 이미지 메이킹은 끊임없이 자신을 가꾸고 내면의 가치를 외적으로 승화시켜 사회가 추구하는 이상적인 사람으로 가꾸어 가는 전략의 중심이다.

(2) 기업 이미지 메이킹(cooperate image making)

기업을 둘러싸고 있는 관계자들에게 보이는 기업의 모습으로, 소비자들의 태도나 행동을 유지, 변경시키기 위해 기업 이미지를 의도적으로 강조하거나 창출하는 것이다. 기업의 특성에 맞게 이미지를 설정하고, 로고나 행사 관리, 생산하는 제품과 직원 이미지(매너, 자세, 표정, 화술, 복장)를 종합적으로 관리함으로써 하나의 일관된 기업 이미지를 만드는 것이다. 소비자들은 대부분 제품을 구매하기 전에 기업 이미지를 먼저 구매하기 때문에 기업은 추구하는 이미지 목표를 명확히 설정하고 긍정적 이미지를 전달하기 위해 노력한다.

(3) 국가 이미지 메이킹(national image making)

국가 이미지는 한 국가가 가지고 있는 유 · 무형 자산으로 형성되는 국가 정체성의 기틀이 된다. 특정 국가에 대해 형성되는 인식의 총체로, 해당 국가 국민들이 국내외에서 벌이는 활동들이 복합적으로 작용하여 형성되거나 그 나라의 대표적인 상품, 문화, 기술, 정치, 경제, 교육, 환경에 대한 이미지 등이 함께 맞물려 형성된다. 근래에는 한국 이미지가 K팝과 드라마 등 한류 대중문화를 통해 긍정적으로 인식되고 있는데, 이와 같이 국가도 이미지 메이킹을 통해 국가 브랜드 이미지의 위상이 높아진다.

2. 매너와 에티켓

21세기는 국제화 시대이다. 국제무대에서 성공적인 인간관계를 맺기 위해서는 상대방의 문화적 배경에 입각한 행동양식이나 사고방식을 사전에 잘 이해해야 한다. 이와 같이 서로 다른 문화 간에 올바른 커뮤니케이션을 가능하게 해 주는 요소가 바로 매너(manner)로, 상대방을 존중하고 배려하는 마음이 발현된 것이라고 할 수 있다.

미국 컬럼비아 대학교 MBA 과정에서 기업체의 CEO(최고경영자)들을 대상으로 성공에 가장 큰 영향을 준 요인을 조사한 결과, 응답자의 93%가 '대인관계 매너'를 꼽았다. 좋은 매너는 공감과 신뢰, 감동을 불러온다. 매너는 '마음가짐에서 나오는 자세이자 몸가짐(behavior)'으로 전체적인 이미지 메이킹에서 큰 비중을 차지한다. 매너의 개념을 깊이 있게 이해하기 위해서 매너의 동의어로 흔히 사용되는 '에티켓'과의 차이 그리고 동양 예절과의 차이를 함께 살펴본다.

2.1. 매너

매너는 마음의 문을 여는 열쇠로 '변하지 않고 오래갈 수 있는 인간관계 기법'이다. 매너의 기본원칙은 타인을 존중하고 배려하여, 상대방을 편안하게 대해 주는 것이다. 사전에 의하면 매너의 어원은 '방법 · 방식 · 태도'를 뜻하며, 복수는 '예의범절'로 명시되어 있다. 세계적 경영 컨설턴트인 톰 피터스(Tom Peters)가 생존 키워드 6가지의 하나로 '좋은 매너'를 꼽을 만큼 매너는 비즈니스의 존폐와 성패를 가르는 중요한 능력이다. 매너의 어원과 정의를 자세히 보면 다음과 같다.

매너의 어원과 정의

매너의 어원은 라틴어 '마누아리우스(manuarius)'이다. manus와 arius라는 말의 합성어로 manus는 영어의 손(hand)을 뜻하며, 이 의미 외에 사람의 행동 · 습관 등의 뜻도 내포한다. arius는 'more at manual', 'more by the manual'로 방법 · 방식의 의미를 지닌다. 즉, 매너는 사람마다 가지고 있는 독특한 습관이자 마음가짐에서 나오는 몸가짐(behavior)으로 인간의 행동방식을 뜻한다.

2.2. 에티켓

에티켓(etiquette)은 프랑스어로 '예의범절(estiquier: 붙이다)'이라는 뜻 외에 '명찰', '꼬리표'라는 의미가 있다. 에티켓의 정의는 다음과 같다.

에티켓의 정의

인간관계를 원활하게 하기 위한 규범으로 타인에 대한 마음가짐이다. 상대방을 존중하고 상대방의 감정과 정서를 고려하며 상대방에게 호감을 줄 수 있도록 헤아리는 마음가짐의 행동기준이다.

17세기 프랑스 루이 14세 시대의 베르사유 궁전은 귀족들만 출입할 수 있는 출입증을 발행했는데, 이 티켓(명찰, 꼬리표)을 프랑스어로 에티켓(etiquette)이라고 하였다. 이는 세련된 궁중 예법을 뜻하며 귀족 신분을 나타내는 증표가 되었다. 또 한 가지 전해지는 에티켓의 유래는 '푯말(출입금지)'이다. 베르사유 궁전의 정원사가 궁전의 정원을 보호하기 위해 푯말을 설치한 것에서 비롯되어 결국 '마음의 정원'을 해치지 말아야 한다는 뜻에서 '예의범절'을 나타내는 말로 사용되었다고 한다.

이러한 프랑스의 궁정 예절은 이후 영국과 스페인 왕실 등으로도 전파되었다. 결국 에티켓은 예식의 절차를 기록한 티켓으로 '타인에게 피해를 끼치지 않는 질서 있고 안정된 수단'으로 사회를 유지하려는 필요에 의해서 발달하였다. 그리고 오늘날에는 '옳은 행위'나 '바른 처신'이라는 의미로 발전되어 일반 대중에게까지 전해져 보편화되었다. 종합하면, 에티켓은 상대방을 먼저 생각하는 친절한 마음이자 일반 생활 규범에서 벗어나지 않는 올바른 판단과 바른 태도이다.

2.3. 예절

예절은 공동생활을 영위함에 있어서 인간들 상호 간에 절도를 지켜 조화를 이루며 화합하는 데 의의가 있으며, 그 기능은 크게 3가지로 구분할 수 있다.

- 자기 수양으로 자기 자신과 관계되는 것(對內對目的機能)이다. 스스로 부단히 바르게 관리하는 것(修己)으로 정성스러운 마음(誠)이라고 할 수 있다.
- 다른 사람과 관계되는 것(對外對他的機能)이다. 타인과 바른 관계를 갖기 위해 공경하는 자세로 사랑의 마음을 가지면 상대방도 편안함을 느끼게 되고 그 결과 자신도 기쁨을 얻는다.
- 일반적으로 우리 모두와 관계되는 기능(共同的機能)이다. 수기(修己)와 치인(治人)이 온전히 유지될 때 공동체 구성원인 우리 모두가 편안하고 즐겁게 조화를 이루며 밝고 명랑한 사회를 이룩할 수 있다.

전통문화를 구성하는 한 요소로서 예절은 인간의 생활양식이나 시대, 환경에 맞게 변화해 왔지만 동서고금을 막론하고 변하지 않는 근본 개념은 남을 존중하고 배려하는 마음가짐이라고 할 수 있다. 예절의 정의와 구성은 각각 다음과 같다.

예절(禮節)의 정의

생활문화의 전통 속에서 형성된 도덕성에 근거한 사회 질서 규범 및 행동의 표준절차이다. 예(禮)란 인간이 지켜야 할 규범이며 절(節)이란 규범을 따라 실행하고자 하는 행위로 예의범절(禮儀凡節)의 준말이다.

2.4. 동 · 서양 예절의 차이

(1) 동양 예절

동양의 예는 실천적인 구체적 행동이다. 공동체나 신과 인간과의 조화를 의미하며 분별과 구분화를 통한 질서로서의 차례이자 정당성과 적합성의 원리이다. 공자는 '극기복례위인(克己復禮爲人)'이라 하여 인간 최고의 덕목인 인(仁)을 실천하는 방법을 극기(克己)와 복례(復禮)에서 찾았다. 예와 인을 동일시하고 예를 인간 도덕성을 실현하기 위한 과제이자 목표로 제시하였다. 반면에 유학자 주희(朱熹)는 예를 하늘 이치의 절도 있는 문체이자 인간 사무의 본이 되는 행동규범[天理之節文人事之儀則]으로 파악하여, 근본 개념이 관념적이지만 실제 적용에서는 구체적으로 현실 생활과 관련된 행동규범으로 제안하였다.

표 1 예절의 구성

<table>
<tr><td rowspan="9">예(禮)</td><td>본질</td><td>성(誠) – 정성</td><td>경(敬) – 공경, 애(愛) – 사랑</td></tr>
<tr><td>목적</td><td>수기(修己) – 자기관리</td><td>치인(治人) – 대인관계</td></tr>
<tr><td>성격</td><td>자율적 법도(정심수양)</td><td>윤리적 의례(생활윤리)
사회적 전례(계약질서)
정치적 법제(타율 강조)</td></tr>
<tr><td>범위 · 영역</td><td>수신예절(개인예절)</td><td>가정예절, 사회예절, 국민의례, 국제의전</td></tr>
<tr><td>방법</td><td>심(心) – 정신
신(身) – 몸차림</td><td>언(言) – 의사소통
동(動) – 기거동작
지(止) – 위계질서</td></tr>
<tr><td>기능</td><td>대내대자적 작용(홀로 삼가다)</td><td>대외대타적 작용(상대방을 편안하게 하다)</td></tr>
<tr><td>형질</td><td>실제</td><td>격식</td></tr>
<tr><td>결과</td><td>양심</td><td>인류애</td></tr>
</table>

자료: 김옥희 외(1998), 『생활예절』, 양서원, p.15.

동양 예절은 상대방의 인격을 존중하는 마음으로 윗사람을 공경하고 아랫사람을 사랑하는 경애(敬愛)의 정신이다. 아울러 상대방의 입장에서 생각하는 역지사지(易地思之)와 어렵고 힘든 일을 서로 돕는 상부상조(相扶相助)의 정신으로 자신을 낮추고 남을 높이는 데 있으며 검소함과 진실함을 드러내는 데 있다. 동양 예절은 실천 도덕인 유교를 근간으로 하며, 한국의 예절 또한 인 · 의 · 예 · 지 · 신(仁義禮智信)에 기본을 두고 있다.

(2) 서양 예절

서양 예절의 근본정신은 중세 기사도에서 출발하여 기독교적 사랑과 경건, 헌신과 용기, 겸양과 명예를 존중하며 상호 평등한 관계에서 조화를 꾀하는 행동규범을 형성하였다. 그리고 근세에 이르러서는 명예와 봉사, 친절과 관용, 이해와 조화를 도모하는 신사도(gentlemanship)로 발전하였다. 근본적으로 서양 예절은 여성 존중(lady first)의 정신이면서 개인주의와 합리주의를 바탕으로 타인을 인격적으로 대우하는 현대 국제사회에서 보편적으로 통용되는 중요한 수단이다.

(3) 동 · 서양 예절의 차이

동 · 서양 예절의 차이는 나음과 같다. 서양 예절에서 자연을 내면화하여 인간 생활의 연결 수단인 언어와 동작의 법칙을 설명하는 말을 에티켓 또는 매너로 표현한다면, 동양 예절에서는 인간의 마음에 호소하여 스스로 예를 잘 지켜 나가도록 예방적 차원에서 훈육한다는 점이다. 동 · 서양 예절은 표면상으로는 근본적인 차이가 많은 것처럼 보이지만 다른 사람을 배려하고 상대방을 공경하는 진실한 정신에서 출발한다는 점에서 그 근원이 같다.

주요 용어

- 개인 이미지 메이킹
- 국가 이미지 메이킹
- 기업 이미지 메이킹
- 매너
- 명경적 자기 이미지
- 상황적 자기 이미지
- 실제적 자기 이미지
- 에티켓
- 예절
- 외적 이미지 메이킹
- 이미지 메이킹
- 이상적 자기 이미지

CHAPTER

2 비언어적 커뮤니케이션 스킬과 이미지 메이킹

커뮤니케이션(communication)은 공통된 상징체계로 개체 간에 의미를 주고받는 수단이며 사회생활을 영위하는 인간 간의 관계 형성과 발달, 집단 조직의 구성과 존속을 위해 필요한 과정이다. 커뮤니케이션의 일종인 비언어적 커뮤니케이션은 대인 커뮤니케이션에서 얼굴 표정, 몸의 움직임 등과 같이 의사전달 기능을 가진 인간의 모든 행위에서 언어적 요소를 제외한 것이다. 언어적 커뮤니케이션보다 우리의 감정을 더 잘 전달하므로 커뮤니케이션의 양적 및 질적 측면에서 비중이 높고 편리하며 중요하다.

이 장에서는 비언어적 커뮤니케이션의 효과를 높이는 밝고 호감가는 표정, 바른 자세와 동작, 인사법 등에 구체적으로 알아보고 이것이 이미지 메이킹에 미치는 영향에 대해서도 함께 살펴본다.

1. 비언어적 커뮤니케이션의 정의

비언어적 커뮤니케이션이란 한마디로 말이 없는 의사소통으로, 대인 커뮤니케이션에서 언어적 커뮤니케이션보다 양적으로나 질적인 측면에서 비중이 높고 편리하며 중요하다. 실제로 많은 학자들은 의사소통에서 비언어적 요소가 차지하는 비중이 70~90% 이상이라고 본다. 그렇다면 비언어적 커뮤니케이션은 무엇일까? 비언어적 커뮤니케이션은 다음과 같이 정의할 수 있다.

비언어적 커뮤니케이션의 정의

대인 커뮤니케이션에서 얼굴 표정, 몸의 움직임 등과 같이 의사전달 기능을 가진 인간의 모든 행동에서 언어적 요소를 제외한 것이다. 예를 들어 음성적 특징, 신체 부위를 이용한 동작, 신체 접촉, 물건이나 공간, 시간 등의 부호에 메시지를 담아 서로 주고받는 것을 통틀어 이른다.

이와 같이 비언어적 커뮤니케이션은 몸짓이나 시간 또는 공간을 상징으로 표현하는 커뮤니케이션으로, 언어를 제외한 메시지이다. 인류학자인 레이 버드위스텔(Ray Birdwhistell)은 대화가 언어적 요인 35%, 비언어적 요인 65%로 이루어진다고 하였다.

비언어적 커뮤니케이션은 언어적 커뮤니케이션과 마찬가지로 의사전달 기능을 하지만 작은 움직임조차도 각각의 의미를 담고 있기 때문에 제대로 통제되어야 한다.

비언어적 커뮤니케이션은 보통 5가지 유형으로 구분할 수 있다. 얼굴 표정이나 제스처, 자세 등 신체적 움직임에 의한 동작언어(kinesis), 눈의 움직임이나 응시 등에 의한 응시행위 또는 눈동자언어(oculesics), 신체 접촉에 의한 접촉행위(haptics), 공간적 위치, 거리의 길고 짧음에 의한 공간언어(proxemics), 시간에 의한 시간언어(chronemics) 등이 대표적인 비언어적 커뮤니케이션이라고 할 수 있다.

이 장에서는 밝고 호감 가는 표정, 바른 자세와 신뢰감을 주는 동작, 눈맞춤, 인사법을 중심으로 비언어적 커뮤니케이션을 살펴본다.

2. 밝고 호감 가는 표정

2.1. 좋은 첫인상을 주기 위한 이미지 메이킹

첫 이미지를 만들 수 있는 두 번의 기회란 없다. 고든 올포트(Gordon Allport)는 처음 만난 30초 동안에 상대방의 성별, 나이, 국적, 직업, 사회계층이 판단되며 성격이나 신뢰감, 성실성까지도 평가된다고 말한다. 카밀 레빙턴(Camile Lavington)은 그의 저서 『첫인상 3초 혁명』에서 "3초 안에 이미지가 결정된다"고 하였다. 그만큼 첫인상은 사회적 상호작용의 중요한 결정 요인이다. 특히 밝고 호감 가는 표정은 사람을 응대하는 첫 단계이기 때문에 다른 사람의 뇌리에 오랫동안 좋은 이미지를 각인시켜 줄 수 있는 첫인상 가꾸기에 중요하다.

첫인상의 정의

처음 대면하는 극히 짧은 시간에 상대방에 대한 평가와 결론을 내리는 근거가 되는 것으로 처음 보는 사람에 대해 갖는 최초의 이미지이자 타인에게 자신을 개방하는 최초의 단계이다. 사회 조직에서 개인 간의 상호작용이나 집단적 상호작용에서 중요한 역할을 한다. 첫인상에서 상대의 이미지가 어떤 식으로든 인식되면 계속해서 강력한 영향력을 행사하고 이후의 관계 형성에 핵심이 된다.

흔히 빠르면 3초 이내, 늦어도 4분 안에 상대에 대한 인상의 80%가 형성되고 이러한 첫인상을 바꾸려면 많은 시간과 노력이 필요하다. 한 사람에 대한 인상은 한 가지만으로 결정되지 않는다.

UCLA 대학교의 앨버트 머레이비언(Albert Mehrabian) 교수는 상대방에 대한 첫인상을 결정짓는 요인을 시각적 요소, 음성적 요소, 언어적 요소로 구분하였다. 그 내용을 보면 시각적 요소(동작과 태도, 용모와 복장, 얼굴, 시선, 자세, 표정) 55%, 음성적 요소(음성, 음색, 말의 속도, 어투, 어조, 억양과 강세, 말씨) 38%, 언어적 요소(말의 내용) 7%로 상대방에 대한 첫인상을 결정하게 된다는 것이다. 이와 같이 인상의 형성 과정에서 시각이나 청각이 주는 이미지가 대화의 핵심적인 내용보다 더 중요하게 인식된다는 커뮤니케이션 이론이 '머레이비언 법칙'이다.

표 1 첫인상을 결정짓는 요인

시각적 요소	동작과 태도, 표정, 용모와 복장, 시선, 자세, 얼굴
음성적 요소	음성, 말씨, 음색, 어투, 어조, 억양과 강세, 말의 속도
언어적 요소	말의 내용

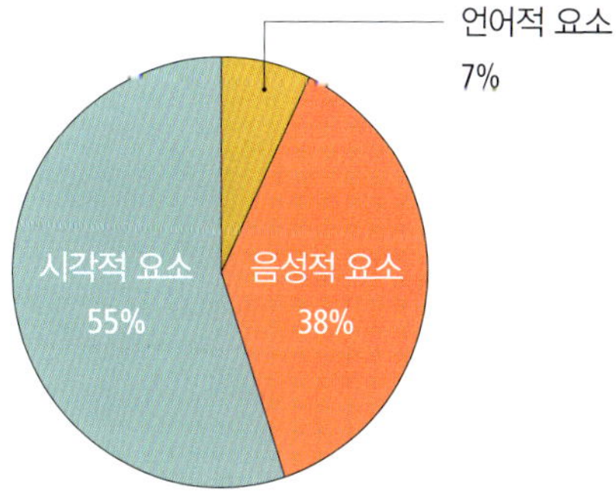

그림 1 첫인상 결정 요인

사람들은 만나는 순간부터 상대방에 대한 평가를 시작하고, 대부분 즉석에서 첫인상에 따라 그 사람의 가치와 능력에 대한 판단을 내린다. 첫인상이 잘못 입력되면 그 사람의 좋은 면까지 거부하기 마련인데, 이러한 현상을 심리학자들은 '초두효과(初頭效果, primary effect)'라고 한다. 어떤 사람에 대한 상반된 정보가 시간 간격을 두고 주어질 때 앞의 정보가 뒤의 정보보다 인상 형성에 더 큰 영향을 미친다는 이론으로 먼저 받은 정보, 즉 첫인상이 이미지 형성에 더 큰 영향을 준다는 것이다.

첫인상이 중요한 또 한 가지 이유는 '후광효과(後光效果, halo effect)' 때문이다. 후광효과란 한 가지 긍정적 특징을 지니고 있는 사람은 다른 긍정적 특성들도 모두 지니고 있을 것으로 일반화하여 생각하는 경향으로, 호의를 느끼면 상대방이 보여 주지 않은 측면도 좋게 평가하지만 싫어하게 되면 모든 것을 부정적으로 생각하게 된다. 이렇게 형성된 첫인상을 바꾸려면 7시간에서 40시간을 노력해야만 한다. 그러므로 대인관계에서 좋은 첫인상을 주는 것은 매우 중요하다.

첫인상에 대한 평가는 특히 부드러운 표정에 좌우되는데, 일반적으로 사람들은 인상을 평가할 때 같은 능력을 갖고 있다 하더라도 부드럽고 친절한 사람에게 더 긍정적 평가를 내린다. 항상 무뚝뚝하고 화가 나 있는 듯한 표정의 사람에게 누가 호감을 갖겠는가! 상대방이 나에게 말을 붙이기를 꺼리는 느낌이 든다면 평상시 자신의 표정을 관찰해 보자.

2.2. 밝고 호감 가는 표정을 위한 이미지 메이킹

다양한 대면 상황에서는 서로 교감할 수 있는 자연스럽고 상냥한 표정 연출이 필요하다. 온유하면서 따뜻한 사람으로 기억되게 만드는 것은 단연 미소이다. 상대방이 나에 대해 기억하는 것이 강한 인상과 특이한 성격일 수도 있지만 미소를 지어 보인 모습보다 더 오래 기억되진 않을 것이다. 좋은 첫인상은 미소 띤 얼굴에서 시작된다. 프랑스의 부모들은 자녀들에게 "네 얼굴은 너 자신을 위한 것이 아니라 주위 사람들을 행복하고 즐겁게 하기 위한 것이다."라며 남을 불쾌하게 하는 표정은 일종의 공해라는 생각으로 타인의 심리에 긍정적 영향을 주는 표정을 짓도록 교육한다.

미소의 효과는 1998년 스위스 바젤에서 열린 국제학술대회에서 증명되었듯이 건강 증진에도 탁월하다. 미소는 15개의 안면 근육을 동시에 수축시키고 몸속에 있는 230개의 근육을 한꺼번에 움직일 수 있는 최고의 전신운동(앉아서 하는 조깅, stationary jogging)이다. 또한 웃을 때 사람 몸에서는 통증을 없애 주는 호르몬이 다량 분비되어 스트레스 해소와 혈액순환 촉진의 효과가 있다. 웃음은 스트레스 호르몬인 코르티솔의 양을 현저하게 줄여 수명 연장의 효과도 있다.

미소 짓는 얼굴은 행복의 결과라기보다는 행복의 동인이다. 강력한 호감 연출력과 표현력을 지닌 미소 짓는 습관을 다음과 같이 연출해 보자.

(1) 어울리는 표정 디자인

거울을 볼 때마다 다양한 표정을 지어 본다. 입꼬리를 올려 환하게 웃어 보고 두 개의 거울을 이용하여 정면, 반 측면, 측면 얼굴 표정도 익혀 두도록 하자. 마음에 드는 표정을 찾았으면 그 이미지를 잘 기억해 두고 언제 어디서나 그 얼굴 표정을 지을 수 있도록 연습한다. 자신이 추구하는 이미지를 설정하여 연습하면 자신이 닮고 싶은 이미지를 닮아 가게 된다.

(2) 얼굴 주위 근육 만들기

우리 얼굴은 80여 개의 근육으로 지어 낼 수 있는 표정이 7천여 가지에 달한다. 80여 종의 근육 중 웃을 때 사용되는 근육이 50여 종으로 주로 볼이나 입매에 모여 있지만 늘 웃는 사람도 20개의 근육을 채 사용하지 못한다고 하니, 얼굴 근육을 푸는 훈련을 통하여 자연스럽고 상냥한 표정을 가꾸어 보자.

표 2 얼굴 워밍업

얼굴 부위	워밍업 방법
눈썹	• 찡그린 표정의 눈썹을 만든다. • 웃는 표정의 눈썹을 만든다. • 검지손가락을 눈썹 위에 가볍게 대고 눈썹만 올렸다 내렸다 하는 동작을 반복한다.
눈	• 조용히 눈을 감고 마음을 안정시킨 후 눈을 반만 뜨고 눈동자를 오른쪽 → 왼쪽 → 위 → 아래로 돌리는 동작을 3회 반복한다. • 눈두덩에 힘을 주어 꼭 감는다. • 깜짝 놀랄 때의 표정으로 눈과 눈두덩을 들어 올리는 동작을 3~4회 반복한다. • 난처한 표정으로 눈에 힘을 주어 뜬다. • 눈동자를 다시 한 바퀴 돌린다.
입	• 입을 다문 상태에서 양쪽 입꼬리를 잡아당기듯이 올렸다가 내린다. • 높은 톤으로 또박또박 아–이–우–에–오를 반복하여 발성한다. • 입을 다문 상태에서 뺨을 부풀린 채로 왼쪽, 오른쪽으로 번갈아 가며 반복해 움직인다. • 입가를 최대한 당긴 후 입술을 뾰족하게 앞으로 내미는 동작을 반복한다.
턱, 코	• 윗니와 아랫니 사이를 띄우고, 턱을 오른쪽 왼쪽으로 반복해서 움직인다. • 나쁜 냄새를 맡듯이 코를 쭉 올린다.

(3) 밝은 표정을 만들기 위한 단계별 연습

웃는 얼굴을 만들기 위해 무엇보다 중요한 것은 언제 어디서나 미소를 짓는 습관이다. 웃는 얼굴은 크게 3단계로 나누어 살펴볼 수 있다.

기초 단계(긴장을 푼 얼굴)

처음에는 미소를 짓지 말고 입술 위아래를 약간 벌려 긴장을 푼다. 그다음 건강하고 쾌활한 표정을 지어 보도록 한다. 웃고 있지 않아도 상대에게 좋은 느낌을 주는 표정을 언제나 유지할 수 있도록 연습한다.

1단계(작게 미소 짓는 얼굴)

입술 양 끝을 좌우로 균등하게 위로 끌어올려 4개의 앞니가 잘 보일 수 있게 한다. 약 7초간 그 자세를 유지한 후 제자리로 돌아간다. 끝나면 긴장을 푼 얼굴로 돌아간다.

2단계(보통의 미소 짓는 얼굴)

중간 정도의 미소 짓는 얼굴로 천천히 근육의 긴장을 조여 웃는 얼굴을 만든다. 작게 미소 짓는 얼굴보다 이를 더 많이 드러내 보이도록 한다. 이때 입술의 양 끝은 균등하게 올라가 있어야 한다. 균등하게 올라가지 않으면 웃는 얼굴이 아름답지 않고 비웃음으로 보일 수 있다. 특히 미소 짓는 얼굴을 만들 때에는 눈도 같이 미소 짓도록 한다. 미소를 지을 때 앞쪽 윗니 6개 내지는 좀 더 안쪽 이까지 보이는지 확인한다. 약 7초간 자세를 유지한 후 본래 모습으로 돌아가고 연습이 끝나면 긴장을 푼 얼굴로 돌아간다.

3단계(크게 미소 짓는 얼굴)

입매의 근육을 마음껏 사용하여 크게 미소 짓는 얼굴(풀 스마일) 표정을 만들어 보자. 입술의 양 끝이 좌우로 균등하게 올라가도록 하고 눈도 미소 짓는다. 입매의 근육을 마음껏 사용하여 앞 윗니가 8~10개까지 보이도록 한다. 약 7초간 완전한 미소 짓기를 했으면 본래 모습으로 돌아가고 연습이 끝나면 긴장을 푼 얼굴로 돌아간다. 이 3단계의 미소가 웃는 얼굴 중 가장 아름다운 파워 스마일이다.

표 3 파워 스마일을 위한 스마일 지속어 '이' 모음 연습

개나리		
위스키	이슬이	개구리
와이키키	도라지	나 이쁘지?
개구리 뒷다리		
	치즈	하와이

눈맞춤과 대화 시 올바른 시선 처리방법

눈맞춤

모든 관계의 시작인 눈맞춤은 상대방과의 연결고리를 만들어 내며 더 많은 의사소통을 원하고 있음을 알리고 신뢰감을 형성한다. "우리의 눈빛은 우리의 혀보다 많은 말을 한다."는 랠프 월도 에머슨(Ralph Waldo Emerson)의 말처럼 눈빛은 사람과 사람을 맺어 주는 중요한 커뮤니케이션 수단이다. 생기 있고 밝은 표정을 짓기 위해서는 눈의 표정이 중요하다. 인간의 뇌는 사람의 전체 이미지 중 60% 이상을 눈의 이미지로 기억하고 커뮤니케이션에서 눈빛은 호감과 신뢰감을 전달하는 역할을 한다. 대화 시 상대방의 미간을 바라보는 시선은 상대방의 마음을 편안하게 한다. 예의 바른 인상을 주려는 의도에서 시선을 아래로 향하는 것은 상대방에게 소극적인 인상을 심어 준다. 마음과 신념과 태도를 비추는 맑은 거울 같은 눈빛은 대인관계에서 빛을 발하는 매력적인 사람으로 부각시킬 수 있다.

대화 시 올바른 시선 처리 방법

- 상대방의 눈을 응시하되 장시간 응시할 경우에는 양미간과 눈을 번갈아 보는 것이 상대방에게 편안한 느낌을 줄 수 있다.
- 이야기의 핵심을 강조하거나 동의를 구하고 싶을 때에는 시선을 상대방의 눈에 두어 의지를 표현한다.
- 시선을 맞출 수 있도록 몸의 위치를 조절한다.
- 부드럽고 따뜻한 눈빛을 연출한다.

3. 올바른 자세와 동작

미국의 카네기멜론 대학교 연구팀은 걸음걸이를 이용한 신원 확인이 95%의 정확도를 보인다고 발표하였다. 바른 자세는 자신감 있고 당당한 사람으로 보이게 하며 업무 처리에 대한 적극성을 보여 준다. 아름다운 자세와 절도 있는 동작은 외모에도 그대로 반영되며 흐트러짐이 없는 꼿꼿한 자세, 단아한 걸음걸이, 절제된 동작은 예의 바르고 아름다운 이미지로 평가된다.

3.1. 바르게 서는 자세

모든 동작의 기본은 서 있는 자세이다. 남성은 턱을 안쪽으로 자연스럽게 당기고 두 발을 나란히 하여 양 발꿈치를 붙인다. 발가락 끝을 30도 정도로 벌려 편안하고 자연스러운 자세를 취한다. 이때 몸 전체의 무게중심은 두 다리에 고르게 두어 한쪽으로 기울거나 흔들리지 않도록 하고 머리와 어깨 등이 일직선이 되도록 허리는 곧게 가슴은 쭉 편다. 머리 위쪽이 당겨진다는 느낌으로 고개를 반듯하게 들고 시선은 정면을 향한다.

양손은 남성의 경우 둥글게 쥐어 바지 옆선에 붙이고, 여성은 자연스럽게 앞으로 모아 공수자세를 취하는 것이 다소곳한 느낌을 준다. 오래 서 있어야 하는 경우에 여성은 한 발을 앞으로 끌어당겨 발뒤꿈치가 다른 발의 중앙에 닿게 하여 균형을 잡고 선다.

3.2. 바르게 앉는 자세

(1) 1인용 의자에 앉는 경우

허리를 반듯하게 하고 어깨와 머리를 균형 있게 바로 세운다. 의자에 앉을 때에는 반드시 의자의 중앙에 깊이 앉도록 한다. 의자의 반 보 앞에 바르게 선 자세에서 한 발을 뒤로 하고 어깨 너머로 의자를 보고 의자 깊숙이 앉는다. 등과 등받이 사이로 주먹 한 개가 들어갈 정도의 거리를 두고 등을 곧게 편다. 이때 머리는 바로 한 채 턱을 당기고 시선은 정면을 향한다. 발끝은 가지런히 모아 정면을 향하게 하고, 다리는 수직으로 세운다. 소파와 같이 낮은 의자에 앉을 때에는 무리하게 다리를 수직으로 세우지 말고, 양다리를 모아 옆으로 비스듬히 뻗는다.

남성은 허리 너비만큼 벌리고 앉는다. 손은 양 겨드랑이가 몸에서 떨어지지 않도록 해서 가볍게 주먹을 쥐어 양 무릎 위에 가지런히 올려놓고, 여성은 양손을 모아 스커트를 누르듯이 양 무릎 위에 올려놓는다. 일어설 때 여성은 한쪽 발을 반 보 정도 앞으로 딛고 일어서면서 양발을 가지런히 모으고, 남성은 바로 일어선다.

(2) 바닥에 앉는 경우

어른의 정면에 마주 앉지 않고 남성은 어른의 왼쪽, 여성은 어른의 오른쪽에 앉는 것이 원칙이다. 어른이 앉으라고 하면 앉되 먼저 왼쪽 무릎을 꿇은 다음 오른쪽 무릎을 가지런히 하여 꿇어앉고 두 손은 가지런히 펴서 무릎 위에 얹는다. 손은 남성은 중앙에, 여성은 오른쪽 무릎 위에 놓으면 공손하게 보인다. 벽이나 가구 등에 기대지 말아야 하며 손으로 바닥을 짚고 비스듬히 앉으면 품위 있는 자세가 되지 않으므로 자세를 바로 해서 단정하게 앉는다.

3.3. 바르게 걷는 자세

걸음걸이의 속도와 자세는 자신감과 비례한다. 고개를 떨어뜨리지 말고 시선을 전방으로 향하며 곧게 편 자세에서 상체를 곧게 유지하고 발끝, 발바닥, 발뒤꿈치 순으로 발바닥이 보이지 않게 걷는다. 팔은 크게 흔들지 말고 겨드랑이 15도, 팔꿈치 45도로 자연스럽게 흔들며 양 무릎을 스치듯이 걷는다.

보폭은 자연스럽게 보통 어깨 너비만큼 하여 걷되 굽이 높은 구두를 신었을 때에는 보폭을 조금 작게 하는 것이 안정적이다. 팔자걸음이나 안짱다리 식으로 걷지 않도록 유의하며 발소리가 크게 나지 않게 조용히 걷는다. 특히 실내에서는 보폭을 옥외에서보다 더 좁게 하여 걷고, 발자국 소리가 나지 않게 걷는다.

3.4. 계단을 오르내릴 때나 복도에서 보행할 때의 자세

계단을 오르내릴 때에는 요란한 소리가 나지 않게 조심하고, 되도록 다른 사람을 추월하지 않도록 한다. 계단 반대방향에서 누군가가 오고 있다면 몸의 방향을 비스듬히 하여 걷는다. 그래야 서로 걸으면서 부딪치는 결례를 범하지 않을 수 있다. 계단을 올라갈 때에는 상체를 곧게 펴서 계단에 올라 무릎이 완전히 펴진 뒤 올라간다. 시선은 15도 정도 살짝 위를 향하고, 내려갈 때에는 15도 정도 아래로 향하여 걷는다.

에스컬레이터 계단은 일반 계단보다 통로가 더 좁기 때문에 한 줄 서기를 할 경우 위에 있던 사람이 넘어지면 여러 사람이 다칠 수 있으므로 두 줄 서기로 사고를 예방해야 한다. 에스컬레이터에서 뛰거나 걷지 않도록 하고 손잡이를 잡고 앞을 보고 이동하며 어린이와 같이 탈 때에는 아이의 손을 꼭 잡고 한 손으로는 손잡이를 잡아야 한다.

계단을 올라갈 때에는 남자가 먼저, 내려갈 때에는 여자가 먼저 간다. 만약 계단이 미끄럽거나 협소한 경우 남성이 밑에서 여성의 손을 잡아 주어 보호하는 것이 예의이다. 계단이나 복도에서 상급자를 안내할 때에는 상급자를 중앙에 서도록 하고 약간 앞서가면서 상황에 따라 설명할 수 있도록 한다. 계단이나 복도에서 부득이하게 다른 사람의 앞을 지나쳐야 할 때에는 조용히 좌측통행을 하고, 큰소리로 잡담하거나 선 채로 오래 이야기하지 않는다.

다른 사람과 마주쳤을 때에는 한쪽으로 비켜서고 상대방에게 정면으로 뒷모습을 보이지 않도록 유의하며, 급한 일로 바삐 지나칠 때에는 마주친 사람에게 "실례합니다." 라는 말로 양해를 구한다.

3.5. 물건을 다른 사람에게 전달할 때의 자세

사람에게 물건을 전달하는 것은 마음을 전달하는 것이다. 물건을 받을 사람의 위치를 파악하여 멈춰 선 다음 반드시 양손을 사용하여, 한 손을 다른 한 손의 밑에 받쳐 공손하게 전달한다. 시선은 상대방의 눈에서 물건으로 갔다가 다시 상대방의 눈으로 옮겨서 물건이 올바르게 전달되었는지를 확인한다. 물건을 전달할 때에도 시선을 놓치지 않아야 한다. 건네주는 위치는 가슴부터 허리 사이가 되도록 하고, 상대방의 입장과 편의를 고려하여 무거운 물건은 가벼운 듯이, 가벼운 물건은 무거운 듯이 전달한다.

- 가위, 칼, 우산 등은 손잡이가 상대방 쪽으로 가도록 한다.
- 바늘이나 핀 등 날카로운 물건은 종이나 천으로 싸서 전달한다.
- 신문, 서류, 책은 상대방에게 글씨가 바로 보이도록 전달한다.

3.6. 물건이나 방향을 가리키는 자세

손으로 물건의 방향을 가리킬 때에는 우선 손가락 끝을 가지런히 모아 손 전체로 가리키며, 손을 펴는 각도로 거리감을 표시한다. 우측을 가리킬 경우에는 오른손, 좌측을 가리킬 경우에는 왼손을 사용한다. 그리고 사람을 가리킬 경우에는 두 손을 사용한다. 뒤쪽 방향을 지시할 때에는 몸의 방향도 뒤로 하여 가리킨다. 손가락으로 지시하거나, 턱이나 고갯짓으로 안내하거나, 상대방의 눈을 보지 않고 지시하는 자세는 삼간다.

3.7. 직장인의 근무 중 바른 자세

근무하는 동안의 바른 자세는 동료 또는 고객에게 아름답게 보일 뿐만 아니라 신뢰감을 주고 업무 능률도 올리는 지름길이다. 앉아서 업무를 처리하는 경우 등받이에 몸을 깊숙이 기대거나 머리를 지나치게 숙이는 행동을 삼가고, 서서 장시간 근무하는 경우에는 한쪽으로 기대거나 다리를 들어 올리는 일이 없도록 한다.

장시간 서 있어서 다리에 무리가 가는 경우에는 불량한 자세를 취하는 것보다 한적한 곳에서 스트레칭 등 운동을 하고 바른 자세로 다시 근무에 임하는 것이 좋다. 바른 근무 자세는 무엇보다도 자신의 신체 건강을 유지해 준다는 사실을 명심하도록 한다.

표 4 동작으로 알 수 있는 사람의 심리

부위	동작이 나타내는 심리
얼굴	• 눈, 코, 턱 등의 얼굴 일부분을 만지는 것은 자신의 허약함을 감추려는 의사 표시 • 잠시 웃음을 짓다가 거두는 것은 계산적인 상황 • 갑자기 미소를 거두는 것은 상대방 행위에 대한 무언의 경고 • 맞장구를 치지 않고 가볍게 미소 짓는 것은 상대방에 대한 완곡한 거부
눈	• 상대방을 응시하지 않는 것은 무언가를 숨기거나 관심이 없다는 표시 • 상대방을 곁눈으로 쳐다보는 것은 대화 내용에 불만이 있거나 궁금한 사항이 있는 경우 • 상대방을 위아래로 훑어보는 것은 상대방을 불신하거나 경멸하는 경우 • 눈을 크게 뜨고 상대방을 오래 주시하는 것은 상대방에 대한 강한 흥미나 관심의 표시
입	• 말을 하면서 손으로 입을 가리는 것은 상대방을 경계하며 본심을 감추는 태도 • 손을 입에 대고 묵묵히 있는 것은 더이상 대화를 원치 않는다는 의사 표현 • 입술의 양 끝을 뒤로 당기는 것은 상대방의 이야기를 경청한다는 표시
코	• 이야기 도중에 코를 만지는 것은 부탁 등에 대한 부정적인 의사 표시 • 코에 손을 대고 몸을 앞으로 숙이는 것은 상대방의 말에 대한 불신의 태도 • 콧날을 잡고 심사숙고하는 동작을 취하는 것은 상대의 시선을 끌기 위한 동작
턱	• 턱을 만지작거리는 것은 불안이나 외로운 기분을 전환하고자 하는 심리 • 대화 중에 턱에 두 손을 고이는 태도는 누군가에게 위안을 받고 싶어 하는 심리 상태 • 턱을 너무 내밀면 콧대가 센 듯한 인상을 주고 턱을 너무 당기면 딱딱한 긴장감이 든다.
머리	• 머리를 긁적이는 것은 불만이나 난처함, 수줍음이나 비굴함, 자기혐오의 표현 • 머리를 쓰다듬는 것은 긴장하거나 머릿속으로 빠르게 무언가를 생각하는 태도 • 자신의 머리를 툭툭 치는 태도는 머리를 써서 생각하고 있음을 강조하는 태도 • 중지, 인지, 약지 세 손가락을 나란히 가볍게 하여 머리를 두들기는 것은 당황하거나 난처한 입장에 처한 심리 상태 • 대화 도중 음성을 낮추면서 머리를 숙이는 것은 대화를 중단하고 싶어 하는 심리 상태 • 이유 없이 머리를 흔들면 자신감이 결여된 태도

손	• 대화 도중에 손가락으로 톡톡 소리를 내는 것은 상대방의 말에 동의할 수 없다는 태도 • 대화 도중 주변의 물건을 만지작거리는 것은 긴장의 표현 • 손짓을 할 때 상대방에게 손바닥을 보이면 상대방의 말을 제지하거나 중단시키는 태도 • 대화 도중 손을 너무 여러 번 흔들거나 손이 어깨까지 올라가는 것은 경박스러움과 과장된 태도
팔	• 심장부나 가슴 부위에서 팔짱을 끼는 태도는 상대방에 대한 거절이나 방어의 태도 • 비스듬히 팔짱을 끼는 태도는 상대방의 말을 비판적으로 듣는 태도
어깨와 배	• 어깨를 움츠리는 것은 불쾌, 당황, 의혹 등 상대를 방어하는 태도 • 배를 구부려 안쪽으로 감추는 것은 불안하거나 불만을 품은 태도
다리와 발	• 다리를 꼬는 것은 상대를 받아들이지 않겠다는 거부의 의사 표시 • 다리를 흔드는 것은 침착성이 없고 정서가 불안한 태도 • 발바닥으로 바닥을 두드리는 것은 불안하고 초조한 상태 • 다리를 꼬고 앉은 자세에서 위쪽 다리를 흔들거리는 것은 상대에 대한 긴장을 풀고 있는 상태

4. 올바른 인사

인사는 마음의 문을 여는 열쇠로, 예절의 시작이다. 대인관계의 중요 기법 중 하나인 인사(人事)란 무엇일까?

인사의 정의

사람 인(人)자와 일 사(事)자, 즉 사람이 하는 일(人事)로서, 서로 만나거나 헤어질 때 말이나 태도 등으로 존경, 인애, 우정을 표현하는 행동 양식이다. 인사는 인간 예절의 기틀로서, 예절의 기본이며 인간관계의 시작이자 윤리 형성의 기본이다.

인사는 본래 원시시대에 상대를 해치지 않겠다는 신호(원수가 아니라는 신호)로 손을 맞잡은 것에서 유래하여 손을 위로 들기도 했고(현재의 거수경례), 손을 앞으로 내밀기도 했으며(현재의 악수), 허리를 굽히기도 하였다(허리 굽혀 경례). 인사는 섬김의 자세이자 환영의 표시이고 신용의 상징, 친근감의 표

현이라 할 수 있다. 인사는 평범하고도 쉬운 행위이지만 습관이 되지 않으면 실천에 옮기기가 어렵다. 인사의 생활화를 통해 원만한 대인관계가 시작된다.

표 5 상황별 인사의 종류와 방법

종류	상황	인사 각도
목례 (가벼운 인사)	• 동료나 친한 사람, 아랫사람을 만났을 때 • 복도나 길에서 동료나 윗사람을 자주 마주칠 때 • 엘리베이터 안과 같은 좁은 장소에서 인사를 할 때 • 화장실, 목욕탕 등 여러 사람이 이용하는 장소에서 만났을 때 • 대화 중에 인사할 때 • 근무 중이나 상사나 동료에게 부탁이 있을 때 ■ 방법: 미소 짓는 표정으로 시선은 상대방의 얼굴을 향하며 3초 정도 인사한다.	15도
보통례 (보통 인사)	• 평상시 일반적인 맞이 인사를 할 때, 배웅할 때 ■ 방법: "안녕하십니까?", "안녕히 가십시오." 등의 인사말을 사용할 수 있다. 4초 정도 인사한다.	30도
정중례 (정중한 인사)	• 깊은 감사의 뜻을 표할 때나 정중하게 사과할 때 • 고객이나 어른을 맞이하거나 전송할 때 ■ 방법: "감사합니다." 등의 인사말을 할 수 있다. 6초 정도 인사한다.	45도

그림 2 인사의 종류에 따른 바른 자세

4.1. 올바른 인사의 기본자세

바르게 인사하는 기본자세를 동작 순으로 자세히 살펴보면 다음과 같다.

- 먼저 상대의 정면에서 눈을 보고 선다(eye contact).
- 상대방과 시선을 맞추고 미소를 지으며 상냥하게 인사말을 건넨다. 이때 고개는 반듯이 들고 다리, 등과 목을 펴고 배를 끌어당기며 허리부터 숙인다. 턱은 자연스럽게 당기며 양손을 둥글게 쥐어 바지 옆선에 붙인다. 여자는 손을 앞으로 모으되, 오른손을 왼손 위에 포개는 공수자세를 한다. 두 발꿈치는 서로 붙이고 양 발끝의 각도가 남자는 45도, 여자는 30도가 되도록 발을 벌린다.
- 상체를 굽힌다(1초).
- 머리, 등, 허리선이 일직선이 되도록 숙인 상태에서 잠시 멈춘다(1초).
- 자연스럽게 상체를 천천히 들어 올린다(2초).
- 마지막으로, 상체를 들어 올린 다음 똑바로 선 후에 상대에게 시선을 고정(eye contact)하고 미소를 짓는다.

4.2. 상황과 장소에 맞는 적절한 인사

인사에서 자세와 더불어 중요한 것이 목소리와 표정이다. 좋은 인사의 3박자는 인사하는 자세, 경쾌한 목소리, 밝은 표정이다. 목소리는 '솔(sol)' 음의 톤으로 하여 밝은 인사를 건네도록 한다. 각각의 상황에 적합한 인사는 다음과 같다.

(1) 복도에서의 인사법

상대방을 보면서 시선을 맞춘 후 걸어가면서 미소 띤 얼굴로 간단히 인사말을 한다. 그다음 바로 허리를 굽혀서 인사를 하고, 상사인 경우에는 벽 쪽으로 비켜서 있다가 스치는 순간에 인사를 한다. 복도 끝이나 모퉁이를 돌면서 갑자기 상대방을 만난 경우에는 상대방이 놀라지 않도록 뒤 또는 옆으로 한 걸음 물러서서 인사를 한다.

(2) 좌석에서의 인사법

자리에서 일어나는 동안 인사를 하고 바로 선 자세에서는 허리를 굽혀 인사한다. 자세를 바로 한 후 상대의 시선을 보고 다시 앉도록 한다.

(3) 계단에서의 인사법

상사나 웃어른이 아래쪽에서 올라올 때에는 옆으로 비켜서서 같은 높이까지 올라오면 인사하고, 상사가 위에서 내려올 때에도 역시 비켜서서 기다리다가 상대보다 두세 계단 아래에 있을 때 인사한다.

(4) 시간대별 인사법

아침에는 밝고 활기차게, 저녁에는 차분하게 인사하며, 만났을 때에는 환영하는 느낌으로, 헤어질 때에는 고마워하면서 아쉬운 느낌으로 인사한다.

인사 포인트

내가 먼저 적극적으로! 상대방의 눈을 보며 미소를 짓는다! 바른 자세와 밝고 명랑한 목소리로 상황이나 대상에 맞게 인사한다.

여기서 잠깐!

피해야 할 인사법

인사말만 하거나 성의 없는 형식적인 인사

- 무표정한 인사
- 고개만 까딱 움직이는 인사
- 뒷짐을 지고 하는 인사
- 시선을 마주치지 않는 인사
- 급히 뛰면서 하는 인사

4.3. 전통 인사법

우리나라의 전통 인사는 '절'이라고 하며, 한자로는 '배(拜)'라고 한다. 상대를 공경하는 표현으로 몸을 굽혀 하는 인사이다. 유가(儒家)의 절에는 계수배, 돈수배, 공수배, 숙배 등이 있으며, 불가(佛家)의 절에는 합장과 배불이 있다. 오늘날에는 유가의 절이 널리 보급되어 있다.

(1) 절의 종류

절의 종류에는 정중한 의식에서 행하는 큰절, 평상시 웃어른을 뵐 때 하는 평절, 그리고 약식 절인 반절이 있다.

표 6 절의 종류와 유의점

종류	절을 하는 경우	유의점
큰절	• 제사, 성묘 • 전통 혼례 시 교배와 폐백 • 상례 시 영전 • 부모 회갑	• 절하는 도중에는 인사말을 하지 않는다. • 병환 중이거나 누워 계신 분에게는 절을 하지 않는다. • 절은 가능한 한 받으시는 분께 각각 한다. • 절을 너무 빠르게 하지 않도록 한다.
평절	• 설날 세배 • 어른의 생신 • 선생님, 연장자 등의 웃어른께 인사 • 문안 인사 • 상례 시 상주와의 인사	
반절	• 아랫사람 절에 대한 웃어른의 답례	

(2) 절하는 방법

절을 할 때에는 존경과 감사의 마음을 지닌다. 살아 있는 사람에게 절을 할 때 남성은 한 번, 여성은 두 번을 기본 횟수로 하지만, 근래에는 보통 남녀 똑같이 한 번씩 한다. 차례나 혼례 등의 의식이나 죽은 사람에게는 기본 횟수의 두 배를 한다.

표 7 절하는 방법

종류	남성	여성
큰절	• 상대를 향해 공수자세로 선다. • 허리를 굽히고 공수한 손은 바닥을 짚는다. • 왼쪽 무릎을 먼저 꿇은 후 오른쪽 무릎도 꿇어 왼쪽 무릎과 나란히 놓는다. • 발등을 포개고 뒤꿈치를 벌리고 바닥에 앉는다. • 허리를 깊이 숙이고 팔꿈치를 바닥에 붙이며, 이마를 숙인다. • 잠시 멈췄다가 머리를 들고 팔꿈치를 바닥에서 뗀다. • 오른쪽 무릎을 세우고 공수한 손은 세운 오른쪽 무릎을 짚는다. • 왼쪽 무릎을 세우며 일어나서 두 발을 가지런히 모은다. • 공수하고 바로 선 자세를 취한다.	• 상대를 향해 공수자세로 선다. • 공수한 손을 팔꿈치와 수평이 되게 어깨 높이로 올린다. • 고개를 숙이며, 왼쪽 다리를 뒤로 빼고 오른쪽 무릎을 가지런히 꿇는다. • 발뒤꿈치를 벌리고 엉덩이를 깊이 내려 바닥에 앉는다. • 허리를 숙이고 잠시 정지했다가 윗몸을 일으킨다. • 오른쪽 무릎을 먼저 세우고 일어난 후 두 발을 가지런히 모으고 선다. • 어깨 높이에 있는 손을 원래 위치로 내리고 고개를 반듯이 든다.

평절	• 큰절과 같다. 다만 큰절보다 허리를 숙여 이마가 손등에 닿는 시간을 더 짧게 한다.	• 공수하고 상대와 마주 선다. • 양손은 자연스럽게 옆으로 내리고 발뒤꿈치를 벌려 엉덩이를 깊이 하여 앉는다. • 손가락을 모아 손끝을 양 무릎 옆 바깥쪽으로 향하고 가지런히 바닥에 댄다. • 허리를 숙여 상체를 앞으로 굽히며 두 손바닥을 바닥에 댄다. 이때 엉덩이가 들리지 않도록 한다. • 잠시 멈췄다가 윗몸을 일으키고 두 손을 바닥에서 떼어 몸 옆으로 붙인다. • 오른쪽 무릎을 먼저 세우고 손끝을 바닥에서 뗀다. • 일어서며 두 발을 가지런히 모으고 선다. • 손은 공수자세를 하고 다리를 모아 선다.
반절	• 공수한 손을 바닥에 대며 무릎을 꿇고 팔을 굽혀서 앉지 않고 다시 일어선다. 경우에 따라 앉은 채로 상체나 고개를 가볍게 숙이기도 한다.	• 평절을 약식으로 하는 것으로, 앉은 채로 상대에 따라 손으로 양옆을 살짝 짚거나 손을 앞으로 모아 짚고 머리와 허리를 약간 숙인다.
	• 맞절 시에는 아랫사람이 먼저 시작하여 나중에 일어나고 아랫사람의 절에 답례할 때에는 윗사람이 아랫사람이 일어나기 전에 절을 끝낸다.	

표 8 공수자세

공수(拱手)	두 손을 앞으로 모아 잡아 허리 아래로 내려놓은 공손한 자세(의식 행사에 참여 시, 어른 앞에서 공손한 자세를 취할 때, 전통 배례 시)
공수자세	두 손의 손가락을 가지런히 붙여서 편 다음 앞으로 모아 포갠다. 엄지손가락은 엇갈려 깍지를 끼고, 집게손가락 이하 네 손가락은 포갠다. 아래 네 손가락은 가지런히 펴고, 위의 네 손가락은 아래에 있는 손의 새끼손가락을 지긋이 쥐어도 된다. 평상시 공수할 때 남성은 왼손이 위로 가고 여성은 오른손이 위로 가며(女右男左), 흉사 시에는 그 반대로 한다.

4.4. 악수

악수의 기원은 중세시대에 손에 무기가 없으며 따라서 공격할 의사가 없음을 확인시키기 위한 수단이었고 로마인들은 손을 신뢰의 상징으로 보았다. 오늘날의 악수는 대표적인 서양의 인사법으로 우호와 화합의 수단이다. 상대방에 대한 반가움과 존경의 표시이자 사람을 평가할 수 있는 수단이 되기도 해서 그 사람이 얼마나 자신 있는지, 솔직한지를 판단할 수 있다. 악수의 요령과 유의사항은 다음과 같다.

(1) 악수 시 유의점

- 악수는 윗사람이 먼저 청하는 것으로 지위가 낮은 사람이나 나이가 어린 사람이 손을 먼저 내밀어서는 안 되며 손을 잡을 때에는 오른손을 사용한다.
- 악수는 상대와 손을 맞잡는 신체적인 접촉이지만, 눈빛을 주고받는 마음의 교감이 중요하다. 상대의 눈을 보고 부드럽게 미소 지으며 손은 기분이 좋을 정도로만 힘있게 잡는다. 악수하는 동안 왼손을 주머니에 넣거나 뒷짐을 져서는 안 된다.
- 악수하면서 굽실거리는 행동이나 어깨 껴안기, 두 손으로 잡기 등은 비굴하게 보이므로 삼간다. 특히 동양인 중에 악수를 하면서 절을 하는 경우가 있는데, 악수는 서양식 인사이므로 절을 할 필요가 없다. 단, 상대방이 웃어른인 경우 먼저 절을 하고 어른의 뜻에 따라 악수를 한다.

표 9 악수의 순서

먼저 악수를 청할 수 있는 경우	먼저 청하지 말고 기다려야 하는 경우
여성	남성
지위가 높은 사람	지위가 낮은 사람
선배	후배
연장자	연소자
기혼자	미혼자

- 여성과 악수할 때에는 여성이 먼저 손을 내밀 때까지 악수하지 않는다. 너무 꽉 쥐어 고통스럽게 하지 말고 손을 잡은 상태에서 손가락으로 손바닥을 간질이거나 하지 않는다.
- 손에 땀이 많이 나는 경우에는 상대에게 불쾌감을 주지 않도록 수건으로 가볍게 닦은 후 악수한다.
- 장갑을 끼고 있을 때에는 반드시 장갑을 벗고 악수를 하되, 행사를 위해 끼고 있을 때에는 무방하다. 단, 여성의 경우나 겨울철 실외의 경우에는 예외이다.
- 계속 손을 잡은 채로 말을 해서는 안 되며, 인사가 끝나는 대로 곧 손을 놓는다. 손에 짐이 있을 때에는 미리 짐을 왼손으로 옮기거나 내려놓는다.

악수할 때 유의할 자세

- finger pinch형: 손가락 끝만 세게 잡는 것은 상대방에게 불쾌감을 줄 수 있다.
- bone crush형: 손가락 뼈가 부서질 듯 세게 잡는 유형으로 상대방에게 불쾌감과 고통을 줄 수 있다.

(2) 악수의 단계

- 팔꿈치가 자연스럽게 굽혀지는 정도의 거리에서 허리를 곧게 세우고 상호 대등하게 이름을 말하면서 상대를 쳐다보며 미소를 짓고 손을 내민다. 시선은 눈 → 손 → 눈의 순으로 향한다. 눈을 보지 않는 악수는 실례이다.
- 엄지를 위로 세우고, 손을 잡을 때에는 엄지와 인지 사이의 깊숙한 부분이 맞닿게 3초 정도 잡는다. 손을 잡았다가 놓는 느낌으로 너무 세게 잡지 않도록 한다.
- 적당히 힘을 주어 가볍게 서너 번 흔든다(지나치게 오래 흔드는 것은 매너에 어긋난다). 여성과 악수를 할 때에는 손을 흔들지 않는다.
- 한국에서는 윗사람이나 상사와 악수할 때 왼손을 오른쪽 팔꿈치에 대어 상대방에 대한 예의를 표시하기도 한다.

악수는 상대의 마음을 움직이는 스킨십

악수는 상대와 손을 맞잡는 신체의 접촉이지만 눈빛으로 주고받는 마음의 소통과 교감이다. 특히 악수를 할 때에는 눈동자의 색깔을 식별할 수 있을 정도로 눈을 똑바로 쳐다보도록 한다. 실제로 0.5초를 더 보는 것과 덜 보는 것이 호감을 사는 데 큰 차이가 있기 때문이다. 악수를 할 때에는 성심껏 마음을 실어 깊은 인상을 남겨야 한다.

4.5. 재미있는 세계의 인사법

(1) 악수(hand shake)

- 미국: 손을 힘 있게 잡고 두세 번 흔든다.
- 독일: 언제나 강하고 짧게 흔든다.
- 프랑스: 손에 힘을 많이 주지 않는다.
- 중남미: 여성과 악수 시에는 손등에 입을 맞추기도 한다.
- 러시아: 손을 잡고 여러 번 재빨리 흔든다.
- 스페인: 비즈니스 관계에서 진심 어린 악수를 할 때에는 어깨를 두드린다.
- 폴란드: 아는 정도에 따라 쥐는 강도가 달라진다(잘 아는 사이는 강하게).
- 체코: 짧게 살짝 쥔다.

(2) 목례(bow)

중국을 비롯한 아시아의 유교 문화권 나라에서 하는 인사로 하급자나 연소자일수록 먼저 더 낮추어 고개를 숙인다.

(3) 입맞춤(kiss)

- 러시아: 키스를 하고 포옹을 한다.
- 사우디아라비아: 악수를 한 후에 양쪽 뺨에 키스를 한다.
- 양 볼 키스(bussibussi): 프랑스, 이탈리아, 스페인, 독일, 네덜란드, 오스트리아, 포르투갈 등에서 하는데, 주로 양쪽 뺨을 갖다 대기만 하며 연인이 아닌 경우에는 소리만 내고 실제로 키스를 하지는 않는다.
- 손등 키스(hand-kissing): 귀족 사회에서 남자가 여자에게 하는 인사법으로 오스트리아와 폴란드에서 유행하고 있다. 비즈니스 관계에서는 하지 않는다. 손등 키스는 상징적이므로 입술이 손에 닿아서는 안 된다. 1~2cm 간격을 두고 손등에 숨을 내쉬는 정도로 한다.

(4) 와이(wai)

고맙다는 의사 표시로 태국의 전통 인사이다. 두 손을 모으고 팔과 팔꿈치를 몸에 붙인 채 '와이'라고 말하며 고개를 숙인다.

(5) 아브라소(abrazo)

멕시코, 아르헨티나, 콜롬비아 등 중남미 국가에서 하는 인사로 서로 껴안고 키스를 한 후 친근함의 표시로 어깨를 몇 번 두드리는 행위이다.

(6) 코 문지르기(nasengruss)

폴리네시아에서는 코를 서로 비비는 인사를 한다.

(7) 침 뱉기

탄자니아의 마사이족은 만나거나 헤어질 때 상대방에 대한 존경과 친근감의 표시로 얼굴에 침을 뱉는다. 갓 태어난 아기에게도 축복과 행운의 의미로 침을 뱉고, 상거래 시장 장사꾼 상호 간의 흥정을 위해서도 다 같이 침을 뱉는다.

(8) 포옹(hug)

남아메리카 국가들과 그리스, 이탈리아, 스페인, 포르투갈에서는 인사로 포옹을 한다. 오른손은 상대방의 왼쪽 어깨 너머로, 왼손은 상대방의 오른쪽 겨드랑이 밑으로 하여 가볍게 감싸 안는다. 스페인에서는 여자뿐만 아니라 남자에게도 포옹을 한다.

각 나라의 독특한 인사법

- 스페인: 악수, 포옹, 베소(beso, 볼맞춤 인사)
- 티베트: 친근함의 표시로 자신의 귀를 잡아당긴 후 혀를 길게 내민다.
- 이스라엘: 양팔을 펼쳐 상대방 어깨를 주무르며 “샬롬(shalom)”이라고 말한다.
- 인도네시아: 악수 후 손을 가슴에 대고 쓸어내린다.
- 필리핀: 껴안고 뺨을 차례로 맞댄다. 가볍게 등을 친다.
- 브라질: 여자들끼리는 베이징유(Beijinho), 즉 서로의 양 볼에 가볍게 키스를 하며 쪽쪽 소리를 내고, 남자들끼리는 악수를 하며 서로의 어깨를 툭툭 쳐 준다.
- 프랑스: 비주(bisous), 즉 가까운 사람들과 만나면 서로의 양 볼에 뽀뽀를 하며 반갑게 인사한다.
- 인도: 남성끼리는 악수를 하지만 여성과는 악수 대신 두 손을 앞으로 모으고 약간 목례를 하며 ‘그대에게 보내는 경례’란 뜻의 힌디어 “나마스테”라고 말한다.
- 호주: “구 다이(G’ Day)”라는 인사말을 쓴다. 이 말은 ‘Good Day’의 줄임말로, Hello나 Hi로 하는 인사에 ‘G’ Day’라고 답하여 인사할 수 있다.

주요 용어

- 공수자세
- 눈맞춤(eye contact)
- 머레이비언 법칙
- 바른 자세
- 밝고 호감 가는 표정
- 비언어적 커뮤니케이션
- 신뢰감을 주는 동작
- 악수법
- 인사법
- 절
- 커뮤니케이션

CHAPTER

3 언어적 커뮤니케이션 스킬과 이미지 메이킹

커뮤니케이션(communication)은 '함께하다', '분배하다'의 뜻을 내포하며 기본적으로 둘 또는 그 이상의 사람이 서로의 정보, 지식, 경험, 사상, 신념, 감정을 공유하거나 전달하는 것을 의미한다. 커뮤니케이션의 일종인 언어적 커뮤니케이션은 글이나 말과 같은 언어로 표현되는 영역이자 대부분의 지식을 전달하는 방법이다. 구두 커뮤니케이션(직접적인 말)이나 문서 커뮤니케이션(편지, 이력서, 보고서, 공문서 등)으로 직간접적으로 말을 통해 정보를 교환하거나 메시지를 전달하는 것을 의미한다.

이 장에서는 언어적 커뮤니케이션을 원할하게 해 주는 경청, 음성 이미지 메이킹, 스피치와 대화 스킬, 사회적 커뮤니케이션 화법에 대해 구체적으로 알아보고 이들이 이미지 메이킹에 미치는 영향도 함께 살펴본다.

1. 언어적 커뮤니케이션의 정의

언어적 커뮤니케이션은 음성언어와 문자언어로 커뮤니케이션이 행해지는 것을 의미한다. 언어가 음소, 단어, 문장과 같은 문법적, 구조적인 면을 강조하는 반면 커뮤니케이션은 사회적 상황에서 언어를 실제로 사용하는 행위에 초점을 두고 있다. 즉 특정한 단어의 뜻이나 문장의 구조 형식을 이해하고 암기한 언어를 활용하여 사회적 상황에 맞는 대화를 하는 것이 바로 언어적 커뮤니케이션이다.

원활한 언어적 커뮤니케이션을 위해서는 경청, 음성 이미지 메이킹, 스피치와 상황에 맞는 커뮤니케이션 대화법을 배우는 것이 중요하다.

언어적 커뮤니케이션의 정의

단어를 사용하여 말이나 글 형식으로 다른 사람들과 정보를 교환하는 의사소통의 형태이다. 정보와 피드백을 빠르게 교환할 수 있는 가장 효과적인 커뮤니케이션 방법이다.

2. 경청

언어적 커뮤니케이션에서는 자음과 모음의 정확한 발음, 크기나 강세, 억양과 같은 비분절음의 효과적 사용, 말의 속도와 청각적 요소들을 적절히 이해하는 것이 중요하다. 따라서 바르고 정확한 단어 선택과 사용이 뒤따라야 한다. 이 중 가장 중요한 요인은 효과적인 듣기이다.

聽

耳 + 王 + 十 + 目 + 一 + 心

큰 귀(耳)와 열 개(十)의 눈(目)으로, 즉 진지한 눈빛으로
하나(一) 된 마음(心)으로 진심으로 들어 주어라.

커뮤니케이션에서 말하는 것보다 더 중요한 것은 듣는 것이다. 효과적으로 듣는 것은 상대방의 의사를 파악하기 위한 중요 수단이다. 성공적인 커뮤니케이션을 위해서는 먼저 경청해야 한다. 경청은 단순히 소리를 듣는 것(hearing)이 아니라 상대방의 말과 마음을 존중하고 감정을 헤아리며 '반응하는(listening)' 것이다. 일반적으로 경청의 과정은 듣기(hearing), 해석(interpretation), 평가(evaluation), 응답(responding)의 4단계로 나누어진다.

올바른 경청 자세는 다음과 같다.

- 상대방의 얼굴이나 표정, 제스처 등에 주의를 집중하고 이야기 도중에 다른 생각을 하거나 끼어들지 않는다.
- 시선은 항상 부드럽게 상대방의 얼굴을 향하고 손을 비비거나 다리를 꼬지 않는다(상대의 미간 응시).
- 상대방의 감정 상태, 직위, 성격, 가치관, 종교 등의 특성과 의도를 파악하고자 노력하며 내용 전체를 듣는다.
- 상대방의 말을 잘 듣는 적극적인 방법 중의 하나가 바로 질문이다. 이해하지 못한 부분의 이해도를 높이고 오해나 왜곡의 소지가 있는 부분을 확인함으로써 상호 간

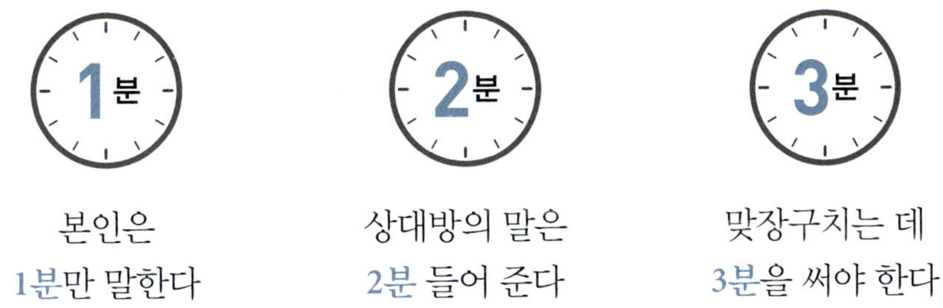

그림 | 경청의 1, 2, 3 기법

의 신뢰를 쌓을 수 있다.

- 대화를 잘 하는 사람은 1, 2, 3 기법을 적절히 이용한다. 2배 더 들어 주는 경청의 자세는 상대에게 신뢰감을 주며 호감을 살 수 있다.

선입관이나 편견 등을 버리고 상대방의 입장이 되어 느낌과 생각을 이해하도록 노력하면서 듣는다. 이야기에 주의를 집중하고(필요하면 메모한다), 말이 끝난 것같이 보이더라도 잠시 기다려 상대방이 이야기할 기회를 충분히 주도록 한다. 말을 끊는 사람을 일컬어 타인의 말허리를 자르는 사람, 즉 '백 브레이커(back breaker)'라고 하는데, 말을 잘 들어 준다는 것은 상대에게 자존감을 심어 주는 것과 같다. 상대방이 하는 말이 잘 이해되지 않거나 질문이 있을 경우에는 상황에 맞게 자신의 의사를 표현한다.

표 1 칼 로저스(Carl Rogers)의 적극적 경청법

<table>
<tr><td colspan="2">자신의 감각, 태도, 신념, 감정, 직관 등을 활용하여 상대방이 말로 표현한 것 이상의 의도, 감정, 정황 등을 말하는 사람의 입장에서 듣는다.</td></tr>
<tr><td>환언</td><td>상대방의 말을 잘 이해했음을 확인시켜 주기 위해 상대방의 메시지를 다시 들려주는 것이다.</td></tr>
<tr><td>요약</td><td>메시지의 전체적인 내용을 이해했음을 전달하는 것이다.</td></tr>
<tr><td>감정을 반영한 반응</td><td>상대방의 감정 상태에 세심한 주의를 기울이고 있음을 상대방에게 알리는 것이다.</td></tr>
</table>

무시하기	받아들이는 정도 0%	멀뚱히 바라보고만 있을 뿐 귀를 닫은 상태를 말한다. 저 사람은 늘 하는 소리가 똑같다고 생각하며 마음속으로 딴생각을 하거나 딴짓을 하는 태도이다.
듣는 척하기	받아들이는 정도 10%	말하는 사람이 적어도 관심을 보이는 상태를 말한다. 주시는 하고 있지만 마음은 다른 곳에 가 있는 상태이다.
선택적 듣기	받아들이는 정도 30%	자기가 듣고 싶은 말만 골라서 듣는 상태를 말한다. 상사가 부하의 말을 들을 때 취하는 자세로, 어떤 것은 듣고 어떤 것은 안 듣는 자세이다. 민주적 리더십보다는 전제적 리더십을 발휘하는 사람일수록 이런 경향이 강하다.
적극적 듣기	받아들이는 정도 50~60%	상대방이 무엇을 말하는지에만 관심을 기울이거나 집중하고 자신의 경험과 비교해서 듣는 태도이다. 적극적 듣기는 상대방을 공격하기 위한 자기방어적 입장에서 듣는 경우가 많다.
공감적 듣기	받아들이는 정도 90~100%	듣는 사람이 자기 자신에서 주의를 옮겨 말하는 상대방의 말, 의도, 감정을 이해하기 위해 가슴과 마음으로 듣고 대답한다. 공감적 듣기는 비로소 완전에 가까운 의사소통이 이루어지는 단계라고 할 수 있다.

그림 2 듣기의 종류

사회에서는 대화를 통해 상대방이 원하는 것을 알아차리고 그에 맞는 응대를 해야 한다. 사람들은 자신의 특정한 욕구를 말할 때 상대방이 귀 기울여 들어 주고 맞장구를 쳐 주고 그에 맞는 응대를 해 주기를 원한다. 따라서 사회생활에서 듣기는 단순한 듣기가 아니라 마음을 열고 상대방의 입장에 서서 상대방을 존중하며 그가 진심으로 원하는 것이 무엇인지를 알기 위해 정신을 집중하여 듣는 공감적 듣기, 즉 경청이어야 한다.

3. 음성 이미지 메이킹

이미지 결정 요인에서 무려 38%를 차지하는 음성은 어떻게 관리해야 할까? 음성은 고저, 장단, 강약 등을 적절히 조절해서 표현해야 내용을 잘 이해시킬 수 있고 감동을 줄 수 있기 때문에 효과적인 음성 관리가 중요하다. 사람의 목소리는 여러 가지 특징, 예를 들면 음색, 음량, 음폭, 음조 등으로 구분할 수 있다. 목소리는 타고나는 것이나 좋은 목소리를 만들려는 스스로의 노력과 훈련으로 교정할 수 있다.

좋은 목소리를 만들려면 호흡 조절과 더불어 발성 연습이 필수이며 특히 다양한 변화를 줄 수 있는 문장에 따른 발성 훈련이 효과적이다. 그 외에 음률적인 발성 훈련법이 필요하다. 이상적인 목소리는 밝고, 부드럽고, 거침이 없으며, 음색과 음량이 좋고, 음조와 속도도 적절하다. 전문가들에 따르면, 음성이 좋은 사람 중 70~80%가 타고나며, 20~30%는 발성 연습의 노력으로 좋게 만든 성우라고 한다. 20~30%를 비관적으로 볼 수도 있겠지만, 연습과 훈련의 힘은 강하다.

편안하고 부드러운 목소리는 첫 만남의 어색함을 깨고 호감을 불러일으키는 데 도움이 되어 첫인상을 결정하는 중요 변수가 된다. 현대사회에서 좋은 목소리, 호감이 가는 목소리는 명료하고 깨끗하며 톤이 약간 높고 울림이 좋아 느낌이 풍부한 목소리를 말한다. 일반적으로 좋지 못한 음성은 우물거리는 소리, 들릴 듯 말 듯 약한 소리, 쉿소리, 느린 소리, 고성, 음조가 단조로운 소리 등이다.

운동을 한 근육과 하지 않은 근육이 다르듯 훈련을 한 음성은 그렇지 않은 음성과 다를 수밖에 없다. 평상시 자신의 목소리를 녹음해서 들어 보며 노력하는 것이 효과적인 방법이다.

음성 관리의 첫 단계는 '호흡'이다. 호흡을 꾸준히 연습하면 자신감이 향상되고, 말을 길게 할 때에도 말하는 의미가 자연스럽고 정확하게 전달된다. 그 밖에 음성을 단련하는 구체적인 방법은 다음과 같다.

- 일상생활에서 내용과 상황에 따라 음성을 다양하게 사용할 수 있도록 연습하고 활기차고 생동감 있게 말하는 습관을 기른다.
- 자세를 바로 하는 것이 중요하다. 가슴은 올리고 배를 집어넣는다. 서 있는 자세에서는 양발에 체중을 균등히 분배하고, 앉아 있을 때에는 양발을 벌리고 절대 다리를 꼬지 않는다. 바르지 못한 자세는 호흡의 변화로 음색, 억양, 리듬에도 나쁜 영향을 미친다.
- 복식호흡을 통해 단전에서 우러나오는 목소리를 단련시킨다. 확신을 주고 따뜻하게 들리는 목소리를 가지려면 목소리를 낮게 내는 연습을 해야 한다. 특히 전화로 이야기할 때나 마이크를 사용할 때에는 낮은 목소리가 호소력이 있다. 목소리는 폐나 두개골에서 공명할 때 성량이 풍부해지므로 먼저 코로 공기를 들이마시고 일단 멈추었다가 입으로 숨을 내쉰다.
- 콧소리를 내는 사람은 턱과 혀를 느슨하게 하고 목과 입을 열어 소리가 코로 나가는 대신 입으로 나가도록 해야 한다. 그리고 날카로운 소리를 내는 사람들은 자세를 바로 하고, 말을 할 때마다 바이털 트라이앵글(vital triangle: 맨 아래 두 갈비뼈와

배꼽 선으로 된 삼각 부분)로부터 여분의 힘을 받아 소리를 내도록 한다.

- 피로는 음색을 거칠게 하는 첫째 요소이므로 충분한 휴식을 취하고, 담배나 목 기침, 너무 크게 웃는 것도 피해야 한다. 목소리가 잘 안 나올 때에는 길게 숨을 쉬거나, 침묵하거나, 레몬즙이 들어 있는 따뜻한 차를 마시는 것이 좋다.
- 긴장하거나 불안한 상태에서 호흡이 불안정하여 떨리는 목소리는 예행 연습과 실전 연습을 통해 충분히 극복할 수 있다. 아울러 복식호흡으로 숨을 깊게 들이쉬었다가 길게 내쉬는 호흡을 수차례 반복하며 '내 마음은 편안하다'고 마인드 컨트롤을 하는 것이 중요하다.
- 볼, 턱, 혀, 목 운동을 활발히 하여 안면근육을 부드럽게 풀고, 발음은 정확하게, 속도는 알맞게 조절한다. 아래턱을 양옆으로 움직이면 호흡은 올바르고 음량은 풍부해진다.
- 듣는 사람 입장에서 기분 좋을 수 있도록 삼정과 어조의 조절에 주의하여 말하고 짧고 규칙적인 훈련을 통해 자신만의 음성과 발음을 개발하도록 한다.
- 매번 동일한 글을 5분 정도씩 짧게 읽으며 녹음기로 녹음한 5가지 요소, 즉 톤(음질, 어조, 어투), 억양과 음률(목소리의 높낮이와 깊이), 속도(1분당 말하는 단어의 수), 볼륨(목소리의 크기와 부드러움)을 체크한다. 발성법과 말하기를 지속적으로 훈련하면서 목소리를 교정해 나간다.

표 2 효과적인 목소리 이용법

다양성	• 강조점, 엄숙한 사항, 숫자, 인명, 지명은 속도를 낮추거나 음을 낮춤으로써 집중시킨다. • 클라이맥스, 흥분되는 내용, 호소, 부탁, 비판하는 부분을 말할 때에는 음을 높인다. • 남성적 내용은 굵은 음색으로, 여성적 내용은 가는 음색으로 말하는 것이 효과적이다.
호흡	• 새로운 생각을 표현할 때마다 호흡을 가다듬는다. • 말이 끝날 때까지 숨을 아끼고 모지랄 경우에는 다시 숨을 들이쉰다. • 강조하고자 하는 단어 앞에서는 잠시 호흡을 멈춰 상대가 집중하게 하는 것이 효과적이다.

4. 스피치 스킬

인간관계 전문가인 제임스 F. 벤더(James F. Bender) 박사가 미국 사회를 이끌어 가는 리더들을 대상으로 한 설문조사 결과, 이들은 리더가 갖추어야 할 첫째 조건으로 '스피

치'를 꼽았다. 스피치는 내용을 전달하는 목적이 있어야 한다. 스피치의 내용은 주제나 목적에 따라 관심도나 친밀감이 있는 내용으로 청중 수준에 맞게 구성되어야 한다. 뿐만 아니라 구체적이고 명확하며 실현성이 있는 내용이어야 한다. 좋은 스피치는 내용이 진실하고 명쾌하며 간결하고 자연스러운 것이다.

스피치를 할 때 유의할 사항은 다음과 같다.

- 내용을 철저히 준비하고 타인이 써 온 글은 스피치 전에 검토, 수정, 보완이 필요한지 여부를 확인한다.
- 자료의 근거와 수치를 분명히 하고 읽기 쉽게 원고를 작성한다.
- 말하고자 하는 목적을 분명히 하고 청중의 수준과 욕구, 태도, 감정 상태를 파악할 수 있어야 한다.
- 스피치 시간은 5분 이내로, 길어도 20분을 넘지 않도록 한다. 행사의 시간과 장소, 성격에 맞게 내용을 조정하고 첫머리에 좌중을 집중시킬 만한 인상적인 발언을 배치하도록 한다.
- 스피치의 내용에 청중이 공감하고 참여하는 분위기를 만들기 위해서는 질문을 던져 대답을 유도하고 간단한 예화와 유머를 넣는 것이 효과적이다. 일방적으로 이루어지는 것보다는 일상적인 대화와 같이 듣는 사람과의 상호작용적(inter-active) 스피치가 이루어져야 한다.
- 소리를 밝고 크게 내도록 한다.

3단계 스피치

요점을 간추리고 타당한 근거가 되는 예화를 들어 설득력과 현장감을 살린다.

- 서론: 유머나 부드러운 이야기로 호기심을 자아내면서 시작한다.
- 본론: 화자가 말하고자 하는 본론으로 스피치를 전개한다. 이때 에피소드나 실례를 든다.
- 결론: 앞에서 전개한 이야기가 청중에게 설복, 감동, 감명 및 여운을 남기도록 주장을 요약하여 결론을 짓는다.

여기서 잠깐!

미국 대통령 오바마의 스피치 스킬

1. 풍부한 화제로 청중을 사로잡는다

Everett Collection / Shutterstock.com

상대에게 자신을 표현하는 법부터 사람들에게서 감동을 이끌어 내는 법 그리고 글로벌 이슈와 시사 문제까지 그에게는 말의 소재가 무궁무진하다. 그의 말은 많은 준비의 결과물임을 실감할 수 있다. 누구보다 말을 잘하고 싶다면 누구보다 많은 정보와 화제를 머릿속에 담아 두어라. 그리고 기회가 있을 때마다 그 화제들을 꺼내 상대방에게 펼쳐 보여라. 화제가 많을수록 듣는 사람들은 흥미와 호감을 가지고 말하는 사람에게 집중하게 되는 효과가 있다.

2. 미사여구로 치장하기보다 내용을 중시한다

그의 말은 언제나 쉬우면서도 남기고자 하는 메시지가 강렬하다. 미국 유권자들의 마음을 얻은 오바마 스피치의 비밀은 먼저 듣는 사람을 감지하고 그 사람이 이해하기 쉽게 배려하여 간결하게 핵심을 담아 내는 것이다. 백인, 흑인, 아시아계, 라틴계가 섞인 군중 집회를 가리켜 "마치 베네통 광고 같다."고 말한 것처럼, 재치 있는 비유와 유머를 담아 간결하게 말한다면 임팩트 있는 스피치를 이끌어 갈 수 있을 것이다.

3. 겸손과 헌신적인 마음을 담아 말한다

오바마는 겸손하다. 예의를 다해 간절하게 호소한다. 그의 말속에 잘난 척은 없다. 오바마가 스피치를 통해 직설적인 언어로 상처받기 쉬운 요즘 세대의 마음을 얻었다는 사실은 스피치가 상대방에게 보이는 겸손한 자세와 진심, 즉 '태도의 문제'라는 사실을 다시 한번 확인시켜 준다. 말을 잘하려면 우선 마음부터 겸손하게 낮추어야 한다.

여기서 잠깐!

스피치 훈련

포즈(pause)

강조하고자 하는 단어 앞에서 말을 멈추어 듣는 사람으로 하여금 화자의 요지를 잘 이해할 수 있게 도와준다. 특히 특정 단어의 강조 시 긴장감을 고조시키는 데 효과적이다. 문장에 쓰인 기호대로 읽는 것이 중요하다.

> 아버지가/ 방에 들어가신다. 아버지/ 가방에 들어가신다.
> 고속버스가/ 중앙선을 넘어 마주 오던 택시와 정면 충돌했습니다.
> 고속버스가 중앙선을 넘어/ 마주 오던 택시와 정면 충돌했습니다.

어려운 말 훈련(tongue twist)

특수 발성 훈련으로, 선천적 또는 후천적으로 발음기관에 이상이 있거나 혀가 짧아 발음 교정이 필요한 경우 고난도의 어려운 발음을 엮어 훈련하는 방법이다. 입에 나무젓가락을 물고 다음 내용을 정확하게 발음해 보도록 한다.

- 내가 그린 구름 잘 그린 구름 그림, 내가 그린 기린 그림 잘 그린 기린 그림
- 도토리가 문을 도로록, 드르륵, 두르륵 열었는가? 드로록, 두루륵, 두르륵 열었는가?
- 중앙청 창살은 쌍창살이고, 시청 창살은 외창살이다.
- 강낭콩 옆 빈 콩깍지는 완두콩 깐 빈 콩깍지이고, 완두콩 옆 빈 콩깍지는 강낭콩 깐 빈 콩깍지이다.
- 저분은 백 법학박사이고, 이분은 박 법학박사이다.
- 간장공장 공장장은 강 공장장이고, 된장공장 공장장은 장 공장장이다.

복식호흡

- 1단계: 편안한 자세를 취한다.
- 2단계: 코로 공기를 깊이 들이마시고 배에 힘을 준 후 숨을 잠시 멈춘다.(1~10까지 머릿속으로 천천히 세어 본다.)
- 3단계: 숨을 입으로 천천히 내쉰다. (1~10까지 세어 본다.)

발음 연습표

조합한 발음을 연습해 봅시다. 'ㄱ'과 'ㅏ'를 조합하면 가, 그다음에 다시 'ㄱ'를 조합하면 '각'이 된다. 받침 없이 '가나다라'를 연습하고, 그다음에는 받침을 넣어 발음해 본다.

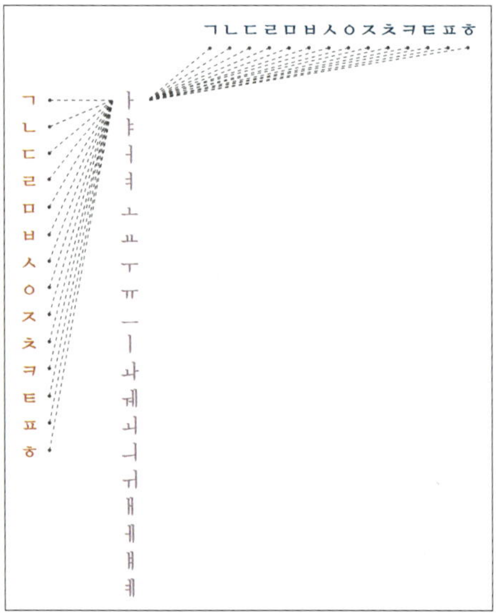

5. 대화 스킬

루이스 맨스에 의하면 "인간은 대화를 통해 존재하며 대화를 통해 자신이 누구이며, 어디로 가는지 깨닫게 된다." 일반적으로 우리는 대화를 통해 상대방의 인격, 사고의 깊이와 폭, 성격을 가늠한다. 대화는 관계를 형성하고 발전시키는 첫 단계로, 성공적인 대화의 조건은 상대방의 마음의 문을 여는 것이다. 그다음에는 자신의 의사나 감정을 전달하여 반응을 끌어내고 감동과 즐거움을 주어야 한다. 이를 위해서는 먼저 상대방에게 맞는 소재나 공통의 관심사를 찾아 공감하는 분위기를 만들어야 한다. 또한 대화할 때에는 상대방을 존중하는 마음과 경청하려는 자세, 섣불리 판단이나 평가를 하지 않고 상대방의 입장에서 이해하려는 노력이 필요하다.

일반적으로 대화는 자신을 공개하는 정도에 따라 3가지로 분류할 수 있다. 사실(fact)만을 말하는 경우, 의견(opinion)을 더하는 경우, 거기에 감정(emotion)까지 드러내는 경우이다. 보통 초면에는 사실만 말하고, 서로 익숙해지면 의견을 주고받으며, 더 친해지면 감정을 표현하게 된다. 서로 속마음을 털어놓을 때 관계를 더욱 공고히 다질 수 있다. 대화 매너가 좋을수록 언어적 커뮤니케이션의 효과도 좋다.

올바른 대화 자세를 살펴보면 다음과 같다.

- 상대가 말하고자 하는 내용을 충분히 이해하고, 대화의 목적에 맞게 상대의 반응을 살피며 이야기하도록 한다.
- 밝고 긍정적인 자세로 대화에 임하고 공통의 관심사를 화제로 삼고 경박하거나 거만한 태도를 취하지 않도록 한다.
- 대화를 나눌 때에는 내용이 중요하지만 형식도 이에 못지않게 중요하다. 따라서 정확한 발음과 쉬운 단어, 상대방의 입장을 고려하여 존칭어와 경어를 사용해 대화함으로써 상대방의 호감과 신뢰를 얻도록 한다.
- 정확한 발음과 적절한 속도로 이야기한다.
- 상대방의 눈을 보며, 가급적 쉽고 적절한 주제를 선정하여 대화를 이끌어 나간다(좋은 화제: 시사 뉴스, 날씨, 여행, 스포츠, 문화, 음악, 예술 / 나쁜 화제: 종교, 인종, 정치, 금전 문제, 타인의 험담, 개인사, 건강, 배우자, 성적 내용 등).
  _ 가벼운 화제에서 심각한 화제로 옮겨 간다.
  _ 쉬운 화제에서 어려운 화제로 옮겨 간다.
  _ 과거에서 현재로, 현재에서 미래의 화제로 옮겨 간다.
  _ 구체적인 화제에서 추상적인 화제로 옮겨 간다.
  _ 전달하는 화술에서 설득하는 화술로 옮겨 간다.

에드워드 홀의 공간에 따른 대화 매너

노스웨스턴 대학교의 인류학 교수인 에드워드 홀(Edward Hall) 박사는 상대방과의 거리의 중요성을 역설한다. 대화 시 따뜻한 교류를 나누기 위해서는 손과 팔을 이용한 가벼운 스킨십을 통해 편안함, 안정감과 호감도를 높인다(이성인 경우 특히 유의하며 첫 스킨십에서 거부하는 태도를 보이면 삼가도록 한다).

- 친밀한 거리(intimate distance): 정서적으로 가까운 사람들과의 친밀한 사적인 상호작용 거리로 돈독한 사이(0~50cm)를 의미한다.
- 개인적 거리(personal distance): 가족이나 친구, 직장 동료와의 일반적인 대화 거리(50cm~1.2m)이다.
- 사회적 거리(social distance): 공적인 용무로 참여하게 된 사회 모임 등에서의 사람들과의 거리, 업무 처리나 사교에 필요한 거리(1.2~3.6m)이다.
- 공공적 거리(public distance): 연설하는 거리, 큰소리로 말하는 거리, 교실같이 다수가 이용하는 공간의 거리(3.6m 이상)를 말한다.

6. 사회적 커뮤니케이션 스킬

6.1. 사회적 커뮤니케이션의 정의

사회적 커뮤니케이션이란 사적인 관계보다는 사회나 조직에서 상관이나 동료 또는 고객과 상호작용하며 이루어지는 의사소통을 총칭한다. 일반적 대화와 사회적 대화는 분명 차이가 있다. 일반적 대화는 명확하게 의사를 전달하는 데 일차의 목적이 있지만, 사회적 대화는 대화를 통해 전달하려는 의사를 명확하게 이해시킴은 물론 그 과정에서 상대를 배려하는 친절함과 정중함을 동시에 전달해야 한다.

적절한 대화는 상사나 동료와의 친밀감을 조성하여 자발적인 협력을 얻어 낼 수 있고 업무를 효율적으로 진행할 수 있도록 도와준다.

6.2. 사회적 커뮤니케이션의 원칙(4C)

(1) 배려(consideration)

사회적 커뮤니케이션은 내가, 우리가 아닌 상대(YOU)에게 초점을 맞추어 대화를 나누는 것이다. 상대방이 말하는 속도가 느리면 약간 느리게, 빠르면 빠르게 조절하여 대화를 나누어야 하며 상대방의 눈높이에 맞추어 그의 특성에 맞는 용어와 표현 방법을 사용하도록 한다. 노인에게는 천천히, 그리고 정중한 용어로 응대하고, 어린이에게는 그들의 눈높이에 맞는 용어를 써서 친절하게 응대해야 한다. 이처럼 사회적 커뮤니

케이션의 첫째 원칙은 상대방을 먼저 배려하며 대화하는 것이다.

(2) 간결(conciseness)

대화에서 명확한 발음과 부드러운 음성도 중요하지만 간결하고 논리적으로 전달하는 것도 이에 못지않게 중요하다. 여러 번 반복하거나 장황하게 설명하여 대화가 지루해지지 않도록 주의하고 관련된 사실만을 표현하여 불필요한 정보를 상대방에게 주지 않도록 해야 한다. 따라서 평소에 단문으로 짧게 이야기하고 결론부터 말하고 부연설명을 덧붙이는 등 간결하고 분명하게 말하는 연습을 하는 것이 좋다.

(3) 명확(clarity)

속도, 억양, 성량을 상대방이 듣기 좋게 조절하고 누구라도 알아들을 수 있는 쉬운 어휘나 용어를 사용하여 말한다. 단어가 어렵거나 내용이 복잡해서 상대방이 잘 이해하지 못한다면 그 대화는 아무런 의미가 없는 것이 된다. 대화에서는 말을 잘하는 것보다 상대방이 잘 알아듣게 말하는 것이 더 중요하다. 따라서 전문용어의 사용을 자제하고 상대방이 이해하기 쉬운 용어를 사용하여 명확하게 전달하는 것이 중요하다.

(4) 정중(courtesy)

대화를 할 때 어떤 표현을 쓰는가는 전달력에 있어 매우 중요하다. 똑같은 내용이라도 어떤 단어를 사용하여 표현하는가에 따라 전달되는 이미지가 매우 달라지기 때문

이다. 따라서 상대방에게 친밀감을 주면서도 정중한 표현을 사용하여 대화를 해야 한다. 은어나 속어와 같이 특정 집단이 사용하는 말이나 지나친 농담, 말의 의미를 짐작할 수 없는 줄임말 등의 사용을 자제하고 재치 있고 품위 있게 대화하도록 한다.

표 3 사회적 커뮤니케이션의 원칙(4C)

4C	유의사항
배려 (consideration)	• '나', '우리' 대신 '당신'에게 초점을 맞추기 • 상대방의 눈높이게 맞게 대화하기
간결 (conciseness)	• 불필요한 반복과 정황한 설명을 피하기 • 관련 사실만을 말하기
명확 (clarlty)	• 짧고 친근한 대화체로 이해하기 쉽게 말하기 • 속도, 억양, 성량을 조절하기
정중 (courtesy)	• 친밀하면서도 정중한 표현을 사용하기 • 품위 있는 표현을 사용하기

6.3. 사회적 커뮤니케이션 화법

(1) 신뢰 화법

상대방에게 신뢰감을 줄 수 있는 대화는 말 어미의 선택에 따라 조금씩 달라질 수 있다. '다까체'는 정중한 느낌을 줄 수 있으니, 역으로 딱딱함과 형식적인 느낌을 줄 수도 있다. 반면 '요조체'의 과다한 사용은 대화 자체가 수준 낮게 보여 신뢰감을 떨어뜨릴 수 있다. 다까체와 요조체를 7:3 비율로 적절히 섞어 사용하는 것이 좋다. 또한 모든 말은 완전한 문장의 말이어야 하며 반토막 말의 사용은 절대 금한다.

예) 다시 한번 말씀해 주세요. → 다시 한번 말씀해 주시겠습니까?
　　잠깐만요. → 잠시만 기다려 주시겠습니까?

(2) 의뢰형 화법(레어드 화법)

사람은 '~이렇게 해.' 같은 명령조의 말을 들으면 반발심이나 거부감이 들기 쉽다. 상대에게 무엇을 의뢰할 때 명령형이 아닌 질문형으로 바꿔 말하면 대화를 훨씬 더 부드럽게 이어갈 수 있다. 심리학자 존슨 레어드(Johnson-Laird)가 "질문은 상대방의 마음의 문을 연다"고 하며 이 질문형 화법을 제안했으므로, 이를 레어드 화법이라고도 부른다.

예) 여기 작성하세요. → 여기에 작성해 주시겠습니까? (또는) 작성을 좀 부탁드려도 될까요?
잠시만 기다려요. → 잠시만 기다려 주시겠습니까?

(3) Yes, But 화법

상대의 이야기에는 긍정적으로 반응하는 것이 효과적이다. 못마땅하더라도 그 자리에서 "그러면 안 됩니다!"처럼 단적으로 부정하는 것은 좋지 않다. 그보다는 "네, 그러시군요." 하고 일단 긍정을 해 놓고, 그런 다음에 '그러나'를 붙여서 "그 말씀에도 일리가 있다고 생각합니다만, 제 생각은 이렇습니다." 하고 차근히 말하는 것이 좋다. 이것은 '긍정 후 부정' 화법인데, 이 화법은 어느 경우에도 바람직하다. 주의해야 할 것은 마지못해 하는 것이 아니라 기꺼이 돕고자 하는 수긍이어야(Yes) 하고, 냉정하게 아니라고 부정하는 것이 아니라 최선을 다하는 거절이어야(No) 한다.

예) 잘 모르겠네요. → 제가 그 부분은 잘 모르겠습니다. 괜찮으시다면 제가 알아보고 연락드리면 어떻겠습니까?
안 됩니다. → ~는 어렵지만 ~는 가능합니다.
할 수 없습니다. → 도와 드릴 수 있는 방법을 최대한 찾아보겠습니다.

표 4 상황별 대처 화법

바람직하지 않은 표현	적절한 표현
그건 안 됩니다.	죄송합니다만 ○○○한 이유로 그 일은 처리가 어렵습니다. 대신 ○○○는 어떠십니까?
~하고 있었어요. 잠시만요.	급히 ○○○를 처리 중입니다. 잠시만 기다려 주시겠습니까?
제 소관이 아닙니다.	그 일은 ○○○가 담당자입니다. 제가 연결해 드리겠습니다.
알아는 보겠습니다.	죄송하지만, 해당 부서에서 확인한 후 연락드려도 괜찮으시겠습니까?
저희는 그렇게 할 수 없습니다.	제가 최선을 다해서 알아보겠습니다.

(4) 쿠션 화법(정중한 양해의 표현)

'쿠션(cushion)' 표현을 사용하면 완충작용을 하여 상대방에게 양해를 구하거나 부탁을 할 때 불쾌감을 덜 주고 더 부드럽게 전달할 수 있다.

다양한 쿠션 언어

- 실례합니다만
- 바쁘시겠지만
- 번거로우시겠지만
- 양해해 주신다면
- 죄송합니다만
- 공교롭게도
- 괜찮으시다면
- 불편하시겠지만

(5) 맞장구 화법

호감 가는 대화를 하는 가장 기본적인 요령은 상대방의 이야기를 관심 있게 귀담아듣는 것이다. 들어 주면서 관심 있게 열심히 듣고 있다는 것을 상대방에게 알려 주는 것이 바로 맞장구이다.

맞장구를 쳐 주는 것도 좋지만, 같은 맞장구가 계속 반복되거나 타이밍이 맞지 않을 경우 화자는 오히려 자신의 이야기를 상대방이 듣지 않고 있다고 느끼고 이야기하려는 의욕을 상실하게 된다. 맞장구를 칠 때도 입버릇처럼 단순하게 맞장구를 치는 것이 아니라 이야기를 들으면서 느낀 점과 이야기를 어느 정도 이해하고 있는지를 표현하는 피드백 맞장구를 활용한다. 그러면 상대에게 '잘 듣고 있다'는 메시지를 전달하여 더 많은 정보를 얻을 수 있고 다음 이야기로 쉽게 옮겨 갈 수 있다.

적극적인 맞장구(backtracking)

- 가벼운 맞장구: 가벼운 반응으로 상대의 기분을 돋운다.("저런", "그렇습니까?")
- 동의 맞장구: 공감하는 기분을 전달한다.("과연", "정말 그렇겠군요", "네, 그렇습니까?")
- 정리하는(피드백) 맞장구: 상대방이 말한 의미를 정리하거나 분명히 해 준다.("그 말씀은 ~이라는 것이지요?")
- 재촉 맞장구: 대화의 전개를 유도한다.("그래서 어떻게 되었습니까?")
- 몸짓 맞장구: 고개 끄덕끄덕/ 갸우뚱/ 눈맞춤

(6) '나' 전달법(I-message)

'나' 전달법이란 미국의 심리학자 토마스 고든(Thomas Gordon)이 창시한 자녀와의 효과적인 의사소통 화법으로, '네가 잘못했다'는 관점의 전통적인 방법을 지양하고, 대신에 자녀의 행동에 대하여 부모인 '내가 어떻게 느끼는가'를 말하는 화법이다. You-message를 사용하면 상대방이 명령, 충고, 비난의 의미로 받아들이기 쉽지만, I-message를 사용하면 상대를 존중하면서 의사를 정확히 표현할 수 있다.

- You-message: 너 정말 이것밖에 안 되니?
- I-message: 네가 그렇게 행동을 하면(행동/상황) 다른 사람들에게 피해를 끼치게 되어 사람들이 싫어할 것 같아(결과) 무척 걱정되고 속이 상하는구나(감정/반응).

(7) 아론슨 화법

미국의 심리학자 아론슨이 연구한 화법으로 여러 가지 이야기를 들었을 때 나중에 들은 이야기가 강하게 인상에 남는 성향을 말한다. 대화를 나눌 때 긍정적인 말과 부정적인 말을 동시에 해야 하는 경우, 이 심리를 이용하여 부정적 내용(또는 단점)을 먼저 이야기하고 긍정적 내용(또는 장점)으로 대화를 마무리하면 전체적으로 이미지가 좋아진다.

(8) 감동을 주는 칭찬 화법

가장 쉬우면서도 대화를 기분 좋고 부드럽게 이어갈 수 있도록 하는 것이 바로 칭찬 화법이다. 아무리 보기 싫은 사람이나 동료라고 해도 한두 가지 장점은 있다. 그것을 발견해 진심 어린 칭찬으로 대화를 시작한다면 관계 개선에 도움이 될 것이다. 사람은 누구나 칭찬을 받으면 얼굴에 환한 웃음이 피어나고 자신을 칭찬한 상대를 만나면 친근하게 대화를 시작하게 된다. 칭찬은 '당신을 인정해요', '당신은 좋은 사람입니다'라는 뜻을 함축한다. 누군가와 친해지고 싶다면 칭찬에 익숙해지도록 노력해 본다.

칭찬으로 인간관계는 한결 풍성하고 원만해질 수 있다. 그러나 형식적이거나 상투적인 칭찬은 오히려 아첨이나 비아냥으로 받아들여져 관계를 악화시킬 수도 있다는

점을 기억해야 한다. 칭찬에서는 상대에 대한 마음의 배려와 진심이 중요하다. 행위에 대해 칭찬하되 감정이 들어간 표현으로 즉각적으로 격려하며 간결하게 칭찬을 해야 상대방이 쑥스러워하지 않는다. 칭찬은 진심으로 존재의 소중함을 느끼게 해 주는 표현으로, 다음 사항을 실천하여 칭찬의 효과를 높이도록 한다.

- 막연하지 않게 구체적으로 칭찬한다. 소품을 칭찬할 경우 그 사람의 안목이나 인성 자체를 칭찬하는 것이 더 고급스럽다.
- 본인도 몰랐던 장점을 찾아 칭찬한다.
- 칭찬을 공개적으로 하거나 제3자에게 전달한다.
- 차별화된 화법으로 칭찬한다.
- 결과뿐 아니라 과정까지 칭찬한다.
- 예상외의 상황에서 칭찬한다.
- 다양한 방법으로 칭찬한다.

표 5 구체적인 칭찬 화법

소품에 대한 칭찬	넥타이 고르는 안목이 무척 세련되시네요. 차가 정말 멋진데 차에 대해 아주 잘 아시나 봅니다.
행동에 대한 칭찬	원하는 사항을 정확하게 설명해 주셔서 정말 감사합니다. 기다려 주셔서 고맙습니다.
도움에 대한 칭찬	자세히 알려 주셔서 고맙습니다. 큰 도움이 되겠습니다.

(9) 질문 화법

질문은 대화 상대로 하여금 말하고자 하는 중요한 부분을 다시 상기시키는 힘이 있다. 질문의 종류에는 개방형(확대형) 질문, 선택형(단답형) 질문, 확인형 질문이 있다.

- 개방형 질문: 상대방이 자유롭게 의견이나 정보를 말할 수 있도록 묻는 질문이다.
- 선택형 질문: 상대방에게 '예', '아니오'로 대답하거나 선택하게 하여 그의 마음이나 의도를 파악하는 질문이다.
- 확인형 질문: 상대방의 답변에 초점을 맞춰 그의 심중을 파악하는 질문이다.

표 6 바람직한 질문 화법

변경 전(선택형)	변경 후(개방형)
어떠셨습니까? 다른 건 더 필요하지 않으십니까?	제가 또 할 일이 없을까요? 그 밖에 무엇을 더 가져다 드릴까요?
필요한 것을 다 찾으셨나요?	그 밖에 더 필요한 것을 찾으실 수 있도록 도와 드릴까요?
다 되셨습니까?	제가 또 도와 드릴 일은 없을까요?

6.4. 그 외 효과적인 사회적 커뮤니케이션 방법

(1) 상대방에게 먼저 다가선다

사람은 낯선 사람을 경계하는 습성이 있어 일단 상대가 먼저 말을 걸어오기를 바란다. 따라서 사회적 관계에서는 처음 만나는 자리에서 먼저 말을 건네는 것이 좋다. "안녕하세요?"라는 인사말로 대화를 시작하고 어색한 대화를 부드럽게 이끌어 가기 위해 공통된 화제를 찾아 이야기하도록 한다. 이때 중요한 것이 첫인상이다. 항상 청결하고 단정한 용모를 갖추고 입냄새, 잡음, 휴대전화 소리 등 대화를 방해할 만한 것이 있지 않은지 주변을 살피도록 한다.

- 첫인상을 관리한다.
- 먼저 인사한다.
- 공통 화제를 찾아 이야기한다.(명함 속 자기소개)
- 명랑하고 밝은 표정으로 이야기한다.
- 항상 음성은 맑고 적당한 크기로 이야기한다.
- 쉽고 간단명료하게 말한다.

(2) 상대방의 입장을 충분히 고려한다

대화의 기본 원칙은 상대방의 입장에서 대화를 하는 것이다. 사회적 관계에서는 이해가 상충하는 경우가 종종 생기는데, 자신에게는 상대방이 하찮은 일에 과민하게 반응하는 것처럼 보일 수 있지만 상대방의 입장에서는 상당히 중요한 일들이 있다. 따라서 사회적 관계에서도 라포 형성은 매우 중요하다. 라포(rapport)란 '마음의 유대'라는 뜻으로 서로의 마음이 연결된 상태, 즉 서로 마음이 통하는 상태를 의미한다. 라포가 형성되면 호감과 신뢰감이 생기고 비로소 깊은 마음속의 사연까지 말할 수 있는 관계가 되어 원만한 사회생활을 영위할 수 있다.

- 답변도 좋지만 상대방의 말을 경청해야 한다.
- 항상 긍정적인 반응만 보인다면 고객은 오히려 이야기에 흥미를 잃는다. 상황에 적합한 반응을 보이는 것이 필요하다.
- 외래어나 전문용어의 사용을 삼간다.
- 자신 있는 끝맺음으로 신뢰감을 높인다.
- 정확한 숫자 관념을 가지고 대화에 임한다.

(3) 적절한 호칭으로 대화의 품격을 높인다

사회적 커뮤니케이션에서 호칭은 첫인상과 같은 역할을 한다. 호칭은 누군가를 지칭하는 것이 그 기능이지만, 사회적 커뮤니케이션에서는 여기에 머물지 않고 감정과 생명력이 있어 대화 전체의 분위기와 품격을 좌우한다. 그래서 상대방의 나이, 위치, 상황에 맞추어 적절한 호칭을 구사하는 것은 매우 중요하다. 또한 동료를 부를 때에도 전문적인 이미지를 나타내기 위하여 –씨, –선생(님), 실장(님) 등 직함을 붙이거나 이름을 사용한다. 친하다고 하여 언니, –야 등의 호칭을 사용하는 것은 금물이다.

여러 가지 호칭 중 상대방이 기분 좋게 들을 수 있는 호칭을 사용해야 한다. 가장 흔하게 사용하는 것이 '~님'이라는 호칭인데 노인분들에게는 '어르신'이라는 호칭이 더 기분 좋게 들린다. 상황에 따라 최적의 호칭을 구사하기 위해서는 친밀감과 존칭을 사용해야 하며, 대상에 따른 호칭은 다음 표에 자세히 설명했다.

표 7 대상에 따른 호칭

대상	호칭
고객	• 1인칭: 저, 저희, 저희 회사 • 2인칭: 선생님, 사모님, 사장님, 손님, 고객님 • 3인칭: 저분(저기 계시는 분), 아이(아드님, 따님), 노인(어르신), 동반자(같이 오신 분), 부부(두 분), 남편(바깥어른), 처(부인, 사모님), 남성(남자분), 여성(여자분), 직장(근무처), 단체(단체분들, 여러분들), 공직자나 직함을 가진 경우(직함+님)
상급자	• 상사의 성과 직위 나음에 '님'을 붙인다. • 성명을 모르면 직위에만 '님'을 붙인다. • 최상급자에게 상급자의 지시나 결과를 보고할 때에는 직책이나 직위만 사용하고 존칭 표현은 피한다.(예: "정 부장님은(께서는 x) 외출하셨습니다.")
부하 또는 동료	• 성과 직위 또는 직명으로 호칭한다.(예: 박 과장, ○○○ 씨) • 초면이거나 구면이거나 선임자는 이름 뒤에 '님'을 붙여 부른다. • 직장 내에서는 '아저씨', '형', '언니', '–야' 등 하대하는 호칭을 삼간다. • 부하라도 연장자는 적절히 예우한다.
서양인에 대한 호칭과 경칭	**자주 사용되는 경칭** • Mister(Mr.): 남성에게 붙이는 경칭으로 이름 앞에 또는 관직명 앞에 약자로 Mr.를 붙여 사용한다. • Mistress(Mrs.): 결혼한 부인의 이름 앞에 붙이는 경칭이며, 서양에서는 일반적으로 남편의 성 앞에 Mrs.를 붙여 사용한다. • Miss: 미혼 여성의 이름 앞에 붙이는 경칭이다. • Master: 일반적으로 소년에게 사용하는 경칭이다. • Ms(Mz): 여성의 사회 참여가 두드러지면서 생겨난 여성을 위한 경칭이다.
	특수한 경칭 • Esquire(Esq.): Mr. 이상의 의미를 포함하는 경칭이며, 영국에서 사용된다. Esq.는 상대방의 이름 뒤에 붙여 쓰며, Mr.나 학위, 직급 등과는 함께 사용하지 않는다. • Dr.: 의사와 같이 수련과정을 거친 전문 직업인이나 인문과학 분야에서 박사학위를 취득한 사람에게 사용하는 경칭이다. • PhD: 라틴어 Philosophiae Doctor의 약어로 '철학박사'를 말한다. 지금은 철학을 포함하여 순수학문(인문학, 사회과학, 자연과학)을 하는 사람들이 취득하는 박사학위를 통틀어 말한다. • Sir: 말하는 사람이 스스로 지위를 낮추어 상대방에게 경의를 나타내는 경칭이고, 나이나 지위가 비슷한 사람끼리 사용하지 않으며, 여성에게도 사용하지 않는다. 여성의 경우 상대방의 지위가 높아도 나이가 비슷한 남성에게는 사용하지 않는다. • The Honourable(The Hon.): 주요 공직자나 귀족에게 붙이는 경칭이다.
	일반적인 호칭 • 직위가 아닌 이름을 부른다.(예: Mr. Johnes, 높은 지위의 상사는 full name을 부른다.) • Mr.는 남성 이름 앞에 붙이는 경칭이다.(관직 앞에 붙이기도 한다. 예: Mr. President)

우편물 발송 시	• 귀하(貴下): 일반적으로 널리 쓰임 • 귀중(貴中): 단체에 보낼 경우 • 님께: 순한글식으로 쓸 경우 • 전(展), 즉견(卽見): 손아랫사람에게 보낼 경우 • 대형(大兄), 인형(仁兄): 친하고 정다운 사이에 보내는 경우 • 선생(先生): 은사 혹은 사회 저명 인사에게 보내는 경우 • 여사(女使): 일반 부인에게 보내는 경우 • 좌하(座下): 공경해야 할 어른, 조부모, 선배, 선생님에게 보내는 경우 • 화백(畵伯), 아형(雅兄): 화가나 문학상의 친구에게 보내는 경우 • 친전(親展), 친피(親披): 타인에게 보이지 않도록 할 때 • 직피(直披): 손아랫사람의 경우, 남에게 보이지 않도록 할 때 • 지급(至急), 대지급(大至急): 지급을 요할 때 • 원고재중(原稿在中): 원고가 들어 있을 때 • 원서재중(願書在中): 원서가 들어 있을 때

또한 호칭은 호칭 자체보다 호칭할 때의 어조와 태도에 의해 상대방에게 전혀 다른 느낌을 줄 수 있으므로 특히 유의한다. 틀리기 쉬운 호칭에는 다음의 3가지가 있으니 유의하도록 한다.

- 상사에 대한 존칭은 호칭에만 사용한다.
- 문서에는 상사의 존칭을 생략한다.
- 본인의 임석하에 지시를 전달할 때에는 '님'을 붙인다.

(4) 상대에게는 존경어, 자신에게는 겸양어를 사용한다.

경어란 상대에게 경의를 표하기 위해 쓰는 말이다. 사회에서는 대화 상대에 맞게 존경어, 겸양어, 정중어, 이 세 종류의 경어를 제대로 구사할 수 있어야 한다. 경어를 사용할 때 가장 많이 하는 실수가 상대를 높여서 경의를 표하는 존경어와 자신을 낮추는 겸양어를 제대로 구분하지 못하는 것이다. 간단히 말하면 높이고자 하는 상대의 행동에는 존경어를, 자신의 행동에는 겸양어를 사용하면 된다.

주요 용어

- 경청
- 사회적 커뮤니케이션
- 언어적 커뮤니케이션
- 대화 스킬
- 스피치 스킬
- 음성 이미지 메이킹

여기서 잠깐!

피해야 할 대화법

상대방을 설득시키거나 교육하려는 태도

상대방을 설득시키거나 교육하려는 태도를 내보이는 것은 최하급의 대화법이다. 물론 상대방의 교육 및 지적 수준은 다양하며 때로는 그의 몰이해와 무지가 분명하게 드러나는 경우도 있으나 어떠한 경우에도 상대방을 직접적으로 설득, 교육하려는 태도를 보여서는 안 된다. 꼭 필요한 경우 상대방이 스스로 이해하고 납득할 수 있도록 우회적 방법으로 협조한다는 마음가짐을 가져야 한다.

나를 망치고 남을 망치는 말(killer's phrase)

말을 하다 보면 나도 망치고 상대방도 망치는 말이 있다. 상사 또는 동료 간의 대화에서 주의해야 할 말은 다음과 같다.

- 변명의 말: "팀장님이 사인을 해주지 않아서요." "난 모르겠는데." "바빠서 못하겠는데요."
- 비꼬는 말: "그래, 어디 잘해 봐." "네까짓 게 뭘 알아?"
- 소극적인 말: "쉽지 않을걸요?" "제 담당이 아니라 모르겠거든요." "다음에 하지요, 뭐."
- 비관적인 말: "이젠 정말 지쳤어." "그냥 끝낼까 봐."
- 무시하는 말: "너, 회사에 왜 다니냐?" "○○팀이 하는 일이 다 그렇지 뭐." "됐어요!"

서비스 종사자가 피해야 할 말

- 특정 고객과의 장시간 대화: 서비스인은 모든 고객에게 똑같은 관심을 보여야 한다. 특정 고객과 장시간 대화를 함으로써 편중된 서비스를 하고 있다는 인상을 주는 것은 차라리 대화를 하지 않는 것만도 못하다. 여러 고객을 맞이할 때에는 먼저 온 고객, 즉 선객 우선 원칙을 적용하여 응대하되 그다음 고객에게도 관심을 가지고 있다는 것을 지속적으로 알려야 한다.
- 고객 의심하기: 예) "고객님 말씀이 정말이시라면, 제가 확인해 보고…."
- 고객을 무시하여 잘못을 밝혀내기: 예) "지금 확인해 보니, 고객님께서 ~하지 않으셨네요."
- 정당화하기: 예) "저희도 어쩔 수 없는 부분이기 때문에…."
- 개인화하기: 예) "누가 그랬는지 모르겠지만, 제 생각에는…."
- 고객과 같이 흥분하기: 예) "고객님, 제가 그런 뜻으로 말씀드린 건 아니잖아요!"
- 팔짱을 끼거나 다리를 포개면 거만한 느낌을 주고, 주위를 두리번거리거나 시계를 본다거나 대화 중 다른 곳을 뚫어져라 응시하는 것은 실례이다.
- 불명확한 발음이나 사투리, 속어, 비어, 유행어를 삼간다.

CHAPTER

4 외모 개발을 위한 이미지 메이킹

일반적으로 외모는 직업, 교육 수준, 사회적 지위, 경제적 능력, 도덕성 및 윤리의식, 성실성 등을 가늠하는 지표가 되며 이미지 형성에서 중요한 부분을 차지한다. 컬러, 패션, 헤어, 메이크업, 액세서리, 향수 등의 균형 있는 배치와 통일감 있는 조합은 조화로운 이미지를 형성하여 자신만의 분위기를 만들게 된다. 이 장에서는 외모의 장단점을 파악하여 자신감을 획득하고 개성을 부각시키는 이미지 메이킹 방법을 소개한다.

1. 컬러 이미지 메이킹

바그너 색채연구소의 연구 결과에 따르면, 컬러는 사람을 자극하거나 진정시키는 강한 힘을 가진다. 난색 계통의 색은 사람의 감정을 흥분, 발산시키는 효과를 갖는 반면에 한색 계통의 색은 감정을 가라앉히는 효과가 있다. 컬러는 그 사람의 외적 이미지를 형성해 줌과 동시에 내적 이미지를 은연중에 보여 주기도 하고 심지어 상대방을 압도하거나 제압하는 역할까지 한다. 컬러는 감각적 요인으로 정서 상태를 변화시키는 힘을 지녀 이전의 정보나 경험의 연상 작용을 통해 독특한 이미지와 다양한 상징을 느끼게도 한다.

로버트 도(Robert Dorr, 1928)는 사람들의 피부톤을 차가움과 따뜻함의 두 그룹으로 나누고 따뜻한 색(yellow base)과 차가운 색(blue base)으로 기초 이론을 세웠다. 그러나 개인의 피부색, 모발 색, 눈동자 색을 기준으로 퍼스널 컬러를 진단하여 패션에 적용함으로써 아름다운 스타일을 연출하는 데 활용한 사람은 1980년 독일의 바인하우스 스쿨의 유명한 컬러리스트 요하네스 이텐(Johannes Itten)이다. 그는 색채의 예술(the art of color)을 패션에 도입하여 발전시켰다.

이후 캐롤 잭슨(Carole Jackson)이 계절에서 발견되는 색상을 통해 자신의 색상과 스타일을 선택하는 사계절 컬러 유형(seasonal coloring type)을 패션, 뷰티, 이미지 메이

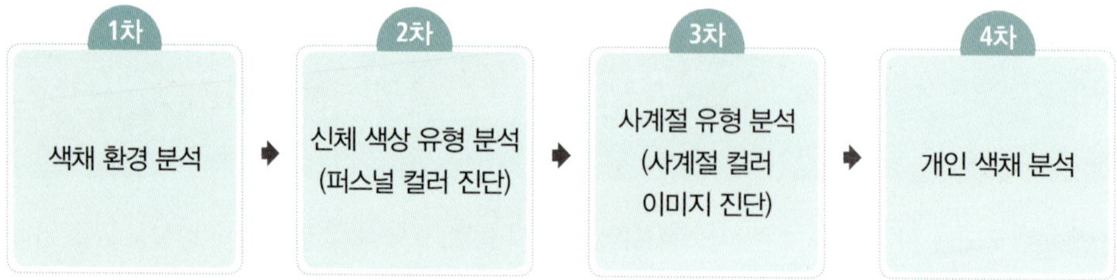

그림 1 컬러 진단 방법

킹 등 다양한 분야에 본격적으로 활용하였다.

1.1. 퍼스널 컬러 이미지

(1) 퍼스널 컬러 이미지의 의미

이제 자신에게 가장 잘 어울리는 색상을 찾아보자. 자신의 신체 색상과 가장 잘 어울리는 개인 색상을 퍼스널 컬러 이미지(personal color image)라고 하며 다음과 같이 정의할 수 있다.

퍼스널 컬러 이미지의 정의

각자가 타고난 그대로의 색, 즉 개개인의 신체 색상(머리카락, 피부, 눈동자)에 따라 본인에게 가장 어울리는 색을 진단하고 그에 따른 이미지, 색채 유형, 스타일을 개인의 패션과 뷰티에 적용하는 컬러 진단 프로그램이다.

퍼스널 컬러는 개인에게 어울리며 조화를 이루는 색으로 사람의 인상이나 이미지를 결정짓게 된다. 퍼스널 컬러 진단을 통해 자신에게 어울리는 색을 알게 됨으로써 자신의 타고난 컬러, 신체 특징, 개성을 고려하여 색채를 잘 조화시킬 수 있고 외모를 건강하고 아름답게 돋보이게 할 수 있으며 이를 통해 심리적 · 정서적 변화를 얻을 수 있다. 더 나은

이미지로 인하여 긍정적인 평가를 얻으면 그에 따른 자신감이 향상되어 자신의 능력을 극대화할 수 있다.

(2) 퍼스널 컬러 진단

퍼스널 컬러는 개인적으로 좋아하는 컬러가 아니라 자신의 피부색이나 머리카락 색, 눈동자 색과 가장 잘 어울리는 색을 찾는 것이며 이는 변하지 않는 색이다. 퍼스널 컬러 진단 시에는 인공조명보다는 자연광(오전 10시에서 오후 3시 사이)에서, 메이크업을 지우고 액세서리를 착용하지 않은 상태에서 실시한다. 머리카락을 염색했을 경우에는 흰색 천으로 감싸고 한다. 따뜻한 계열(warm)이 잘 어울리는 사람은 사계절 중에서 봄과 가을 타입으로 분류되며, 차가운 계열(cool)이 어울리면 여름과 겨울 타입으로 분류할 수 있다.

퍼스널 컬러를 진단하는 방법은 다음과 같다.

색종이 테스트

금색과 은색 색종이 위에 액세서리가 없는 상태의 손을 각각 올려놓는다. 손등, 손바닥, 손목이 어느 색종이에서 더 깨끗하고 부드러운지를 분석한다. 금색이 어울리면 따뜻한 계열, 은색이 어울리면 차가운 계열이라고 분류할 수 있다.

메이크업 테스트

코를 중심으로 얼굴을 세로로 이등분해 한쪽 눈에는 초록색 아이섀도와 오렌지 계열의 립스틱을, 반대편에는 푸른색 아이섀도와 와인 컬러 립스틱을 바르고 종이를 세로로 세워 각각 반쪽씩을 가리고 둘 중에서 자신의 피부색, 머리카락 색, 눈동자 색에 더 잘 어울리는 타입을 선택한다. 초록색과 오렌지 계열이 잘 어울리면 따뜻한 계열, 푸른색과 와인 계열이 잘 어울리면 차가운 계열로 분류할 수 있다.

진단 천 테스트

전문가용 진단 천이 없다면 무늬가 없는 단색의 스카프나 블라우스 등을 활용한다. 두 개의 컬러를 여러 차례 반복 비교하면서 자신에게 어울리는 컬러를 찾는다. 특히 진단 천을 얼굴 아래에 두고 컬러를 분석할 때에는 컬러가 얼굴에 잘 받는지 얼굴을 보아야 한다. 어울리는 컬러는 피부가 맑고 부드러워 보이며 컬러로 인해 혈색이 살아난 느낌을 준다. 반면 어울리지 않는 컬러는 피부색이 어둡고 칙칙해 보이며 얼굴선이 흐리고 주름이나 잡티 등이 두드러져 보인다. 인상이 강해 보이기도 하고 창백하거나 아파 보일 수도 있고 얼굴이 아니라 컬러 천이 더 두드러져 보일 수도 있다.

1.2. 사계절 컬러 이미지

사계절 컬러 이미지는 개개인 신체 고유의 색상(피부색, 머리카락 색, 눈동자 색)과 조화를 이루는 색채 유형을 사계절로 구분하고 그에 따라 자신에게 어울리는 색과 어울리지 않는 색을 구분하여 색채 중심으로 이미지 연출을 분석한 프로그램이다. 사계절 컬러는 따뜻한 계열과 차가운 계열로 구분하고, 따뜻한 계열은 봄과 가을 타입으로, 차가운 계열은 여름과 겨울 타입으로 구분한다.

(1) 봄 타입(spring type)

봄 타입은 귀엽고 발랄하며 활기 넘치는 젊은 이미지를 지닌다. 피부색은 사계절 중 가장 섬세하고 연한 색으로 유난히 피부가 맑고 투명한 아이보리 빛이다. 볼 부분에는 오렌지 빛이 도는 주근깨가 두드러져 보인다. 머리카락 색은 대체로 눈동자 색과 비슷한 밝은 갈색이다. 눈동자 색은 옅은 색과 골드 빛을 지닌 색으로 빛이 나고 유난히 맑아 보인다. 봄의 대표적인 색은 모든 색에 노란색이 섞인 색으로 따뜻한 느낌을 준다.

어울리는 패션 컬러 이미지는 밝고 귀엽고 로맨틱한 스타일이다. 밝은 노랑과 밝은 파스텔의 산뜻하고 맑은 느낌의 색, 형광색, 노란색 기운이 도는 회백색과 광택이 나

그림 2 사계절 컬러 이미지

는 옷을 통해 깨끗함과 신선한 이미지를 연출한다. 단, 원색이나 푸른색, 남색, 보라색 같이 강한 느낌은 피하는 것이 좋다.

큰 것보다 작은 크기의 가벼운 액세서리가 어울리고 골드 계열이나 아이보리 계열의 진주나 산호, 에메랄드, 사파이어 등 비교적 밝고 선명한 색의 주얼리가 잘 어울린다.

(2) 여름 타입(summer type)

여름 타입은 다소 차가우면서도 부드러운 느낌을 겸비한 이지적인 분위기로 다른 사람에게 친근감을 주며 온화함을 느끼게 한다. 흔히 '여성스럽다, 세련되다, 우아하다, 기품 있다, 고전적이다'라고 표현되는 사람들이 여기에 속한다. 한국 사람 중 50% 이상이 여름 타입일 확률이 높다.

여름 타입의 피부색은 차가운 색으로 복숭아 빛이며 핑크색이 살짝 도는 붉은 피부(rose undertone)를 지닌다. 햇볕에 잘 타지 않고 쉽게 붉어졌다가 며칠이 지나면 원래의 피부색으로 돌아온다. 머리카락 색은 비교적 밝은색이나 중간색이 주를 이루며 윤

기가 나지 않고 건조하며 가늘다. 눈동자 색은 특히 밝은 회갈색과 로즈 브라운(rose brown)을 띤다.

어울리는 패션 컬러 이미지로는 전체적인 색상에서 부드러우면서 차가운 느낌을 주는 핑크 계열의 튀지 않는 파스텔 색, 품위 있고 고상한 이미지의 보라색 계열, 세련된 이미지의 회색 톤, 상쾌하고 시원한 이미지의 민트 그린 계열, 스카이 블루 등이 맵시 있어 보인다. 여름 타입에게 어울리지 않는 색은 순백색과 검은색, 번쩍임이 있는 색, 노란빛이 많이 도는 색이다.

가장 잘 어울리는 액세서리는 광택을 최소화하여 고급스러움이 돋보이고 시원한 이미지가 주를 이루는 실버 계열의 다이아몬드, 크리스털 등이다.

(3) 가을 타입(autumn type)

가을 타입은 차분한 느낌을 주며 따뜻하고 부드러운 이미지로 상대방에게 친근감과 편안함을 준다. 피부색은 따뜻한 느낌을 주는 골드 빛이며 거무스름하고 탁한 편이다. 혈색이 없어 보이고, 멜라닌 색소가 많아 쉽게 타며 잡티나 기미가 짙은 편이다. 머리카락 색은 대개 어두운 색으로 다크 브라운, 붉은 광택이 도는 블랙이다. 비교적 다른 계절에 비해 붉은색이 많이 포함된 편이다. 눈동자 색은 어두운 빛을 지닌 브라운과 검정, 올리브 그린 빛이나 골드 브라운, 다크 브라운 계열로 깊고 어두운 톤이다.

어울리는 패션 컬러 이미지는 온화하고 자연스럽고 차분한 스타일의 옐로 계열 색조이다. 블루 계열을 제외하고는 대체로 잘 어울리며 차분하고 광택이 나지 않고 옷감의 질감을 느낄 수 있는 골드 계열, 베이지, 카멜, 올리브 색의 옷이 심플하면서 세련된 가을 이미지의 분위기를 높여 준다.

가을 타입에게 잘 어울리는 액세서리는 딱딱하고 작은 것보다 부드럽고 자연스러운 느낌의 금, 동 제품이고 실버 계열이나 화이트 계열은 피하도록 한다.

(4) 겨울 타입(winter type)

도회적이며 다이내믹한 겨울 타입은 짙은 계열의 색으로 인해 도시적이고 개성적이며 모던하고 시원스럽고 딱딱하고 섹시하다. 겨울 타입의 피부색은 차가운 색으로 희고 푸른 기(blue undertone)가 돈다. 얇고 투명한 피부로 창백해 보이며 때로 연한 핑크 톤의 투명한 피부 톤을 지니기도 하고 햇볕에 비교적 잘 탄다. 머리카락 색은 푸른빛

표 1 사계절 컬러 메이크업과 헤어 포인트

타입	내용
봄 타입	• 가벼운 느낌으로 밝고 화사한 톤으로 연출하되, 피부를 깨끗하게 표현한다. • 오렌지나 옐로, 옐로 그린, 피치 핑크, 산호색, 베이지를 활용한 선명한 포인트 메이크업으로 활력 있고 생동감 넘치는 이미지를 연출한다. • 볼터치는 핑크 계열과 오렌지 계열로 화사한 이미지를 연출한다. • 헤어스타일은 귀여운 단발머리나 층이 굵은 웨이브 머리가 잘 어울리며, 귀엽고 생기 있게 연출한다.
여름 타입	• 피부는 중간색의 차분한 톤으로 두께감 있게 표현하지 않도록 주의한다. • 아이섀도는 중간 톤의 파스텔 색조(핑크, 연보라)와 펄을 사용하여 화사하고 여성스럽게 표현하며, 아이라인이나 눈썹은 강하지 않게 표현한다. • 립스틱은 중간색이나 연한 색으로 부드럽고 세련된 이미지를 연출한다. • 헤어는 굵은 웨이브 스타일로 여성스럽고 낭만적으로 연출한다.
가을 타입	• 적당량의 두께감으로 너무 얇지 않게 피부 색조를 표현한다. • 아이섀도와 립스틱, 볼터치의 색상은 전체적으로 톤을 맞추어 연출한다. 핑크는 피하고 오렌지 계열이나 베이지 계열, 라이트 옐로 계열을 자연스럽게 활용한다. 골드 펄 아이섀도는 화사함을, 진녹색이나 카키색은 분위기 있는 메이크업에 좋다. • 헤어는 복고 스타일이나 우아한 웨이브 스타일이 어울린다.
겨울 타입	• 두께감 있고 어둡게 표현하는 것은 피하고 밝고 화사한 톤으로 피부를 표현한다. • 눈매나 입술 라인을 또렷하게 표현해 주고 눈매나 입술 중에 한 곳을 강조한다. • 아이섀도는 와인, 퍼플 등의 한 가지 톤으로 깊이감 있고 또렷하게 눈매를 표현해 준다. • 볼터치는 자연스럽게, 립스틱은 누드 계열의 밝은 톤이나 짙은 레드나 와인, 퍼플 계열로 연출한다. • 헤어스타일은 심플하고 라인이 단정한 커트가 어울린다.

이 도는 검은색, 금색, 회색이 주를 이룬다. 겨울 타입의 눈빛은 차갑고 강렬하므로 흰 피부와 대조를 이루어 비교적 선명하고 어두운 느낌을 준다.

어울리는 패션 컬러 이미지는 도회적이고 지적인 느낌을 주는 차가운 색이며 순백색과 검은색을 기본으로 레몬 옐로, 청록색, 청보라, 군청색, 와인색 등도 잘 어울린다. 갈색 등의 중간색은 어울리지 않는다.

액세서리는 모던하고 심플한 스타일로 실버나 크리스털과 같이 차고 강하며 광택이 있는 것, 다이아몬드나 진주, 백금이 잘 어울린다.

2. 패션 이미지 메이킹

패션은 어떤 상황에서도 우월하게 보이고자 하는 인간 욕구의 스펙트럼이며 개인의 취미나 사회문화를 표출하는 수단이자 인체 위에 펼쳐지는 예술이다. "먹는 것은 자기가 좋아하는 것을 먹어도, 입는 것은 남을 위해 입어야 한다."는 미국의 정치가 벤저민 프랭클린(Benjamin Franklin)의 말에서 알 수 있듯이, 패션은 좋은 이미지를 만드는 이미지 메이킹과 밀접한 관계가 있다.

특히 패션은 이상적 자기 이미지를 표현하는 가장 중요한 도구로 의복, 색상, 스타일, 소재 등에 따라서 인격과 교양이 다르게 전달된다. 전체적인 용모와 조화를 이루는 패션은 개인의 이미지를 형성하는 중요한 요소이다. 따라서 착용하는 사람의 체형과 상황, 역할, 성격에 맞는 적절한 패션을 활용하여 이미지 관리를 효과적으로 해야 한다. 특히 직장인의 패션은 직업의식으로도 평가되므로 직장 이미지를 고려한 편안하고 단정한 복장으로 자신의 품격을 나타내도록 하자.

2.1. 여성의 체형에 따른 이미지 메이킹

우리나라 여성의 체형은 크게 삼각형, 역삼각형, 직사각형, 둥근 형, 모래시계형의 5가지 유형으로 나눌 수 있는데, 그에 따른 패션 코디와 이미지 메이킹은 다음과 같다.

(1) 삼각형 체형

어깨 폭보다 엉덩이 폭, 즉 하체가 상체보다 큰 체형으로 우리나라 여성들에게서 많이

나타나는 체형이다. 일반적으로 어깨는 좁으면서 처지고 가슴은 작고 허리선 아래의 엉덩이, 허벅지와 다리가 풍만하며 발목이 굵은 사람이 이 유형에 속한다.

■ **이미지 개선 방법**

- 견장과 커다란 어깨 패드가 있는 디자인을 활용한다. 약간 밝은색으로 상체를 보완하여 시선을 상체로 유도한다. 재킷의 길이는 엉덩이의 가장 큰 부분에 맞추지 말고 그 부분보다 더 짧거나 더 길게 입는다.
- 하의로는 A라인 스커트, 원피스, 어두운 색상의 하의, 테이퍼드(tapered) 스타일 바지(발목 부위에서 약간 좁아지는 타입), 앞에 주름이 없는 캐주얼 바지, 허리선이 높은 원피스 등이 적당하다.
- 특히 통이 넓은 바지나 몸에 달라붙는 상의, 허리 아래에 주름이 많이 들어간 스커트는 하체를 강조하므로 피한다.
- 시선이 상체로 집중될 수 있도록 액세서리를 착용해 주면 효과적이다.

(2) 역삼각형 체형

어깨가 엉덩이 폭보다 넓거나 상체가 하체보다 무겁다. 어깨선은 올라간 편이고 엉덩이 폭이 좁고 다리가 가늘다. 따라서 넓은 어깨와 큰 가슴으로 인해 시각적으로 체형이 더욱 커 보여 신체적으로 균형이 잡히지 않은 것처럼 보일 수 있다.

■ 이미지 개선 방법

- V 네크라인 상의, 하체를 부풀려 주는 스커트나 넉넉한 바지를 입음으로써 상체는 몸에 맞도록 입고, 하체는 넉넉하게 입어 시선을 하체로 유도한다.
- 상의에는 두툼한 소재나 주름장식, 견장, 어깨나 소매 끝을 부풀린 소매 등을 피하고, 어깨를 분할하는 디자인의 상의를 입는다.
- 액세서리나 장신구는 상체보다는 하체 쪽으로 착용한다.

(3) 직사각형 체형

굴곡이 없이 어깨, 허리, 엉덩이 폭이 일직선인 형으로 허리가 잘록하게 들어가지 않아서 허리가 특히 굵어 보이고 골격은 가늘고 야윈 모습을 하고 있다. 부드럽지 않고 각진 느낌으로 목이 길고 가늘며 엉덩이의 부피감이 없는 사람이 이 형에 속한다.

■ 이미지 개선 방법

- 몸에 꼭 맞는 옷, 너무 작거나 큰 옷, 얇은 천, 큰 무늬, 세로줄 무늬나 목이 많이 파인 옷은 체형을 강조하므로 피한다.
- 허리선이 들어간 재킷으로 우아하고 자연스러운 느낌을 살려 준다.
- 굵은 벨트를 착용하여 허리에 시선이 유도되는 디자인은 허리를 더 굵어 보이게 하므로 피한다.

(4) 둥근 체형

어깨, 허리, 엉덩이의 폭이 큰 차이가 없이 둥글게 보이며, 등, 허리, 배에 군살이 많아 어깨와 엉덩이가 오히려 작아 보일 수 있다.

■ 이미지 개선 방법

- 허리 부분에 시선이 덜 가도록 어깨 패드를 넣은 부드러운 옷감이 좋다. 긴 셔츠,

수직선이 있는 상의가 체형 보정에 효과적이다.

- 짙은 색상의 가늘고 길어 보이는 의상을 선택하여 허리를 강조하는 것이 덜 살쪄 보인다. 부피감이 있는 소재는 피한다.

(5) 모래시계형 체형

상체와 하체는 크지만 허리가 가는 모래시계형은 가는 허리로 인해서 가슴과 엉덩이가 실제보다 더 커 보이는 체형이다.

■ 이미지 개선 방법

- 상반신과 어깨가 상대적으로 강조되어 보이는 신체적 단점을 보완하기 위해 가슴과 엉덩이 부분을 넉넉하게 입어 가슴과 허리 사이의 시각차를 줄이도록 한다.
- 몸매의 곡선과 가는 허리는 강조하되 박스형 재킷과 일자바지, 엉덩이를 강조하는 플레어 스커트나 폭이 넓은 벨트는 피한다.

2.2. 남성의 체형에 따른 이미지 메이킹

남성의 체형은 여성에 비해 단순하며 역삼각형, 직사각형, 둥근 형으로 나누어 분석할 수 있다.

(1) 역삼각형 체형

근육질의 남성으로 어깨가 가장 넓은 체형이다. 어깨가 각진 반듯한 형으로 남성적인 건강함이 돋보인다. 짙은 색의 가로줄무늬 옷차림은 피하도록 한다.

(2) 직사각형 체형

전체적으로 어깨, 가슴, 허리의 차이가 크게 나지 않고 균형이 잡혀 날씬한 느낌을 준다. 어깨는 넓지 않고 가슴과 엉덩이가 일직선이다. 남성적인 느낌을 살리기 위해서는 어깨를 강조하고 허리를 가늘게 코디해 준다. 짙은 색보다는 중간색, 회색이나 갈색 계열의 두께감 있는 옷감이 효과적이다.

(3) 둥근 체형

전체적으로 둥글고 통통한 체형으로 허리가 두꺼운데, 특히 어깨에 살이 많고 목은 짧아 보인다. 날씬한 느낌이 들도록 시선을 분산시키고 옷을 너무 끼게 입으면 살찐 것이 강조되므로 꼭 끼는 옷을 피한다. 목이 끼는 와이셔츠는 뚱뚱한 것을 강조하므로 컬러에 각별히 신경 쓴다.

2.3. 신뢰감을 주는 단정한 복장

"옷을 잘못 입은 여성을 보면 사람들은 그녀의 옷에 주목하지만, 옷을 잘 입은 여성을 보면 그녀라는 사람을 주목할 것입니다." 세계적인 디자이너 코코 샤넬(Coco Chanell)

의 말이다. 때로는 옷을 입은 모습을 보고 그 사람의 모든 것을 평가하기도 한다. 단정하고 깔끔한 용모는 인품까지 돋보이게 하며 실제로 사회생활을 하는 데 있어서 단정한 복장은 좋은 인상을 준다.

(1) 남성의 복장

20세기 초 에드워드 7세와 윈저공을 거치면서 양복이 보급되고 유행하기 시작하여 이제는 남성들도 옷을 통해 지위는 물론 스타일도 드러내게 되었다. 정장은 기본적으로 슈트, 바지, 셔츠의 세 가지 품목으로 이루어진다.

슈트(suit)

슈트는 빅토리아 여왕 시대에 상류층 남성들이 편히 입던 '거실용 신사복'에서 유래하였다. 자연스럽고 편안하며 잘 맞는 어깨신과 허리신, 일맞은 높이의 진동신을 가져야 한다. 특히 유행에 민감하고 야한 디자인은 피하고 감청색이나 회색을 기본으로 하되 화려한 원색은 피하는 것이 원칙이다. 일반적으로 다음과 같이 4가지 스타일로 구분할 수 있다.

■ 슈트의 기본 유형

- 영국형(British style): 영국의 윈저공이 즐겨 입던 스타일로 세계적으로 전통 있는 영국 런던의 신사복 맞춤 거리 세빌(Savile)에서 만들기 시작하였다. 몸에 흐르는 자연스러운 선을 강조한다. 각이 지면서 어깨에 패드를 넣지 않은 부드러운 싱글 브레스티드 슈트(single-breasted suit)는 기본형의 가장 고전적인 스타일이다. 바지는 허리선이 높고 지퍼 양쪽에 2~3개의 주름이 잡혀 있다.

- 유럽형(European style): 몸에 딱 붙는 듯한 느낌으로 허리선을 최대한 살린다. 각이 진 어깨선과 좁은 소매, 그리고 엉덩이까지 꼭 맞는 형태로서 감각적이고 화려한 유럽인의 기호가 잘 나타나는 스타일이다. 2개의 단추와 뒤트임이 없는 것이 특징으로 몸의 곡선을 살려 주지만 다소

경직된 느낌을 갖게 한다. 유행에 가장 민감한 유형이다.

- 미국형(American style): 19세기 말에 미국인들의 실용주의에서 나온 유형이다. '아이비리그 슈트(Ivy League suit)' 또는 '색 슈트(sack suit)'라고 불리는데 활동성에 주안점을 두고 넉넉하고 편안함을 강조한다. 어깨는 패드가 아예 없거나 얇아서 자연스러운 어깨 라인을 보여 주고 허리는 재봉선이 없으며 소매와 바지통이 좁아진다. 일직선으로 떨어지는 허리선이 특징이기 때문에 체형의 단점을 감춰 준다. 바지는 영국형과 달리 주름이 없다. 단정하면서도 편해서 대표적인 비즈니스 슈트로 자리 잡았다.
- 이탈리아형(Italian style): 가장 최근에 만들어진 스타일로 어깨 폭이 넓고 허리선도 조금만 들어가 있다. 미국형의 넉넉함과 유럽형의 곡선미를 조화시켜 창조해 낸 스타일로 상체의 곡선을 잘 살린다. 편안한 착용감과 세련된 느낌을 주는 슈트이다.

■ 슈트의 올바른 선택 요령

슈트는 한 벌로만 입고, 단추는 한 개만 채운다. 단추를 채웠을 때 가슴의 첫 단추 부분을 앞으로 당겨 주먹 하나가 들어갈 정도의 여유가 있으면 잘 맞는 옷이다. 단추를 채운 뒤 앉아도 불편한 곳이 없어야 한다. 상의 길이는 엉덩이 부위의 굴곡을 가릴 만큼 길어야 하며, 앞길이가 뒷길이보다 2.5cm 정도 더 길어야 한다. 슈트의 착용 후 어깨에 가로세로 주름이 생기지 않는지 확인한다. 구김이 많은 옷은 단정치 못한 인상으로 비칠 수 있기 때문이다.

바지(pants)

바지의 종류는 크게 테이퍼드형과 스트레이트형(일자형)으로 나눌 수 있다. 일반적으로 바지의 폭이 엉덩이에서 발목까지 서서히 좁아지는 테이퍼드형이 날씬해 보이고, 스트레이트형은 작은 키를 더욱 작아 보이게 한다. 따라서 통이 넓은 바지는 키 큰 남자에게 어울린다. 바지의 색상이 짙으면 차분하고 안정적이며 하체가 날씬해 보인다.

■ 바지의 기본 유형

- 테이퍼드형: 아래로 내려가면서 통이 좁아지는 모양
- 스트레이트형: 바지의 실루엣이 일직선인 모양

■ 바지의 착용 요령

- 바지 길이는 밑단 앞쪽이 신발에 가볍게 닿고 뒷단은 구두 굽보다 약간 더 위로 올라오는 정도로 양말이 보여서는 안 된다. 단을 접은 바지의 바지통은 신발의 3/4이 가려지는 것이 적당하며 단을 접지 않은 바지는 뒷부분이 구두창과 만나는 지점까지 내려오는 것이 적당하다.
- 바지, 구두, 양말은 같은 색으로 통일한다. 바지는 엉덩이 부분을 넉넉하게 입어야 주름이 생기거나 주머니가 벌어지지 않는다.
- 밑위는 높이 있으면서 편안해야 하며, 허벅지는 여유를 충분히 두어야 당김이나 주름이 생기지 않는다.
- 뒷주머니에 지갑, 펜, 명함 등을 넣고 다니지 않는다.
- 반드시 다림질로 주름을 잡아 주어야 한다. 잘 다린 바지선은 남성의 옷맵시를 결정해 주는 포인트이다.

드레스 셔츠(dress shirt)

셔츠의 어원은 스칸디나비아어인 '스키르타(skyrta)'(짧은 옷을 의미)가 100년 후 영어 '스키르트(scyrte)'로 변한 뒤 1530년경에 '짧은 상의'라는 뜻의 'shirt'로 되었다. 현재의 드레스 셔츠는 19세기에 기본형이 완성되었고, 후반까지는 슈트 속에 긴 소매의 화이트 셔츠를 입었으며, 20세기에 들어서면서 다양한 스타일로 발전하였다. 드레스 셔츠는 비즈니스 셔츠(business shirt)라고도 하며 신사복, 넥타이와 함께 갖춰 입는 슈트나 상의 재킷에 입는 옷으로 신사를 상징하는 중요 포인트이다.

■ 셔츠 칼라의 종류

- 레귤러 칼라(regular collar): 기본형의 셔츠 칼라로서 다양한 슈트와 조화를 이룰 수 있다. 둥글고 살찐 얼굴에 어울린다.
- 버튼다운 칼라(button-down collar): 폴로 선수들의 복장에서 따온 것으로 드레스 셔츠 칼라 끝에 핀 대신 단추를 꽂아 고정시켰다. 부드럽고 편안한 칼라로 인해 캐주얼한 느낌을 준다.
- 라운드(클럽) 칼라(round collar or club collar): 칼라 끝이 둥글다. 목이 높고 빳빳한 것은 정장 슈트에, 부드러운 것은 스포츠 재킷과 함께 입는다. 얼굴이 둥근 사람은 피하는 것이 좋다.
- 탭 칼라(tab collar): 1920~1930년대에 윈저공이 창안한 칼라로 미국 방문 때 처음 입은 것인데 칼라 양쪽에 고리(tab)가 달려 있어 타이의 매듭 밑에서 서로 연결하여 넥타이의 모양을 고정시키도록 되어 있다. 주로 격식을 갖춘 비즈니스 모임에서 입는다.
- 와이드 스프레드 칼라(wide spread collar): 1930년대 영국의 윈저공이 고안한 넓은 윈저 매듭(winsor knot) 넥타이에 잘 맞도록 디자인된 것으로 칼라의 양쪽 끝이 다른 칼라에 비해 더 벌어져 있는 가장 정장풍의 형태이다. 목이 굵거나 얼굴이 둥근 사람에게는 어울리지 않는다.
- 핀 칼라(pin collar): 레귤러 칼라와 비슷하며 핀으로 셔츠의 칼라 깃을 조여 입는 형태이다. 세심하고 깔끔한 멋을 내는 남성들에게 사랑받는 칼라로서 목이 긴 남성들에게 잘 어울린다.

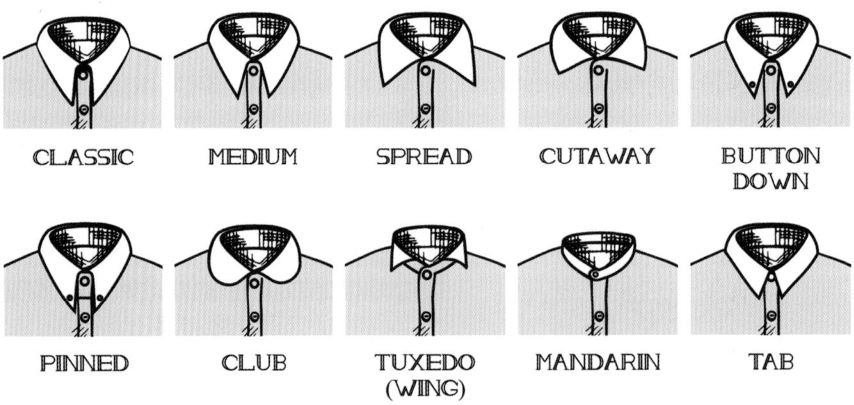

그림 3 셔츠 칼라의 종류

■ 셔츠의 착용 요령

- 드레스 셔츠의 소재로는 순면이 가장 적합하며, 면과 폴리에스테르의 혼용으로 구김이 덜 가는 소재를 이용할 수도 있다(속옷의 개념이므로 셔츠 속에 아무것도 입지 않는 것이 격식에 맞다).
- 연회, 저녁 모임, 공식 회의나 공무 수행, 외교 모임 등에서는 백색이 원칙이지만, 하는 일이나 때와 장소에 따라 겉옷과 무난한 조화를 이루는 셔츠를 선택한다(공식 석상에서 슈트 차림에는 반소매 셔츠를 입지 않는다).
- 선 자세에서 셔츠의 소매가 슈트 상의 소매 밖으로 1~2.5cm 정도 나오도록 입는 것이 보기에 좋다. 팔을 굽혔을 때 커프스가 손목 위로 올라간다면 소매가 짧은 것이다. 소매의 커프스는 여유 있게 손목에 맞아야 하지만 단추를 풀지 않고는 손을 넣을 수 없을 만큼 좁아야 한다(셔츠와 슈트의 깃은 평행).
- 셔츠의 길이는 허리 아래로 적어도 15cm 정도 내려와야 움직일 때 위로 빠져나오지 않으며, 바지의 앞부분이 단정하게 보인다. 반대로 길이가 너무 길어도 바지 앞부분의 옷매무새가 보기 싫다.
- 셔츠 칼라는 슈트 칼라 위쪽으로 2.5cm 정도 올라오는 것이 적당하다.
- 목둘레는 셔츠의 맨 끝 단추까지 채운 상태에서 셔츠 칼라와 목 사이에 손가락 하나가 들어갈 정도로 0.5cm 정도 여유 있는 것이 바람직하며 목 언저리를 꼭 매어 준다.

넥타이(necktie)

넥타이의 기원은 크로아트(croate: 크로아티아의 기마병) 장병의 목에 감은 선명한 빛깔의 천으로, 17세기 중엽부터 프랑스 상류사회에 등장해 1660년대부터 유럽 남성복에 일반화되었다. 1830년경부터는 넥타이라는 말이 사용되기에 이르렀다.

넥타이는 남성들의 분위기를 새롭게 연출할 수 있는 개성의 표현 수단으로 옷차림에서 중요한 기능을 하며 신사복과 함께 선택과 활용에 세심한 주의를 기울여야 하는 품목이 되었다. 넥타이는 착용한 사람의 첫인상을 결정하고 신분, 취미와 기호, 성격이나 직업까지 예측할 수 있는 판단의 기준이 되므로, 넥타이를 선택할 때에는 슈트와 셔츠의 색상을 고려하여 조화를 이루는 것으로 결정한다.

■ 넥타이 착용 시 유의사항

- 목 언저리까지 꼭 여미도록 하고, 넥타이의 폭은 유행에 따라 달라지지만 일반적으로 슈트의 라펠(재킷이나 코트 등에서 접힌 옷깃)과 셔츠의 칼라 폭이 넓어지면 넥타이의 폭도 넓어진다. 좁은 칼라에는 작은 매듭이, 넓은 칼라에는 큰 매듭이 적당하다.
- 넥타이 색상은 양복과 동일한 색상이 무난하며, 보색 계통으로 조화를 이룬다면 화려한 매치가 된다(같은 색은 차분하고 단정한 인상을, 반대 색 계열은 활동적인 인상을 준다. 타이의 바탕색이나 무늬 중 하나는 슈트의 색상과 동일해야 한다).

- 소재는 자신의 개성과 센스를 돋보이게 하는 것으로 착용한다(모직물 넥타이는 겨울에, 면으로 된 넥타이는 캐주얼 스타일에, 마 소재는 여름철에 적당하다). 일반적으로 겉감이 100% 실크이고 안감은 100% 울인 것이 모양도 좋고 고급스럽다.
- 때, 얼룩, 구김이 없도록 한다.
- 넥타이를 맨 후에 넥타이 끝의 길이는 허리띠의 버클 밑부분에 살짝 닿을 정도가 적당하다(132~147cm). 넥타이 뒷날개의 길이는 서로 같거나 뒤쪽의 것이 더 짧아야 하며 폭은 상의의 깃과 같은 것으로 선택한다.
- 넥타이를 벗을 때에는 아무렇게나 잡아당기지 말고 넥타이를 매는 방향과 반대 방향으로 풀어 반듯하게 걸어야 넥타이의 수명이 길다.
- 조끼를 입을 때에는 넥타이가 조끼 밑으로 나와서는 안 된다.

■ **체형에 따른 넥타이 선택 요령**

- 키가 작고 살찐 체형: 어두운 단색의 셔츠와 스트라이프 넥타이
- 키가 작고 마른 체형: 밝은색 셔츠와 잔무늬가 있는 폭이 좁은 넥타이
- 키가 크고 살찐 체형: 차분한 느낌의 푸른색 계열의 셔츠와 잔무늬의 짙은 색 넥타이
- 키가 크고 마른 체형: 옅은 회색, 핑크 등의 따뜻하고 밝은 느낌의 셔츠에 붉은색 계열의 넥타이

남성 액세서리

■ **벨트**

벨트는 의복을 여미는 용도로 착용하기 시작했으며, 바지를 입고서 벨트를 하지 않으면 정장에 넥타이를 매지 않은 것과 같이 취급된다. 색상의 조화는 하의의 색상과 일치시키거나 구두를 기본으로 하며 슈트와 비슷한 색상이거나 진한 것이 좋다. 버클은 될 수 있는 한 간결한 디자인이 좋고 요란한 무늬나 폭이 너무 넓은 것은 피한다.

■ 양말

양말은 발을 따듯하게 해 주고, 신발과의 마찰이나 자극을 없애 준다. 정장의 양말은 실크 소재가 원칙이며 바지, 구두와 같은 계열의 색상이 무난하다. 기본적으로 정장 양말의 색은 검은색이지만, 바지 색보다 더 짙거나 같은 색 양말을 신는다. 대체로 흰색 양말은 신지 않으며 바짓단이 올라가 맨살이 보이는 것은 실례이므로 유의한다.

■ 구두

패션의 마무리는 구두이다. 영국 신사들은 외모 중에서 구두에 가장 신경을 쓴다고 한다. 구두는 착용한 사람의 감각과 사회적 지위와 신분을 나타내며, 제대로 관리하지 못한 구두는 단정하지 않은 이미지를 줄 수 있다. 천연가죽으로 광택이 나는 부드러운 것이 가장 좋고, 슈트보다 더 어두운 색을 선택하는 것이 기본이다. 구두는 발 모양과 비슷한 것이 좋고 앞이 너무 뾰족하거나 뭉툭한 사각형은 피하는 것이 좋다.

표 2 정장 구두의 기본 종류

구분	종류	특징
옥스퍼드 (oxford)	 플레인 토(plain toe)	• 가장 기본적인 스타일 • 구두코에 장식이나 절개가 없고 발등에 끈만 있는 구두
	 윙 팁(wing tip)	• 옥스퍼드 스타일 중 가장 고전적인 디자인 • 구두 옆 장식이 날개 같다고 해서 붙여진 이름이며, 두껍고 무거우며 화려한 장식으로 구두에 끈이 있는 정통 스타일 구두
	 스트레이트 팁(straight tip)	• 구두코에 일직선의 이음매가 있는 디자인으로 장식한 구두

슬립온 (slip-on)	 로퍼(loafer)	• 발등에 가죽 등이 덧대어져 있는 구두
	 몽크 스트랩(monk strap)	• 구두코가 평범하고 발등에 버클로 포인트가 있는 구두
	 태슬 슬립온(tassel slip-on)	• 프랑스 궁중에서 신던 신발에서 유래 • 발등에 끈이나 버클이 없고 술(tassel)이 달린 구두

표 3 남성 정장의 색상별 코디네이션 요령

슈트 색상	코디네이션 요령
감청색	• 가장 보편적인 형태로 깔끔하고 차분한 인상을 주며, 흰색의 레귤러 칼라 드레스 셔츠를 같이 입으면 무난하다. • 넥타이는 레지멘탈 스트라이프와 같은 전통적인 패턴이 있는 것이 어울리며 감색, 회색 또는 자주색 계통이 좋다. • 구두와 벨트는 단순한 디자인의 검은색 가죽으로 된 것이 좋다.
베이지색	• 부드럽고 세련되며 깨끗한 느낌을 주며, 색조가 경쾌하고 현대적인 패션 감각에 잘 맞는다. • 흰색, 엷은 청색, 베이지, 회색, 갈색 드레스 셔츠와 갈색 계통의 넥타이가 적당하다. • 체격이 크고 얼굴이 흰 사람에게 잘 어울린다. • 구두는 밝은 갈색이 무난하지만 짙은 밤색도 어울린다.
회색	• 대표적인 비즈니스 정장으로 점잖고 지적이며 자신감 있는 느낌을 연출할 수 있다. • 어떤 색상의 드레스 셔츠도 어울리지만 특히 자주색, 청색, 회색 계열이 잘 어울리며 소재 또한 광범위하다. • 넥타이도 거의 모든 종류가 어울리며, 자주색 바탕에 흰 줄무늬도 무난하다. • 벨트와 구두는 검은색의 것이 좋다.
검은색	• 정중하고 권위적이며 성실한 느낌을 주어 예복으로 많이 입는다. • 흰색, 청색, 회색 계열의 셔츠와 노란색, 주황색, 청색 계열의 넥타이를 하면 세련된 느낌을 준다.

(2) 여성의 복장

직장 여성의 패션의 기본은 슈트이며, 특히 기업의 품격과 이미지를 고려하여 복장을 연출해야 한다. 우아하고 자연스럽게 직장 동료들이나 고객들에게 호감을 주고 근무에 적합한 복장이어야 한다.

투피스

투피스 드레스를 줄인 말이다. 형식상 위아래로 분리된 것으로 상의와 하의를 같은 천으로 만든 의복이다. 재킷과 스커트, 블라우스와 스커트 등으로 짝을 지어 입는 옷으로 유연한 느낌을 준다. 재킷과 스커트를 같은 천으로 만든 것이 활용도가 가장 넓고 개인의 취향에 따라 디자인을 선택할 수 있다. 상황에 따라 분위기를 쉽게 연출할 수 있어 일상생활에서 많이 애용된다.

원피스

원피스는 절개선이나 허리에 봉합선이 있어도 하나의 구조로 되어 있다. 슈트보다는 정장의 이미지가 부족하지만 직장 여성들이 즐겨 입는 스타일로 사무실에서 입을 때에는 화려하고 돋보이는 의상보다 신뢰감과 호감을 주는 모노톤의 무난한 디자인을 선택하는 것이 좋다.

슈트

재킷 · 스커트 · 블라우스의 한 벌을 말하며, 원래 남자의 양복으로 등장했으나 그 기능성이 좋아 급속도로 일반화된 후 여자의 운동복으로 적용되다가 오늘날의 정장용 복장이 되었다. 같은 천의 재킷과 스커트를 입는 점에서 투피스와 같지만, 블라우스를 반드시 받쳐 입는다는 점에서 다르다.

블라우스의 선택에 따라 여러 가지 분위기를 연출할 수 있다. 깨끗하고 깔끔한 인상을 줄 수 있어 직장 여성에게 적합한 옷이며 소재와 색상은 고급스럽고 품위 있는 것으로 선택해야 쉽게 싫증 나지 않는다. 밝은 회색, 검은색, 청색, 갈색, 베이지색 등이 무난하며 감이 좋은 실크 소재로 디자인이 간결하거나 단색이며 속이 비치지 않는 것이 좋고, 속옷이 밖으로 나오지 않아야 한다.

재킷 소매는 적당한 진동에서 손목까지 점차 가늘어지는 형태로 소매 길이는 손목뼈 바로 아래까지 오는 것이 적당하다. 스커트의 길이는 체형과 의복 스타일에 영향을 받지만 무릎까지가 가장 적당하며, 종아리 중간 정도의 길이는 우아하고 보수적인 분위기를, 빌목까지의 길이는 여성스러운 이미지를 나타낸다.

바지 정장

최근에는 여성의 사회 진출이 보편화되고 사회적 인식이 제고되면서 여성도 바지 차림의 정장을 즐겨 입게 되었다. 신뢰감과 친근감을 주기 위해서는 상의와 하의의 색상을 통일시키고 바지의 폭도 일반적인 것이 좋다. 패션은 자신의 이미지를 긍정적으로 표현하는 수단임을 인식하고 상황에 맞추어 옷을 입는 것이 필요하다.

여성 액세서리

직장 여성은 지나치게 화려한 액세서리를 피하고, 의복, 계절과 환경, 직업에 따라 분별력 있게 조화를 고려하여 착용하는 것이 중요하다.

■ 백(bag)

여성의 핸드백은 액세서리이기 이전에 필수품으로서 서류, 필기도구, 지갑이나 명함, 화장도구, 손수건 등의 소지품을 휴대할 수 있다. 계절에 따라 개성에 맞게 구비하고, 여름용과 겨울용, 정장용과 캐주얼용을 기본적으로 갖춘다. 키가 작을수록 백으로 시선을 끌고 백과 구두는 되도록 같은 색상으로 맞춘다. 백의 종류에는 숄더백, 손에 드는 토트백, 배낭, 지갑형, 이브닝 백이 있다.

■ **구두**

다른 액세서리에 비해 자세에 더 많은 영향을 주기 때문에 품위 있고 우아하며 편안하게 움직일 수 있도록 구두를 선택하고 신는 것이 중요하다. 옷 색상보다 더 짙은 색상의 구두를 신는 것이 기본이다. 검은색, 갈색 외에 밝은색으로 크림색이나 베이지색을 갖추고 정장을 입을 때 구두와 스타킹 색상을 통일하면 다리가 훨씬 더 길고 정돈되어 보인다. 하이힐을 신는 것이 원칙이며, 입고 있는 의상과 전체적인 이미지에 잘 어울리는 것이 중요하다.

■ **스타킹**

스타킹은 원래 남성복 하의로서 무릎까지 오는 길이의 양말이었다. 14세기경부터 점차 위로 올라가 양말 겸 바지로 하반신에 착용하였고, 1955~1956년에 솔기선이 없는 스타킹에서 1958년에는 매끈한 스타킹으로 현대와 같은 형태의 스타킹이 등장하였다.

슈트 색상에 비해 무거운 색상은 답답해 보일 수 있으며 스커트나 구두 색상과의 조화를 고려하여 선택한다. 구두보다 더 짙은 색의 스타킹은 피한다. 아이보리색은 깜찍하고 발랄한 분위기를 낼 수 있지만 자칫 하체가 뚱뚱해 보일 수 있고, 검은색과 진회색의 스타킹은 다리를 날씬해 보이게 한다. 특히 직장에서 근무할 때에는 정장 차림에 스타킹을 꼭 신고 올이 풀리거나 늘어나는 것에 유의한다. 스타킹은 눈에 띄게 야하거나 화려한 무늬와 색상을 피하고, 피부색에 가까운 자연색이 적당하다.

■ 벨트

벨트는 의상의 분위기를 다양하게 변화시킬 수 있는데, 구두와 함께 그 사람의 품위를 나타내므로 되도록 좋은 소재의 고급스러운 것을 선택한다. 벨트와 구두의 색상을 맞추거나 벨트와 백의 색상을 맞추면 훨씬 세련되어 보인다. 벨트가 의상의 색상보다 더 두드러지면 시선이 옆으로 분산되어 키가 작아 보일 수 있다.

■ 스카프

스카프는 여성용 액세서리로서 목선을 장식하고 머리를 덮기도 하는 직사각형의 천이다. 똑같은 옷에 다양성을 더해 줄 수 있고, 보온 효과와 더불어 정중하고 세련된 멋을 느끼게 하여 커리어 우먼들이 가장 효과적으로 사용할 수 있는 액세서리이다. 소재로는 실크가 가장 좋고, 패턴으로는 무지, 줄무늬, 체크, 페이즐리, 물방울무늬가 직장 여성에게 가장 적합하다. 너무 화려한 것은 피하고 키가 작은 사람은 스카프를 가늘고 길게 늘여뜨려 수직적인 효과를 준다.

■ 장신구

귀걸이는 얼굴을 돋보이게 하는 요소 중 하나이다. 달랑거리는 귀걸이는 여성스러움을 강조하고 사교적인 모임에는 적합하지만, 직장에서 전문 여성으로서의 이미지를 주기에는 부적합하며 일반적으로 귀에 딱 붙는 스타일이 적합하다. 반지나 팔찌는 전체적인 분위기를 돋보이게 하지만 너무 많이 하면 시선을 손과 팔에만 집중시킬 수 있으므로 과다한 착용은 피하는 것이 좋다.

정장에는 금 · 은의 보석류가 효과적이며 반지를 하나만 끼거나 양손에 하나씩 끼는 정도가 적당하고 알이 크게 튀어나온 것보다는 납작한 것이 능률적인 이미지를 줄 수 있다. 목걸이는 굵기나 길이에 따라 느낌이 다르므로 옷과 목선, 얼굴형과의 관계를 고려하여 개인의 개성과 감성을 나타내도록 한다. 긴 목걸이를 한 경우 귀걸이는 달지 않도록 하고, 정장용으로는 심플하면서 눈에 띄지 않는 것이 적합하다. 팔찌는 팔목이 굵은 경우 착용하지 않는 것이 좋고 계절에 따라 다른 소재의 제품을 구비한다.

의상을 고정하거나 장식을 목적으로 하는 브로치는 장식이 없거나 디자인이 단순한 의상에 적합하며 의상에 변화를 주는 역할을 할 수 있다. 키가 작을수록 재킷의 윗부분에 달고 귀걸이나 목걸이와 조화를 이루도록 한다(옷에 장식이 있거나 단추가 화려하면 브로치를 달지 않는 것이 좋다).

직장인의 복장 착용 5원칙

- 보기에 부담스럽지 않은 옷차림[T.P.O.(time, place, occasion)에 맞는 옷차림]
- 신체를 보호하는 옷차림
- 튀지 않는 무난한 옷차림
- 회사의 이미지에 적합한 옷차림
- 아름다운 옷차림(미적 효과)

3. 메이크업과 헤어스타일 이미지 메이킹

사회생활을 하는 여성에게 화장은 자신감을 높일 뿐 아니라 이미지를 향상시킬 수 있는 무기이다. 17세기 초에 영국의 시인 리처드 크라슈(Richard Crashou)에 의해 처음 사용된 용어인 메이크업(make-up)은 개인이 지닌 개성을 T.P.O.(time, place, occasion)에 적합하도록 하여 원활한 사회 활동과 임무 수행에 도움을 주고 타인에게 좋은 이미지를 전달하여 원만한 인간관계를 보상받을 수 있게 해 준다.

헤어스타일은 인상을 좌우하는 절대적인 변수로서 얼굴형에 따라 결정된다. 헤어스타일로 얼굴형이 변화될 수도 있고, 키나 신체의 전체적 비례와 균형에 영향을 주므로 메이크업과 마찬가지로 외모에서 중요한 역할을 한다. 장점을 부각시키고 개성을 살리며 결점을 보완할 수 있는 메이크업과 헤어스타일을 연출하는 방법을 살펴보자.

메이크업(make-up)의 정의

개인의 매력을 최대한 높여 주는 행위. '보완하다', '완성시키다'의 뜻으로 화장품이나 도구를 사용하여 신체의 아름다운 부분을 돋보이게 하고, 약점이나 추한 부분을 수정하거나 보완하여 개성 있고 아름답게 꾸미는 모든 행위를 일컫는다.

3.1. 메이크업에 따른 이미지 메이킹

얼굴은 사회생활에서 상호작용을 할 때 큰 비중을 차지한다. 매력적인 외모가 개인의 또 다른 능력으로 인정되는 현대사회에서 메이크업과 헤어스타일의 적절한 연출은 사회적으로 긍정적 이미지를 형성하는 데 중요하다.

상황별 메이크업에 따른 이미지 메이킹을 살펴보자.

(1) 면접 메이크업

면접에서는 외모가 특히 중요한 영향을 미친다. 깨끗한 피부 표현으로 말끔한 인상을 연출하고 단점을 감추기 위해 화려하게 입체 화장을 하는 것은 좋지 않다. 무엇보다 얼굴을 생기 있게 연출하는 것이 중요하다.

- 잡티를 가리는 세미 매트한 피부 표현, 피부 톤에 잘 맞는 파운데이션을 얇게 여러 번 발라 차분한 피부 톤을 유지하는 것이 좋다.
- 은은한 펄이 함유된 하이라이터(highlighter)로 윤기만 살짝 더해 주어 생기 있는 이미지로 만든다.

- 눈과 입술을 강조하여 또렷한 인상을 주기 위해 검은색 아이라이너와 마스카라만 간단하게 발라 깨끗하고 또렷한 눈매를 연출한다.
- 입술은 너무 붉지 않게 적당히 생기를 줄 수 있는 핑크나 피치 톤을 선택하는 것이 좋다.

이때 헤어스타일은 깔끔한 것에 포인트를 둔다. 여성의 경우 지나치게 남성적으로 보이는 헤어스타일은 피하고 긴 머리는 인사할 때 앞으로 흘러내리므로 묶거나 핀을 꽂아 고정하는 것이 좋다. 또한 짙은 염색이나 웨이브는 삼간다.

(2) 유니폼 착용 시 메이크업

- 얼굴의 전체적인 빛을 밝은 톤의 파우더로 마감한다.
- 눈썹은 자연스럽게 한올 한올 정성스럽게 그린 후 솔로 마무리한다.
- 눈가는 깊게 보일 수 있는 오렌지색이나 갈색, 핑크색 아이섀도로 연출한다.
- 아이라인을 또렷하게 그려 주고 마스카라를 하여 눈을 크고 아름답게 마무리한다.
- 립글로스나 어둡지 않은 레드 계열 립스틱을 사용하여 선명하고 윤기 나는 입술을 연출한다.
- 볼터치로 마무리하여 얼굴 윤곽을 생동감 있게 표현한다.

(3) 직장 여성을 위한 메이크업

- 차분하고 신선한 이미지를 연출하며, 내추럴한 톤의 메이크업을 하도록 한다.
- 아이 메이크업은 연한 갈색의 내추럴한 톤으로 개성을 강조한다. 다만 마스카라는 약간 진하고 깔끔하게 칠하는 것이 눈의 입체감을 돋보이게 한다.
- 립스틱 색은 밝은색 계열로 입술의 윤곽을 깨끗이 표현한다.

3.2. 헤어스타일에 따른 이미지 메이킹

(1) 여성의 얼굴형과 헤어스타일에 따른 이미지 메이킹

헤어스타일은 성격 및 직업 특성과 그 사람만의 독특한 분위기를 보여 주며 얼굴 형태에서 가장 중요하게 고려되는 부분이다. 헤어스타일은 외모에 가장 큰 비중을 차지하

표 4 여성의 얼굴형에 따른 헤어와 메이크업 이미지 연출

이미지 연출 / 얼굴형	헤어 포인트	메이크업 포인트
 둥근 형	• 동그랗고 넓어 보이는 분위기를 바꿔서 전체적으로 길어 보이도록 밝은 인상을 연출한다. • 이마 앞부분을 높이거나 얼굴 양옆을 가리는 스타일로 얼굴을 길어 보이게 연출하는 것이 효과적이다. • 머리 길이는 너무 길거나 짧지 않은 것이 좋다.	• 볼터치를 세로로 길게 바르거나, 귀 윗부분에서 약간 위쪽으로 길게 발라 얼굴이 길어 보이도록 한다. 얼굴 바깥쪽에 어두운 색으로 셰이딩을 주어 갸름한 느낌을 준다. • 눈썹은 눈썹 산을 각지고 길게 그려 넣는다.
 사각형	• 현대적 이미지나 턱선이 강조되어 남성적으로 보이는 경향이 있다. • 귀여운 스타일의 중간 길이 커트가 좋고, 부드러움과 여성스러움을 더하여 개성적으로 연출한다. • 헤어스타일을 풍성하고 성숙하게 표현하며 앞머리나 옆머리에 웨이브를 주어 부드럽게 처리한다.	• 볼터치를 광대뼈 아래쪽에서 사선으로 전체적으로 펴 바른다. • 입술은 둥글게 그려 부드러운 느낌이 들게 한다.
 역삼각형	• 얼굴 상부의 길이가 중부의 길이보다 길고 하부는 좁기 때문에 갸름한 턱선이 날카롭거나 유약해 보일 수 있다. • 따라서 얼굴형이 확연히 드러나는 스타일은 피하고, 얼굴의 상하 균형을 살리기 위해 턱선을 부드럽게 연출한다. • 어깨까지 내려오는 길이의 긴 머리가 효과적이며 짧은 머리와 이마를 드러내는 스타일은 가급적 피한다. • 옆 가르마가 어울리고 약간의 웨이브를 넣은 스타일도 무난하다.	• 볼과 이마, 코에 이르는 티존(t-zone)과 눈 밑에 하이라이트를 주고, 볼터치는 아치형으로 그려 둥글고 부드러운 인상을 연출한다. • 입술을 입술선 밖으로 연장해 그려서 입술이 크게 보이게 한다.
 마름모형	• 턱선이 날카롭고 광대뼈가 돌출되고 턱이 뾰족하여 마름모처럼 보이는 얼굴형이다. • 얼굴의 각을 부드럽게 하고 뺨의 넓이를 좁혀 주어 부드러운 이미지로 연출한다. • 이마 양쪽 부분을 살짝 살려 연출하는 것이 효과적이며, 얼굴이 부드러워 보일 수 있는 볼륨 있는 웨이브 스타일과 머리를 올리는 업스타일, 긴 머리가 어울린다.	• 눈썹은 가급적 각지지 않게 그린다. • 볼터치는 광대뼈에 고루 펴 발라 음영을 주고, 좁은 이마는 넓게, 턱선은 밝은색으로 하이라이트를 준다.
 긴 형	• 마른 사람에게 많이 볼 수 있는 얼굴형으로 조용하고 차분하지만 다소 나이가 들어 보인다. • 세로 느낌보다는 가로 느낌을 살려 주는 것이 긴 얼굴을 부드럽게 보이도록 해 준다. • 어깨를 덮는 긴 헤어스타일이나 얼굴 주위를 따라 흘러내리는 헤어스타일은 피하고 얼굴의 상부와 중부를 부풀린다. • 앞머리를 내려 주는 귀여운 단발 형태도 무난하지만 가르마는 피하는 것이 좋다.	• 긴 얼굴이 짧아 보이도록 눈 밑이나 코에 하이라이트를 주고, 볼터치는 가로를 폭넓게 강조하여 바른다. • 입술은 가로선을 강조하여 부드러운 곡선형으로 그려 준다.

여 이미지 변화의 중요 요소로 여겨진다. 헤어스타일의 변화로 얼굴형의 장점을 부각시키고 단점을 보완할 수 있다.

직장 여성의 헤어 관리 포인트

헤어스타일에서 중요한 것은 무엇보다 청결이다. 머리를 깨끗이 감아 비듬이 생기지 않도록 하고 빗질을 단정하게 한다. 머리 모양이 흐트러졌을 때에는 화장실 등에서 빗으로 단정히 하고 다른 사람들 앞에서 머리를 계속 만지거나 자주 쓸어 올리지 않도록 한다.

일할 때에는 가급적 머리카락이 얼굴을 가리지 않도록 묶거나 단정히 손질하는 것이 좋다. 특히 긴 머리는 리본 등으로 묶어 인사할 때 머리카락이 앞으로 쏟아져 얼굴이나 시야를 가리지 않도록 주의한다. 지나친 웨이브 파마나 부풀려 올린 머리, 너무 짧은 쇼트커트나 엉덩이까지 내려오는 긴 머리는 피한다.

(2) 남성의 얼굴형과 헤어스타일에 따른 이미지 메이킹

최근 들어 자신을 꾸미는 데 아낌없이 투자하는 남자들[그루밍(grooming)족]이 늘고 있다. 이들은 피부와 모발 관리는 물론 성형수술도 마다하지 않는다. 외모가 제2의 경쟁력으로 대두되면서 잘 가꾼 외모가 업무와 비즈니스 능력을 돋보이게 하는 중요한 자기관리 능력이 되었다.

그림 4 남성의 얼굴형에 따른 헤어 연출

둥근 형

동그란 얼굴은 볼에 살이 있어 귀여운 인상을 풍기며, 미간이 꽉 차 있어 온화한 느낌을 준다. 앞머리에서 정수리까지 머리 윗부분에 볼륨감을 주고, 옆머리는 무스나 젤을 발라 귀 뒤로 붙여 산뜻하게 연출한다. 가운데 가르마나 가운데에서 살짝 옆으로 위치한 가르마가 잘 어울리고, 앞머리가 어느 정도 길어도 보기에 좋다. 귀밑머리는 일자로 기르는 게 좋고, 뒷머리는 너무 짧게 자르지 않는다.

사각형

각진 얼굴은 선이 딱딱하고 날카로워 강한 인상을 줄 수 있으므로 부드러운 인상을 연출하기 위해 양쪽 머리에 볼륨감을 주어 전체를 둥글게 하고 약하게 웨이브를 주거나 옆머리를 귀에 붙인다. 적당히 긴 머리가 좋으며, 혹은 앞머리를 부드러운 곡선으로 드러내어 시선을 위로 끌어올리도록 한다. 앞머리를 사선으로 부드럽게 내린 스타일이 어울리며 옆머리는 살짝 안으로 말리도록 연출하여 강한 턱선을 감싸도록 한다.

역삼각형

턱이 뾰족하여 날카로운 인상을 줄 수 있다. 양쪽 귀 사이가 넓어 보이기 쉬우므로 옆머리와 뒷머리를 짧게 자르지 않는다. 짧은 머리일 경우에는 억지로 단점을 가리기보다는 자연스러운 손질이 가장 좋은 방법이다. 깔끔하게 머리를 자르고 앞쪽으로 쏠리게 해서 역삼각형 얼굴의 윗부분을 가려 주면 뾰족한 턱이 어느 정도 완화된다. 턱이 뾰족하고 이마가 넓은 형은 날카로운 느낌이 더욱 강조될 수 있으므로 가급적 이마를 드러내지 않도록 한다.

긴 형

이마부터 턱선까지 유난히 긴 얼굴로 미남형의 얼굴이기도 하지만 나이가 들어 보일 수 있다. 얼굴의 세로선을 느낄 수 없도록 앞머리로 이마를 가려 주거나 둥글게 보이도록 연출한다. 짧은 스타일로 연출하되 머리를 너무 길게 내리면 얼굴이 더 길어 보인다. 이마가 살짝 보일 정도로 앞머리를 내리고, 귀 옆 부분의 볼륨을 살려서 전체적으로 둥근 머리 모양을 만드는 것이 좋다.

마름모형

마름모형 얼굴은 부드럽게 연출하는 것이 좋고 머리를 너무 짧게 자르지 않는다. 앞머리를 좌우 폭을 넓게 하여 내리고, 뒷머리도 어느 정도 폭을 주어서 귀밑으로 머리가 보이게 하면 귀여운 느낌을 줄 수 있다.

4. 향수와 이미지 메이킹

인류가 최초로 사용한 화장품인 향수(perfume)는 per(영어의 through, ~을 통해서)와 fume(연기)이 조합된 말로, '연기를 통해서'라는 뜻의 라틴어 'perfumum'에서 유래하였다. 고대의 향료는 훈향(fulmination), 즉 향을 불에 태워 향취를 내는 종교 의식에서 처음 사용되었다.

우리나라는 서기 372년경에 고구려 승려가, 382년에는 백제의 승려가 각각 중국에 파견되었다가 귀국하면서 향료를 반입했고 대중적으로 사용된 것은 신라시대 귀부인들이 향낭(香囊)을 몸에 지닌 데서 비롯되었다. 좋은 이미지를 남기고 싶다면 시간, 장소, 분위기에 따라 향수를 적절하게 사용해 보자.

4.1. 향수의 분류

(1) 부향률에 따른 분류

향수는 부향률(향수 원액 함유량)에 따라 다음과 같이 5가지로 분류할 수 있다. 부향률이 높을수록 향이 강해진다.

- 향수(parfum 또는 perfume): '액체의 보석'이라 불릴 정도로 향이 가장 풍부하고 완성도가 높은 향수로, 예부터 귀중품으로 취급되어 왔다. 방향 제품 중에서 15~30%의 향료를 함유하여 농도가 가장 진해서 향수로서의 지속성과 확산성이 가장 탁월하다. 지속 시간은 10~24시간 정도이다.
- 오데퍼퓸(Eau de Perfume): 10~20%의 향료를 함유한 제품이며, 향수와 오데토일렛의 중간 타입이다. 지속 시간은 5~7시간 정도이다.
- 오데토일렛(Eau de Toilette): 5~12%의 향료를 알코

올에 부향시킨 제품으로, 향수 제품 가운데 가장 대중적인 향수이다. 지속 시간은 3~5시간 정도로 풍부하면서도 상쾌한 향을 즐길 수 있다. 향은 옅은 편이지만 신선하고 상큼해서 간편하게 전신에 뿌릴 수 있어 초보자에게 적합하며 가장 많이 애용되고 있다.

- 오데코롱(Eau de Cologne): 부향률이 3~7%로, 사용 후 1~2시간 정도 지속되어 향의 유지 시간이 짧다. 향이 강하지 않아 향수를 처음 사용하는 사람도 부담 없이 사용할 수 있다.
- 샤워코롱(Shower Cologne): 부향률이 3~4%로, 낮은 함량의 향료 원액을 함유하여 목욕이나 샤워 후 가볍게 사용하기에 적합하다.

(2) 발향 단계에 따른 분류

향수는 수많은 성분들이 모여서 완성된다. 향수에 사용된 여러 가지 배합 원료나 한 가지 원료로 나타나는 향기에 대한 후각적 인상을 '노트(note)'라고 한다. 같은 향수라고 하더라도 시간과 장소에 따라 다르게 느껴지는 이유는 시간이 지날수록 발향 단계에 따라 향이 다르게 느껴지기 때문이다. 향기의 다양한 표정이라고 할 수 있는 향수의 노트는 톱(top), 미들(middle), 베이스(base)의 3가지로 분류할 수 있다.

표 5 발향 단계에 따른 분류

구분	지속 시간	향료
톱 노트 (top note)	향수의 첫 향으로 3~4분 이내에 나타나는 향	• 레몬, 오렌지, 시트러스 계열 • 라벤더, 미모사, 오렌지 플라워, 플로랄 계열
미들 노트 (middle note)	향수의 주된 향으로 뿌린 후 30~40분 후 나타나는 은은한 향	• 재스민, 장미, 라일락 등 플로랄 계열 • 바질, 시나몬 등 스파이스 계열
베이스 노트 (base note)	향수를 뿌린 후 2~3시간 이상 지난 다음 모든 향이 날아간 상태에서 체취와 함께 지속되는 향	• 우디(나무, 이끼향) • 머스크 등의 동물성 향

4.2. 향수 활용 매너

- 향수는 허리를 경계로 상반신과 하반신의 지속 시간과 효과가 다르므로 소량을 여

러 곳에 나누어 뿌려 준다.

- 향은 아래에서 위로 발산되므로 허리 아래선, 즉 허벅지나 무릎 뒤, 발목 등에 뿌려 주면 좋다. 땀이 많이 나는 부위나 겨드랑이에는 향수를 사용하지 않는다. 체온이 높고 맥박이 뛰는 곳일수록 확산이 잘 되며(귀 뒤쪽, 손목, 팔 안쪽), 스프레이 타입인 경우 신체의 넓은 범위나 옷에 분사하는 것이 좋다.
- 옷 또는 액세서리는 스커트 안쪽 단, 슈트와 넥타이의 안쪽, 스타킹 등에 뿌리는 것이 적당하다. 한 번에 두 종류 이상의 향수를 사용하지 않도록 하고, 상처 난 부위나 손상된 피부에는 직접 뿌리지 않는다.
- 보석류는 향수와 닿을 경우 광택을 잃거나 변색되기 쉬우므로 각별히 조심한다. 내의류나 블라우스를 다릴 때 다림판 위에 향수를 몇 방울 떨어뜨리면 옷에서 자연스러운 향기가 배어난다.
- 향수를 고를 때에는 직접 코에 대고 맡지 않는다. 향수는 발향 단계에 의해서 알코올이 제거되고 난 후의 향이 본래의 향취이므로 블로터 스트립(시향지)을 사용한다.
- 지성 피부인 사람은 복합적인 향보다는 단순한 향을, 강한 향수보다는 가벼운 향을 사용하는 것이 좋다. 장소와 복장에 어울리지 않는 향수를 삼가고 남성이 여성용 향수를 뿌린다거나 그 반대의 경우도 삼간다.
- 여러 직업군 중에 특히 식음료 서비스직 종사자는 향수의 사용을 금하며, 고객을 접대하는 서비스 전문인이라면 은은한 정도의 향이 적당하다.

주요 용어

• 메이크업	• 패션	• 향수
• 사계절 컬러	• 퍼스널 컬러	• 헤어스타일

PART

2

직장 매너

CHAPTER 5 취업 준비

최근 경기침체로 고용 환경이 악화되면서 취업난이 더욱 심각해지고 있다. 이러한 취업난을 극복하는 방법은 자신이 취업하고자 하는 기업에서 원하는 인재상에 부합될 수 있는 방법을 알아보고 그에 맞추어 철저하게 준비하는 것이다. 취업의 승자는 유능한 인재가 아니라 잘 '준비된' 인재라는 사실을 명심해야 한다.

서류 전형에서 차별 항목이 삭제되면서 기업은 원하는 인재를 얻기 위하여 면접전형 점수를 높이고 심층면접과 다양한 면접 방법을 동원하고 있다. 과거 대규모 공채시험 위주의 채용 때에는 학점, 출신학교 등에서 일정 조건만 갖추면 '그물'에 걸리듯 입사가 가능했지만, 이제는 기업들이 특정한 능력을 갖춘 인재를 '낚시하듯' 골라서 채용하기 때문에 자신의 가치를 높이는 것이 무엇보다 중요해졌다. 이 장에서는 취업시장에서 자신의 가치를 높이는 방법에 대해 살펴본다.

1. 기업이 원하는 인재상

기업마다 원하는 인재상이 각기 다르겠지만, 서비스 기업에서 원하는 인재상은 전문지식과 기술 외에 다른 사람에게서 기꺼운 협조를 얻어 낼 수 있는 인간관계가 원활한 사람임을 명심해야 한다. 성품과 원활한 인간관계는 하루아침에 만들어지지 않는다. 먼저 자신이 지원하려는 직무와 회사에서 원하는 인재를 분석하는 것이 필요하다.

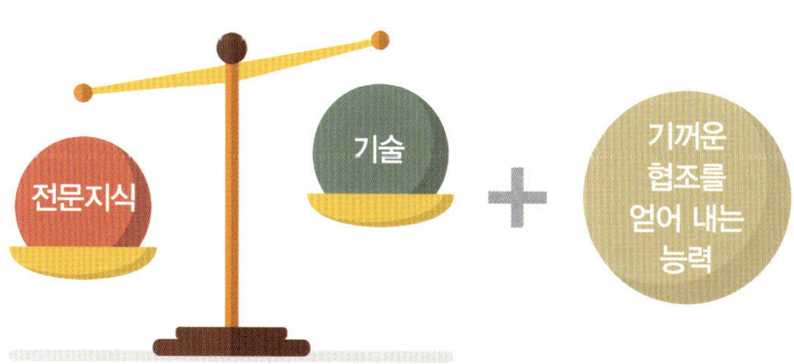

- 기본과 인간 됨됨이를 갖춘 사람
- 정직하고 성실하며 예의 바른 사람
- 인화, 단결, 협동의 자세가 되어 있는 사람
- 조직의 발전과 자신의 성장을 동시에 성취할 수 있는 사람
- 실패를 두려워하지 않는 도전적 용기를 가진 사람

그림 1 기업이 원하는 인재상

2. 취업 성공 전략

취업을 준비해 본 경험이 없는 구직자들에게 취업 준비는 막연한 두려움을 일으킬 것이다. 무작정 준비하는 것이 아니라 무엇이 목표인지 정확하게 설정한 후에 그에 맞는 전략을 수립하는 것이 필요하다. 인생에 있어서는 희망을 가지고, 경력 관리와 취업에 있어서는 목표를 가져야 한다는 뜻이다.

2.1. 철저한 자기 분석과 목표 설정

취업의 목표를 설정하는 데 가장 우선시되어야 할 것은 철저한 자기 분석이다. 방법으로는 〈표 1〉과 같이 희망 업종과 직종을 분류하고 자신의 객관화 지수를 알아보는 방법과, 그 직종에서 닮고 싶은 사람을 선정하고 자신의 부족한 점을 찾는 방법 등이 있다. 이렇게 자신을 분석한 뒤에 부족한 점을 채워 나가는 방식으로 준비한다면 좀 더 체계적으로 취업을 준비할 수 있다.

2.2. 나 자신의 상품화

취업을 하기 위해 작성하는 이력서는 상품의 내역서와 같다. 이력서를 몇 번 제출했는지가 중요한 것이 아니라 어떤 장점을 가지고 기업에 나를 얼마만큼 보여 주었는지가 중요하다. 취업 시장에서 나를 팔기 위해서는 무엇을 준비해야 하고 무엇을 내세워야 하는지 정확하게 분석해야 한다.

표 1 나의 객관화 지수

구분		지수
나의 객관화 지수	외국어 능력	
	보유 자격증	
	희망 직종의 필요 자질	
	봉사활동	
	현장 경험	
희망 업종		
희망 직종		
희망 회사 채용 방식		
희망 회사 서류 기재 사항		
닮고 싶은 선배		

2.3. 정보 수집

애인을 구하는 일과 직업을 구하는 일은 크게 떠들고 다녀야 한다. 그래야 주위 사람들이 더 많은 기회와 정보를 더 자주 전해 주게 된다. 구직 공고에 대한 정보뿐만 아니라 먼저 입사한 선배들로부터 듣는 경험담은 취업을 준비하는 사람에게 가장 현실적이고 유익한 정보임을 명심해야 한다.

2.4. 철저한 자기 관리

구직 활동을 하다 보면 구직에만 전념하여 생활 패턴을 잃는 경우가 있다. 그러나 자신의 부족한 점을 채워 나가기 위해서는 철저한 자기 관리가 필수이다. 자신과 약속한 몇 가지 생활 규칙과 일정 속에서 목표를 하나씩 성취해 나갈 때 취업 성공을 더욱 앞당길 수 있을 것이다. 또한 자기 관리를 하다 보면 다른 사람과의 교류에서도 자신감을 얻어 인간관계도 좋아질 것이다.

2.5. 만약의 경우에 대비

대학 입시처럼 혹시 안 되었을 때를 대비하여 1단계, 2단계, 3단계로 나누어 취업 계획을 세워야 한다. 물론 한 가지 목표를 설정하여 열심히 준비하는 것이 좋지만 무작정 그것만을 목표로 할 수는 없다. 취업에는 때(時)가 있기 때문이다.

3. 서류전형 통과하기

입사지원서, 졸업증명서, 성적증명서, 이력서, 자격증, 추천서, 업적증명서 등의 서류를 바탕으로 하여 후보자의 적격성을 가려내는 것이 서류전형이다. 이런 여러 가지 서류 중에서 핵심이 되는 서류는 이력서와 자기소개서이다. 인사담당자는 이력서와 자기소개서를 통해 이 사람이 다른 일도 잘할 것이라는 믿음을 가지게 된다고 한다. 그만큼 이력서와 자기소개서는 직장을 얻기 위한 창구의 역할을 한다.

서로 엇비슷한 이력서와 자기소개서, 스팸 메일 같은 자료 더미 속에서 인사담당자에게 어필하는 이력서와 자기소개서는 어떤 것일까? 이런 서류를 작성하는 방법을 알아보자.

3.1. 강한 첫인상

취업에서 첫인상은 바로 이력서가 된다. 이력서에서 살아남아야 면접 기회도 주어진다. 이력서 중에서도 사진이 중요하다. 사진을 통한 첫인상은 1차 서류전형 심사에서 상당한 영향을 미친다. 인터넷 입사지원이 일반화되면서 이력서와 자기소개서의 검토 시간이 점차 줄고 있다. 인사담당자는 사진에서 첫인상을 본 후 여러 가지 정보를 검토하기 위해 시선을 움직인다는 사실을 명심해야 한다.

사진은 최소한 세 번은 씩어 보아야 한다. 자신을 가장 부드럽게 보여 주는 사진을 선택하도록 한다. 그렇다고 과도하게 수정하라는 것은 아니다. 면접에서는 실물을 보여야 한다는 것을 명심한다.

좋은 자기소개서의 조건

- 솔직하게 쓴 객관적인 글
- 표현이 명료한 글
- 지원 기업(직종)에 맞게 작성한 글

3.2. 기본 자격 요건 확보

회사에서 제시한 기본적인 자격 요건을 확보하지 못하면 당연히 취업에 성공할 수 없다. 예를 들어 항공사 승무원 시험을 볼 때 토익점수는 기본적인 자격 요건이다. 아무리 다른 것이 훌륭해도 이 기본 요건을 갖추지 않으면 취업은 고사하고 면접조차 볼 기회가 없다.

3.3. 기재 항목 체크

이력서를 작성할 때 인사담당자가 염두에 두는 자격 기준을 먼저 생각하고 자신의 이력서를 검토할 사람의 입장에서 작성해야 한다는 사실은 누구나 알면서도 잘 지키지 못하는 이력서 작성의 기본원칙이다. 취업을 희망하는 기업의 이력서를 먼저 찾

아보거나 선배에게 물어서 무엇을 기재해야 하는지 정확하게 파악하는 것도 매우 중요하다.

3.4. 업무와 관련된 다양한 사회 경험

기업에서 원하는 인재는 채용과 동시에 바로 능력을 발휘할 수 있는 사람이다. 업무와 관련된 다양한 사회 경험을 자기소개서에 기재함으로써 기업에 준비된 인재임을 알릴 수 있다.

3.5. 대상 기업 파악

이력서나 자기소개서를 작성하라고 하면 취업 사이트에서 견본을 보고 작성하는 경우가 많다. 그러나 취업 사이트에 저장된 이력서는 특정 기업을 염두에 두지 않고 작성했기 때문에 대상 기업이 필요로 하는 정보를 제공하기에는 부족한 면이 많다. 따라서 채용 정보를 보면 먼저 직무 분석을 하고 사람을 왜 뽑는지를 지원 회사 입장에서 생각해 보고 서류를 작성하는 것이 필요하다.

3.6. 이메일 접수 시 유의점

인터넷이 발달하면서 이메일로 접수하는 기업이 늘고 있다. 빠르고 간편하지만 실수하기가 쉽다는 단점이 있다. 사진도 회사에서 지정한 규격과 파일 형식, 용량을 준수

해야 하며 혹시 누락된 항목이 있지는 않은지 주의 깊게 살펴보아야 한다. 경우에 따라 가산점을 얻을 수 있는 항목을 체크하지 못해 손해를 볼 수도 있다는 사실을 명심하도록 한다.

3.7. 낙방 원인 분석

취업 지원에서 실패한다면 반드시 실패의 원인과 해결 방법을 찾아야 한다. 자신의 잘못된 부분을 그때그때 수정하고 기록하여 똑같은 실수를 반복해서는 안 된다. 주변에서 도움을 줄 만한 사람을 찾아가 도움을 받는 것이 좋다. 지원 과정과 결과, 부족한 점에 대하여 함께 고민하며 분석한다면 쉽게 낙방 원인을 알아내고 그에 맞는 해결 방법 또한 찾을 수 있을 것이다.

이력서 작성 시 주의사항

- 중요한 경력사항이나 학력사항은 자기소개서에 기술하고, 자격증 사본을 첨부했더라도 자격증에 대해서는 반드시 이력서에 요약하여 기재한다.
- 오자와 탈자는 탈락 0순위이므로 맞춤법과 띄어쓰기 등의 가장 기본적인 사항을 몇 차례에 걸쳐 확인한다.
- 그림이나 여러 가지 색깔, 채팅 용어, 이모티콘의 사용은 인사담당자에게 신뢰감을 줄 수 없으므로 피하는 것이 좋고, 필기구는 검정 펜을 이용하여 또박또박 정자체로 신중히 작성한다.
- 응시 부서와 연락처가 누락되지 않았는지 반드시 확인하고 경력사항은 퇴사 직전의 업무 내용이 명확히 드러나도록 상세히 기재한다.
- 종종 서류를 받았을 때 파일이 열리지 않거나 깨지는 경우가 있으니 이런 경우에 대비하여 본인이 보낸 이력서의 복사본을 만들어 두거나 이메일을 통해 친구에게 복사본을 보내 저장하도록 한다.

4. 면접 통과하기

4.1. 면접 통과 전략

인사담당자의 10명 중 8명은 채용 시 지원자의 외모나 복장 등과 같이 겉으로 보이는 모습을 평가에 반영하는 것으로 나타났다. 채용 시 외모를 보는 이유로는 인상에 따른

신뢰도, 자기 관리 여부, 대인관계에 미치는 영향 때문이라고 한다.

일반적으로 면접이란 서류심사와 직무적성검사 등을 실시한 후 최종적으로 응시자를 직접 만나 인성과 지식 수준, 성장 가능성 등을 평가하고 회사에서 필요로 하는 인재인지를 판단하는 시험이다. 최근에는 신입사원 채용제도가 변하면서 필기시험 없이 면접만으로 바로 사원을 뽑는 경우도 있어 면접 점수가 당락의 비중을 크게 차지하므로 면접에 대한 철저한 준비가 필수이다.

(1) 기업에서 실시하는 면접 형태의 사전 파악

면접은 자신을 표현하면서 동시에 기업이 요구하는 인재임을 보여 주는 과정이다. 최근에는 개별 면접, 그룹토의 면접, 프레젠테이션 면접 외에도 다양한 이색 면접이 시도되고 있다. 또한 영어로 집단토론 면접을 진행하는 것과 같이 한 가지 면접 형태가 아닌 복합적인 면접 방법도 실시되고 있는 추세이다. 따라서 기업체에서 실시하는 면접 형태를 사전에 면밀히 파악해야 한다.

그림 2 면접에서 진실의 순간(MOT)

표 2 면접의 형태

종류	내용
개별 면접	한 사람 또는 다수의 면접관과 지원자 한 사람이 n:1 형태의 개별적 면접을 치르는 형태
집단 면접	한 사람 또는 다수의 면접관과 다수의 지원자가 n:n 형태의 집단적 면접을 치르는 형태
영어 면접	말 그대로 영어로만 면접을 진행하거나 영어(회화 중심)를 주된 키워드로 면접을 실시하는 형태
압박 면접	다양한 분야의 질문을 통해 지원자를 압박하는 것으로 궁지에 몰렸을 때나 극도로 긴장했을 때의 위기대처 능력(임기응변)을 보기 위한 면접이며 대기업에서 많이 실시하는 형태
집단토론 면접	주제를 하나 주고 거기에 대해 토론하라고 한 후 토론에 임하는 자세(질문, 답변, 이의 제기)를 통해 평가하는 형태
프레젠테이션 면접	특정 주제를 놓고 혼자 발표하는 과정을 통해 지원자의 발표력, 논리력, 설득력, 창의성, 의사소통 능력 등을 종합적으로 판단하는 면접 형태
블라인드 면접	면접관에게 지원자의 이력서 등 일체의 개인 신상 자료를 주지 않고 다만 평가결과만 적을 최소한의 필기도구만 가지고 지원자를 평가하게끔 하는 면접 형태

지원 회사에 대해 반드시 알아야 할 사항

- 회사의 연혁
- 기업이 요구하는 신입사원의 인재상
- 회사의 대표 상품, 특색
- 해외지사의 수와 그 위치
- 현재의 광고 콘셉트 및 느낀 점
- 회사에 대해 자기 나름대로 평가한 장단점
- 회사의 사훈, 경영이념, 창업정신
- 업종별 계열회사의 수
- 신제품에 대한 기획 여부
- 업계에서의 순위와 국내외 경쟁 상대
- 회사의 잠재력 개발에 대한 제언

(2) 면접 노트 만들기

한번 생각을 하고 답변을 하는 것은 면접 현장에서 자신감 고양으로 이어진다. 선배 등의 인맥을 통해 해당 기업의 면접에서 물어보았던 기출문제를 확보하고 사보나 매체를 통해 회사의 최근 동향을 파악하여 예상 질문을 만들어 봄으로써 면접에 대한 두려움을 조금이나마 해소할 수 있다. 예상 문제를 모아 모범답안을 적어 놓은 면접 노트는 자신감을 북돋는 필수품이 될 것이다.

(3) 모의면접 해 보기

게임을 할 때처럼 적절한 긴장감과 즐거움을 유지하는 것이 효과적인 면접 기술이라고 할 수 있다. 면접은 누구에게나 긴장된 상황이다. 긴장 상태에서 자신의 생각을 적절하게 표현하는 데에는 연습이 큰 도움이 된다. 전문가의 지도하에 모의면접을 해 보는 것이 열 번 상상하는 것보다 효과가 훨씬 더 크다. 또한 모의면접 시 비디오를 녹화하여 자신의 모습을 직접 보고 스스로 평가해 보는 것도 매우 좋은 방법이다.

면접에서는 '어떤 말을 하는가'보다는 '어떠한 자세로 말하는가'가 더 중요하게 평가된다. 즉, 객관적인 시선으로 자신의 사소한 버릇까지 확인하여 호감 가는 태도를 완성하는 것이 중요하다. 동영상 촬영을 하여 고쳐야 할 점과 자신의 장점 등을 정확하게 파악하며 면접에 대비한다.

면접에서는 짧은 시간 안에 모든 것을 종합하여 많은 사람을 평가하기 때문에 작은 것 하나에도 당락이 좌우된다. 성공적인 면접을 위해서는 자신감을 가지고 당당한 자세로 면접에 임해야 하며, 면접을 실전처럼 준비하기 위해 모의면접 동영상 촬영은 필수이다.

(4) 첫인상 좋게 만들기

구직자의 첫인상은 면접전형의 당락에 상당한 영향을 미친다. 인사담당자의 73%는 첫인상 때문에 지원자에게 감점을 준 적이 있다고 한다. 이와 같이 면접은 첫인상이 좌우한다고 해도 과언이 아니다. 따라서 첫인상을 좋게 만들기 위한 노력이 바로 취업으로 이어지는 길임을 명심한다.

(5) 면접 오답 노트 만들기

요즘 같은 취업난에서는 누구나 한두 번의 취업 실패를 경험한다. 바로 그 실패를 딛고 성공을 쟁취하기 위해서는 실패 원인을 알아야 한다. 그러나 유감스럽게도 지원 회사는 왜 탈락시켰는지 그 이유를 말해 주지 않는다. 따라서 지원자 자신이 왜 떨어졌는지를 분석해 보지 않으면 실패는 반복될 수밖에 없다.

표 3 면접시험의 평가요소

평가요소	체크 포인트	질문 예시
의욕, 열정, 직업관	• 직업의식 • 회사에 대한 기대 정도 • 미래에 대한 신념 및 포부	• 평소의 생활신조 • 입사 동기 • 장래에 대한 포부 및 계획 • 행복에 대한 가치관 • 가족 소개 및 자랑
성품, 성격	• 조직 적응력 • 건전한 사고방식 • 원만한 인간관계 • 미래 지향적, 진취적 사고	• 평소 가장 좋아하는 인간형과 싫어하는 인간형 • 친구들이 말하는 자신의 장단점 • 의견 대립 시의 해결 방법 • 음주량, 흡연량 • 단체생활 경험(학교, 동아리) • 아르바이트, 봉사활동 경험 • 일류기업이 되기 위한 조직 구성원의 바람직한 모습 • 입사 후 회사에 기여할 수 있는 자신의 강점
교양, 지식	• 직무 수행에 필요한 전공 지식	• 전공과 관련된 특기 및 자격증 보유 여부 • 특별히 보는 잡지나 신문 • 최근에 읽은 책의 내용 및 느낌 • 어제(오늘) 신문의 주요 기사 • 학교 공부 외에 특별히 공부하고 있는 것 • 취미생활
용모, 태도	• 인상 • 복장 • 자세 • 신체 조건	• 평소 건강 관리를 위해 하는 것 • 인상이 불쾌감을 주지 않는가 • 복장이 단정하고 세련되었는가 • 표정이 밝고 자연스러운가 • 시선이 불안정하고 다리를 떨지는 않는가 • 질문에 성실히 답변하는가 • 발음이나 억양이 알아듣기 쉬운가 • 자세가 바르고 예의가 있어 보이는가 • 자신에게 불리해도 솔직하게 말하는가

지원 회사의 채용 조건을 사전에 분석하고 그에 맞춰 전략적으로 준비했는지, 꼭 취업하고 싶은 열정과 패기를 잘 전달했는지, 자신이 적임자임을 증명할 용기와 역량을 갖추었는지, 그리고 몇 번 실패했다면 방법에 문제가 있지는 않았는지 깊이 생각하고 분석해야 한다. 이때 그 내용을 면접 노트에 기록하는 것도 잊지 말아야 한다.

4.2. 실제 면접

(1) 면접 전날

회사의 위치와 교통편 확인

면접 전날에 면접장을 찾아가 직접 확인하고, 교통편과 소요 시간도 정확하게 파악해 두는 것이 당일의 혼란을 피하는 방법이다. 교통편은 도로 혼잡을 감안하여 대중교통을 이용할 수 있도록 준비하는 것이 좋다.

면접 복장 확인

면접일의 복장은 개성과 이미지를 잘 전달할 수 있는 것으로 골라야 한다. 청결하고 깔끔해야 하며, 너무 화려하거나 튀지 않아야 한다. 세탁 상태와 구김 등을 꼼꼼히 살펴본다. 면접 시 깔끔하고 단정한 정장으로 신뢰감을 두 배 높이도록 한다.

표 4 남성과 여성의 면접 복장

남성	여성
• 상하 한 벌이 바람직하고, 검은색, 청색 혹은 회색 계통의 슈트를 선택한다. (하얀 와이셔츠) • 정장용 구두를 신는다.	• 투피스 치마 정장을 입는다. • 정장용 구두로 굽은 3~5cm가 적합하다. 심플한 스타일의 검은색이 무난하다.

충분한 수면

충분한 수면은 아침의 기분을 상쾌하게 할 뿐만 아니라 안정감을 유지할 수 있게 한다. 수면 부족으로 인하여 피로한 기색을 보이거나 초췌한 인상을 주면 첫인상뿐만 아니라 건강 상태에 대해서도 좋지 않은 평가를 받을 수 있음을 명심한다.

(2) 면접 당일 아침

- '꼭 합격한다'는 생각으로 긍정적인 마음가짐을 가진다.
- 첫인상은 면접의 당락에서 결정적 요인이므로 좋은 인상을 주도록 노력한다. 특히 생기 있고 밝은 이미지와 총명한 눈빛을 보여 주기 위해 노력한다.
- 면접 당일의 뉴스가 질문 대상에 오를 수 있으므로 신문의 정치, 경제, 사회, 문화 면을 유의하여 읽는다.
- 면접시험을 대비해서 서류전형 통과 후부터 지원 기업에 맞춰 준비해 온 면접 노트를 확인한다.
- 면접 공지사항을 점검하여 필요한 물품을 챙긴다.

면접 준비물

수험서, 이력서, 자기소개서, 성적증명서, 졸업(예정)증명서, 건강진단서, 추천장, 회사 안내책자, 스케줄표, 면접 노트, 지갑, 도장, 신분증, 손수건, 휴지, 연필, 볼펜, 지우개, 메모지, 예비 스타킹, 비상 상비약 등

(3) 면접장

면접 시간 전에 도착

지각은 금물이며, 20~30분 먼저 도착하여 회사를 둘러보고 환경에 익숙해지는 것이 좋다.

대기실에 착석

면접시험은 대기실에서부터 시작되므로 대기실에서의 행동도 조심해야 한다. 진행요원이 없더라도 행동을 바르게 하며, 마음을 가다듬고 수험상의 주의사항을 되새기거나 순번을 잘 기억한다.

입실 자세

담당 직원이 이름을 부르면 똑똑히 대답하고, 면접실 문을 두세 번 노크한 뒤 응답이 있으면 문을 열고 들어간다. 면접실에 들어서면 문을 닫은 다음 정면을 향해 가볍게 허리를 굽혀 절하고, 면접관이 지시한 자리에 가서 정식으로 인사한다. 이때 고개만 숙이는 인사는 품격을 떨어뜨린다. 2장에서 설명한 올바른 인사법을 익혀 두고 절도 있는 인사가 신뢰감을 준다는 것을 명심한다.

착석 자세

반드시 면접관이 앉으라는 말을 할 때까지 착석하지 않고 기다린다. 특히 외국인에게 영어 면접을 받을 때 앉으라는 말이 없으면 서서 면접을 보라는 뜻이다. 의자가 눈에 띄더라도 앉으라는 말이 없으면 서 있는다. 앉을 때에는 의자 끝에 걸쳐 앉지 말고 깊숙이 앉는다. 남자는 무릎을 약간 벌리고, 여자는 붙인다. 양손은 무릎 위에 가지런히 얹는다.

질의응답

침착하고 밝은 태도로 예의를 지키며, 질문 내용에 맞춰 논리적으로 대답한다. 질문 내용에 대한 과장이나 거짓은 금물이며, 불필요한 사족을 달거나 수다를 떨지 않는다. 결론부터 말하고 나중에 부수적인 설명을 덧붙이는 형태로 대화를 끝내고, 모르는 것은 모른다고 솔직하게 대답하는 자세가 중요하다. 대답을 잘 못했다고 하더라도 당황하거나 민망해서 머리를 긁적이거나 혀를 내미는 등의 행동은 삼간다.

- 면접 시의 시선처리: 질문을 한 면접관을 바라볼 때 눈을 너무 뚫어지게 쳐다보는 것은 '도전적'으로 보일 수 있으므로 미간이나 인중을 바라보면서 답변하는 것이 좋다. 또한 면접관이 다수인 경우에는 자신에게 질문을 한 면접관에게 70% 시선을 보내고 나머지 면접관에게도 30% 정도의 시선을 배분하여 모든 면접관의 집중을 유도하는 것이 안정적으로 보인다. 눈을 위로 치켜떠서 천장을 보거나 고개를 숙여 바닥을 보는 것은 좋지 못하다. 바른 자세를 유지하는 것이 좋은 시선처리에 도움이 된다.
- 면접 시의 목소리: 목소리가 작으면 자신이 없고 소극적인 사람으로 보일 수 있으므로 면접관이 충분히 알아들을 수 있을 정도의 다소 큰 목소리로 명료하고 또렷하게 대답한다.

퇴실 자세

면접이 끝나면 조용히 일어나며, 입실 때와는 반대의 동작으로 조용히 면접실을 나간다. 일어설 때에는 조용히 일어나 "감사합니다."라고 인사를 하며, 혹시 면접시험에서 언짢은 내용이 있었더라도 끝까지 최선을 다하는 모습을 보이기 위하여 마지막 면접실 문을 닫을 때까지 예의 바르게 행동한다. 면접을 다 본 후 예의를 갖출 생각으로 면접관에게 "수고하셨습니다."라고 인사하는 경우도 있는데 이는 적당하지 않다. "면접을 볼 수 있는 기회를 주셔서 감사합니다." 정도로 인사를 하는 것이 바람직하다. 자신이 면접실 문을 닫는 순번이라면 면접관을 향해 다시 한번 목례를 한 뒤 문을 닫는 것이 좋다.

주요 용어

- 개별 면접
- 기업 인재상
- 블라인드 면접
- 상품화
- 이력서
- 자기소개서
- 집단토론 면접
- 취업 목표
- 취업 전략
- 프레젠테이션 면접

CHAPTER

6 근무 매너

현대 비즈니스에서 경쟁력이 있는 기업은 매너와 에티켓을 갖춘 기업이고, 경쟁력이 있는 직장인은 매너와 에티켓을 갖춘 사람이다. 보통 직장 매너는 입사와 동시에 누군가가 상세하게 알려 줄 것이라고 생각하지만 그렇지 않다. 알고 있는 상식이 아니라 반드시 알고 실천해야 하는 것이 바로 직장 매너이다.

직장은 서로 다른 개성을 가진 사람들이 하나의 공동체에서 함께하는 곳이다. 따라서 서로 간의 배려와 믿음이 없이는 영위하기가 불가능한 것이 직장생활이다. 이 배려와 믿음을 만드는 기초가 바로 매너임을 명심하고 지키도록 노력해야 한다.

이 장에서는 직장생활에 임하는 마음가짐과 근무 매너, 출퇴근 매너, 지시와 보고, 안내와 접대를 할 때의 바른 태도를 알아봄으로써 성공적인 직장생활을 위한 초석을 다진다.

1. 직장인의 마음가짐

직장인은 모든 일에 긍정적이고 협조적인 마음으로 직장생활에 임해야 한다. 열린 마음으로 자신의 할 바를 솔선수범하는 자세, 더 나은 미래를 위해 부단히 노력하는 자세, 책임의식을 가지고 성실히 임하는 자세야말로 성공하는 직장인이 지녀야 할 자세이다.

(1) 상식적이고 긍정적인 마인드

하루 중 대부분의 시간을 직장에서 보내게 되는 현대인에게 직장은 가장 익숙한 곳이면서도 어려운 곳이다. 가족과 달리 이해의 폭이 좁고 지켜야 할 예의범절도 많기 때문이다. 그런 직장에서 원만한 생활의 바탕이 되는 것이 바로 상식적이고 긍정적인 마인드이다.

(2) '나'보다 '우리'를 생각하는 마인드

직장은 서로 다른 사람들이 만나 공동의 목표를 가지고 함께 일을 하면서 그 목표를 달

성하는 곳이다. 따라서 개인의 역량이 중시되긴 하지만 그 이전에 '우리'라는 조직의 역량이 강조되는 곳이다. 나 혼자서는 직장생활이 불가능하며 내가 잘 되려면 다른 사람의 도움이 있어야 한다. 회사가 발전해야 그 속에서 '나'라는 개인의 발전도 있다는 것을 기억하고 개인보다는 우리를 우선시해야 한다.

(3) 상사에게는 존중하는 마음을 지닌다

회사에 입사하면 상사와의 관계는 피할 수 없는 현실이 된다. 좋은 상사를 만나는 것도 직장생활에서 큰 행운이지만 상사의 자질과 스타일이 자신과 꼭 맞으라는 법은 없다. 이는 상사에 대한 인식이 잘못되었기 때문에 하게 되는 생각이다. 직속 상사가 자신과 맞지 않는다고 해서 존경하는 마음을 갖지 않는다거나 그로 인해 예의 바르지 못한 행동을 하여 상사에게 신임을 잃게 된다면 직상생활은 더욱 힘들어질 것이다. 성공적인 직장생활을 위해서는 상사에 대한 존중과 예의가 필수적이다.

(4) 직장 동료와 친구가 된다

직장 동료는 회사에서 자신의 처지를 가장 잘 이해하고 직 · 간접적으로 많은 도움을 주는 가장 믿음직스러운 친구이다. 동료는 선의의 경쟁을 하며 함께 뛰는 동반자이자 가장 많은 시간을 함께하며 목표를 공유하는 사람임을 명심한다. 나 자신이 직장 동료

가 힘들어할 때 도움을 주는 사람이 되어야 내가 힘들 때 나를 도와주는 동료가 많다는 것을 기억해야 한다.

2. 일반적인 근무 매너

(1) 근무 자세

- 업무와 관계없는 일, 인터넷 검색, 독서, 오랜 전화 통화 등은 삼간다.
- 큰소리로 떠들거나 고함을 치는 일, 무리 지어 잡담을 나누는 일이 없도록 한다.
- 걸을 때 구두나 슬리퍼 소리가 요란하게 나지 않도록 한다.
- 친구, 친척 등 업무와 무관한 사람의 방문에 대한 응대는 되도록 짧게 끝낸다.
- 의자에 앉아 다리를 꼬고 몸을 흔드는 자세를 삼가고, 책상이나 캐비닛에 걸터앉지 않는다.
- 다른 사람이 보는 곳에서 화장을 고치지 않는다.
- 의자에 반 누운 상태로 일을 한다든가, 바퀴가 달린 의자의 경우 미끄럼을 타듯 자리를 이동하지 않는다.
- 사무실 내에서 담배를 피우는 행동을 하지 않는다.
- 사무실 비품은 회사의 재산이므로 사적으로 사용하지 않고 아껴 쓴다.

(2) 휴대전화 매너

근래에 휴대전화는 모바일(mobile)과 에티켓(etiquette)의 합성어 '모티켓'이라는 신조어가 생길 만큼 현대인의 필수품이 되어 우리 일상생활에 깊숙이 자리 잡았다. 가정집과 같은 사적 공간은 물론이고 대로변이나 지하철과 심지어 극장이나 학교와 같은 공적 공간에서도 휴대전화를 들고 사용하는 사람을 흔히 볼 수 있으며, 직장도 예외는 아니다. 따라서 직장에서 지켜야 할 휴대전화 매너를 알아보고 이를 준수하여 원만한 대인관계와 성공적인 직장생활을 영위하도록 한다.

- 반드시 매너 모드로 바꾼다. 적어도 '진동 후 벨' 모드로 바꾸어 갑작스럽게 울리는 벨소리로 근무 환경을 저해하지 않는다.
- 낮은 목소리로 조용히 통화하고 사적 통화는 되도록 간단히 하여 다른 직원들과 업무에 지장을 주지 않는다.
- 회의시간이나 방문객의 접대 시에는 문자 송출음이나 카톡 수신음도 무음으로 설정하여 방해하지 않는다.
- 외출이나 외근, 화장실에 가거나 차를 마시는 등 잠시 자리를 비울 때에도 휴대전화를 휴대하여 벨소리나 진동음으로 다른 직원들에게 불쾌감을 주지 않는다.

(3) 정리정돈

직장생활에서는 무엇보다 주변을 잘 정리하고 정돈해 두어야 한다. 주변이 어지럽고 산만하면 일을 처리할 때 무엇을 빠뜨리거나 실수가 잦고, 시간을 허비하거나 주위 사람에게 폐를 끼치는 경우가 자주 발생한다.

- 책상 위에는 반드시 필요한 물건, 용품, 자료만 놓고 책상 서랍은 사용하기 좋게 분류하여 정리한다.
- 캐비닛에서 서류를 가져와 보고 난 뒤에는 반드시 제자리에 갖다 놓는 습관을 들인다.
- 퇴근할 때에는 서류와 자료를 제자리에 갖다 두고 책상 위를 깨끗이 정리하며 의자는 책상 밑으로 반듯하게 밀어 넣는다.

3. 출근과 퇴근 매너

출퇴근 시간은 직장인의 성실성을 가늠하는 일차적 기준이 된다. 적어도 근무시간 15분 전에는 출근하여 여유를 가지고 근무에 임하는 것이 좋다. 그리고 퇴근 준비는 근무시간이 끝난 후에 시작하도록 한다. 근무시간이 끝나기도 전에 퇴근 준비를 하는 모습은 바람직하지 않다.

(1) 출근과 퇴근

- 직장에서의 지각은 자신의 모든 인간관계를 비롯하여 업무능력까지도 의심을 받을 수 있는 단서가 된다는 것을 명심한다.
- 출근하여 밝고 명랑하게 인사하는 것은 새롭게 일을 시작하는 자신과 동료의 기분을 밝게 만들어 줄 것이다.
- 오늘 한 일을 점검하고 내일 할 일을 메모한 후, 상사에게 필요한 보고를 하고 퇴근한다.
- 상사나 동료가 바쁜 경우에는 혹시 도움을 줄 일이 있는지 물어보고, 먼저 퇴근하게 될 경우에는 "먼저 퇴근해서 죄송합니다."와 같은 적절한 인사말로 위로한다.

(2) 잠시 자리 비우기 및 외근

- 근무 중 자리를 비워야 하는 경우에는 반드시 상사나 동료에게 알린다.
- 방문한 곳에서의 용무가 길어지거나 예기치 않은 일로 회사로의 복귀가 늦어지는

경우에는 반드시 그 사실을 회사에 알린다. 외부에서 일을 마치고 바로 집으로 귀가할 때에는 반드시 회사에 전화를 걸어 활동 상황을 보고하고 별다른 지시사항이 있는지 확인한다.

(3) 출장

- 회사의 직무 수행을 위해 출장을 갈 때에는 언제나 회사를 대표한다는 생각으로 임해야 한다.
- 출장 계획은 사전에 목적에 맞게 계획을 치밀하게 세운다.
- 출장 명령을 받은 경우에는 출장 일정을 반드시 상사와 동료에게 알린다.
- 출장에서 돌아오면 우선 상사에게 구두나 전화로 보고하고 차후에 정식 보고서를 제출한다.
- 출장 경비는 사적으로 사용하지 않는다.

4. 지시와 보고 매너

회사의 일은 "명령 · 지시로 시작되어 보고로 끝난다."라는 말처럼 명령 · 지시 · 보고의 반복이다. 만약 이 절차가 제대로 이루어지지 않으면 최고 경영진과 현장 직원 간의 불통으로 회사는 기능을 제대로 발휘하지 못할 것이다.

(1) 지시와 명령

- 지시와 명령을 받을 때에는 상사의 지시를 정확하게 파악하도록 한다. 따라서 메모지에 지시받은 업무 내용의 요점을 의식적으로 기록해 둔다. 모호하거나 불확실한 것은 질문을 하여 정확하게 확인하는 것이 좋다.
- 이미 진행하고 있는 일이 있는데 또 다른 지시를 받았을 경우에는 우선순위를 상사에게 물어보아야 한다. 스스로 판단하여 일을 진행해서는 안 된다.
- 지시를 받은 후에는 반드시 실행에 옮기고 업무의 진행 과정은 수시로 보고한다.

(2) 보고

- 회사의 일은 반드시 다음 사람과 연결되어 있다. 보고가 늦어지면 그만큼 회사의 업무도 늦어지는 것이다. 그러므로 보고는 일이 끝나자마자 곧바로 하는 것이 원칙이다.
- 복잡한 내용을 보고할 때에는 반드시 문서로 작성하여 보고한다. 상대방이 이해하기 쉬울 뿐만 아니라 '보고했다', '보고하지 않았다'의 논쟁을 방지할 수 있다.
- 결론을 먼저 보고한다. 결론, 이유, 경과 순으로 사실에 입각한 객관적인 보고를 한다. 지시한 사람이 제일 궁금해하는 것은 지시한 일의 결과이다. 따라서 먼저 결론을 보고한다.
- 실수는 숨기지 말고 즉시 보고한다. 원칙적으로는 실수를 하지 않는 것이 좋지만, 만약 실수를 했다면 당황하지 말고 바로 상사에게 보고하여 상사의 오랜 경험과 냉철한 판단에서 나온 지시에 따라 조처하는 것이 바람직하다.
- 실수를 했을 때에는 진심으로 사죄하고 자신의 실수 원인을 기록하여 다시는 그런 일이 발생하지 않도록 한다.

보고 포인트

- 지시 · 명령한 당사자에게 보고한다.
- 사실을 정확하게 보고한다.
- 5W3H를 바탕으로 보고한다.
- 결론을 먼저 보고한다.
- 중간 보고를 한다.

여기서 잠깐!

지시의 내용을 모를 때에는 미루어 짐작하지 말고 질문을 하여 불확실성을 제거한다.

5. 안내와 방문객 응대 매너

5.1. 안내

새로운 곳을 방문했을 때에는 누구나 긴장을 하게 된다. 방문객을 기다리게 해야 하는 경우에는 어느 정도의 시간을 기다려야 하는지, 어디로 안내하는지 등을 알려 주어야 한다. 이동 거리가 조금 긴 경우에는 계절이나 날씨 등의 가벼운 주제로 담소를 나누어 상대방을 편안하게 해 주는 것도 좋다. 방문객의 맞이에서부터 배웅까지의 과정을 살펴보면 다음과 같다.

(1) 방문객 맞이

방문객이 사무실에 들어서면 하던 일을 멈추고 곧바로 일어서서 먼저 인사한다. 방문객이 사무실에 들어선 것을 알면서도 딴 사람이 맞이하겠지 하는 태도로 모두가 응대한다면 방문객은 당혹감과 함께 심한 불쾌감을 느끼게 될 것이다.

(2) 용건 확인

방문객이 사무실에 들어서면 먼저 인사를 한 다음 처음 온 분이거나 낯선 분에게는 "누구를 찾아오셨습니까?" 또는 "무슨 일로 오셨습니까?" 하고 분명하고 정중하게 묻는다. 만나러 온 사람이 자리에 있으면 그 사람에게 손님이 오셨음을 전하고, 자리에 없으면 무슨 일로 온 누구인지를 자세히 알아 두었다가 나중에 당사자에게 전해 주도록 한다. 또 방문객이 용건이 있어 방문한 경우에는 사안에 따라 자기가 처리할 수 있는 일은 조처하고, 처리하기 곤란한 일은 적절한 담당자를 재빨리 파악하여 안내하는 것이 바람직하다.

방문객 안내 매너

- 방문객이 보이면 즉시 일어선다.
- 낯익은 방문객은 반갑게 맞는다.
- 성함과 용건을 묻는다.
- 명함을 받았을 때에는 회사명과 성함을 확인한다.
- 약속 여부를 확인한다.
- 담당자에게 알린다.
- 면회가 가능하면 안내한다.
- 부재중일 경우에는 그 사실을 알리고 전언을 메모해 둔다.

여기서 잠깐!

피해야 할 방문객 응대법

1. 나는 '안내 직원'이 아니므로 무시한다.

방문객은 사원 전체의 손님이다. 따라서 사원 누구나가 회사를 대표한다는 자세로 맞이해야 한다. 방문객이 보이면 하던 일을 중단하고 즉시 일어서서 응대한다. 누구보다 먼저 미소로 친절하게 방문객을 맞이하려는 마음을 항상 지녀야 한다.

2. 옷차림으로 방문색을 자멸한다.

방문객의 옷차림이나 말투, 행동 등 때문에 무시하거나 차별해서는 안 된다. 방문객이 중요한 고객일 경우 회사에 손해를 끼치는 행동이 된다. 방문객은 누구에게든 빠르게(speed), 미소로(smile), 정중하게(sincerity)의 3S 원칙에 따라 응대한다.

3. 건성으로 용건을 듣는다.

방문객의 회사명, 이름, 용건을 묻고 분명히 확인한다. 한참 후에 다시 묻는 것은 큰 결례가 된다.

4. 오래 기다리게 한다.

바쁜 일로 방문객을 기다리게 할 경우에는 사정을 말하고 양해를 구한다. 사보나 신문, 잡지, 책 등을 권하는 것도 지혜로운 방법이다. 방문객이 찾는 사람이 부재중일 경우, 사전 약속이 되어 있고 곧 돌아올 예정일 때에는 응접실로 안내하여 기다리게 한다.

(3) 안내

복도에서의 매너

방문객을 응접실 등 다른 곳으로 안내할 때에는 반드시 방문객보다 두세 걸음 앞장서서 안내한다. 걸을 때의 위치는 방문객의 오른편 앞쪽이 좋다. "이쪽으로 오십시오." 하고 말을 건네고, 손가락을 가지런히 모아 방향을 안내한다. 걷는 속도를 방문객에게 맞추고, 가끔 뒤를 돌아보아 방문객과의 거리를 확인한다. 모퉁이를 돌 때에는 돌아보면서 가야 할 방향을 손으로 가리켜 안내한다. 이때 손가락 사이가 벌어지지 않도록 주의한다.

엘리베이터에서의 매너

엘리베이터를 타야 할 때에는 방문객에게 "3층 상담실로 안내해 드리겠습니다."라고 사전에 행선 층을 알려 주는 것이 좋다. 안내자가 먼저 타서 방문객이 엘리베이터에 탈 때까지 열림 버튼을 누르고 있어야 하므로 안내자가 먼저 탑승한다. 승무원의 경우에는 방문객이 먼저 타도록 한다.

엘리베이터에서 내릴 때에는 방문객에게 "도착했습니다."라고 알리고, 열림 버튼을 누르면서 방문객을 먼저 내리게 한 뒤 안내자가 내린다. 안내자가 먼저 내리면 방문객이 그대로 안쪽에 있는데 문이 닫히는 불상사가 일어날 수도 있으므로 주의한다. 승무원의 경우에는 안내자가 먼저 내린다.

엘리베이터에서 가장 좋은 위치는 입구를 향해 왼쪽 안쪽이며, 안내자는 작동 버튼 쪽에 선다. 엘리베이터 안이 혼잡할 때에는 "다음 층입니다."라고 말하여 방문객에게 알리고 주위 사람들에게도 넌지시 배려를 구한다.

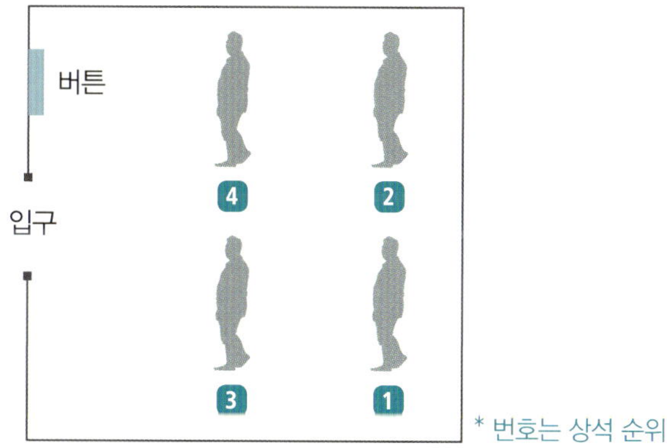

그림 1 엘리베이터의 상석 위치

응접실에서의 매너

■ 문을 열고 닫는 매너

응접실 문 앞에 도착하면 "여기입니다." 하고 알린다. 응접실에 들어설 때에는 안에 아무도 없더라도 반드시 노크한 후 문을 연다. 문이 열리는 방식에 따라서도 방문객을 안내하는 방법이 다르다. 당기는 문이면 손잡이를 잡아 충분히 열고 문 옆에 서서 방문객을 먼저 들어가게 한 후 문의 안쪽으로 돌듯이 들어가 문을 대면하는 자세로 닫는다. 미는 문이면 문을 밀고 먼저 들어가 충분히 연 후에 문 안쪽으로 돌아 방문객을 맞이하여 방문객이 완전히 입실한 것을 확인하고 나서 문을 닫는다.

■ 자리를 권하는 매너

응접실에서는 입구 쪽에서 가장 먼 곳이 상석이다. 그러므로 방문객에게 권하는 자리는 안쪽이 상석이라고 할 수 있다. 창문이 있는 경우에는 경치가 좋은 자리, 사무실과 함께 있는 경우에는 책상에서 멀리 떨어진 자리가 상석이다. 방문객에게 자리를 권할 때에는 방문객의 옆에 서서 "이쪽으로 앉으십시오."라고 오른손으로 가리키며 말한다. 만일 자리를 권하기 전에 방문객이 아랫자리에 앉았을 때에는 "저쪽으로 앉으십시오." 라고 말하며 상석을 권하는 것이 매너이다.

방문객이 착석하면 "○○님은 곧 오십니다. 잠시 기다려 주시기 바랍니다."라고 말

당겨서 여는 문의 경우

밀어서 여는 문의 경우

그림 2 문을 열고 닫는 매너

한다. 만약 방문객이 청한 사람이 바빠서 바로 응접실로 오지 못할 경우에는 신문, 잡지, 사보 등 읽을거리를 제공하여 무료함을 달래도록 한다.

응접실 안내 매너

응접실 입실 매너

- 우선 노크를 한다.
- 당기는 문일 때 방문객을 먼저 입실하게 한다.
- 미는 문일 때 안내자가 먼저 들어가 방문객을 안내한다.
- 착석 위치를 손으로 가리켜 안내하는 것도 방문객에 대한 예의이다.

응접실 안내 매너

- 응접실의 정돈 상태를 확인한다.
- 방문객을 자리로 안내한다.
- 방문객을 상석에 앉게 한다.
- 오래 기다리게 할 때에는 담당자가 올 때까지 말 상대가 되어 드린다.

응접실의 좌석 배치

- 출입문을 기준으로 좌측 안쪽의 긴 의자가 방문객용 상석이다.

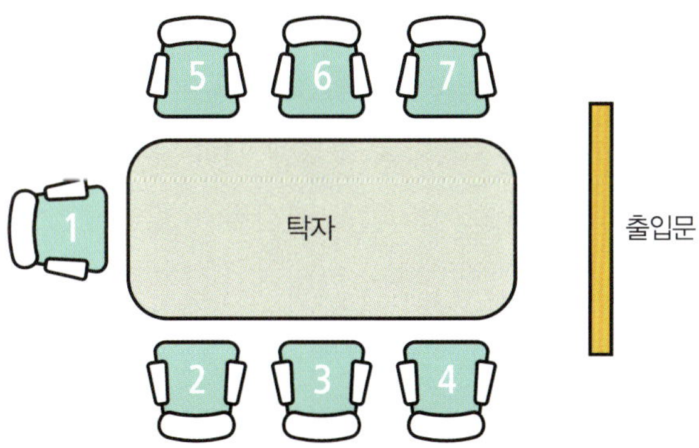

그림 3 응접실의 상석 위치

좌석 배치

- 사무실의 좌석 배치: 책상에서 먼 쪽, 입구에서 먼 쪽, 경치가 좋은 곳이 상석이다.
- 회의실의 좌석 배치: 입구에서 먼 쪽이 방문객용이다.

(4) 면담 중에 방문객이 왔을 때의 매너

다른 사람과 면담 중이거나 회의 중에 안내를 해야 하는 경우에는 먼저 노크를 한 다음에 문을 열고 들어가 가볍게 목례를 한다. 문이 열려 있을 경우에는 "실례합니다."라고 인사한 다음에 들어가도록 한다. 면담 중에 다른 손님의 방문을 알려야 하는 경우에는 연락 내용을 반드시 메모를 이용하여 전달한다. "말씀 중에 죄송합니다."라고 양해를 구한 다음, 손님에게 메모 내용이 보이지 않게 건넨다.

면담 중 상사가 인사차 들어왔을 때에는 반드시 일어나서 상사를 손님에게 소개한다. 소개가 끝나면 손님과 상사가 앉은 다음에 자신도 앉는다. 상사에게 지금까지의 면담 결과를 간결하게 보고한 다음, 계속 상담을 한다. 방문객을 장시간 기다리게 할 경우에는 우선 기다리게 하는 사유와 사과의 말씀을 드린다. 방문객을 오랫동안 기다리게 할 경우에는 담당자를 대리할 수 있는 사람이 상대한다.

(5) 방문객 배웅

대화가 끝났을 때 방문객보다 먼저 일어나서는 안 된다. 방문객이 먼저 일어나면 뒤따라 일어나 앞장서서 출구까지 안내하고, 문이 있다면 문을 열어 방문객이 나가는 것을 돕고 마지막 인사로 마무리한다. 배웅은 일반적으로 방문객과의 관계, 중요성, 서비스 현장의 특성에 따라 달라지지만 일단 방문객의 모습이 보이지 않을 때까지 배웅하는 것이 원칙이다. 방문객을 출입구까지 안내하지 못하는 경우에는 반드시 양해를 구한다.

5.2. 방문객 응대 매너

직장에서는 자신이 근무하는 곳에 준비되어 있는 차의 종류와 끓이는 방법, 접대 방법을 익혀 막상 방문객에게 접대할 때 당황하지 않도록 한다. 방문객에게 차 한 잔을 접대할 때에도 반드시 쟁반을 이용한다. 종이컵을 사용하여 접대할 때에도 쟁반을 미리 준비하여 사용하도록 한다. 쟁반을 사용하지 않는 경우에는 반드시 컵의 하단을 잡아 건네고 양해를 구한다.

여러 방문객을 접대해야 하는 경우에는 처음부터 찻잔 받침 위에 찻잔을 얹으면 가져갈 때 흘러넘쳐 받침이 더러워질 수 있으므로 찻잔과 받침을 따로 쟁반 위에 올려놓는다. 방문객에게 방해되지 않는 방향에 서서 받침을 내려놓은 후에 그 위에 찻잔을 놓고 한 사람씩 차를 따른다. 이때 뜨거운 차는 "뜨겁습니다."라고 안내하며 커피의 경우에는 설탕이 필요한지 다시 한번 묻는다.

(1) 차의 준비

방문객에게 차를 접대할 때에는 그 전에 다음과 같은 점을 점검하여 준비사항을 확인한다.

- 찻잔과 받침은 충분히 준비되어 있는지 확인한다. 일회용 컵은 환경보호 측면뿐 아니라 접대 시 무게가 실리지 않아 위험할 수 있으므로 되도록 사용하지 않는다.
- 시원한 차는 차갑게, 따뜻한 차는 뜨겁게 준비한다.
- 양, 온도, 농도가 적당한지 살핀다.
- 쟁반이 더럽거나 물기가 있지 않은지 살핀다.
- 손의 청결 상태를 확인한다(향수나 화장품 냄새가 남아 있지 않은지 확인한다).

(2) 차 접대 매너

방문객에게 차를 접대할 때에는 다음 사항을 점검하여 실수가 없도록 한다.

- 인원수를 확인하고 어떤 차를 접대할지 결정한 뒤 같은 종류의 잔에 차를 준비한다.
- 노크를 두 번 가볍게 하고는 응답을 기다리지 말고 "실례합니다."라는 말과 함께 목례를 하며 응접실로 들어간다. 이때 한 손으로는 쟁반을 꼭 잡고 다른 한 손으로는 문을 연다.
- 문을 조용히 닫고 쟁반을 가슴 높이로 하여 인사를 드린다.
- 보조 테이블에 쟁반을 내려놓는다. 보조 테이블이 없는 경우에는 왼손으로 쟁반을 잡고서 오른손으로 내려놓는다. 서류 등으로 테이블이 꽉 찬 경우에는 차 놓을 곳

을 물어본 후에 내려놓는다.

- 쟁반의 가까운 쪽에 있는 차부터 낸다. 받침접시를 오른손으로 쥐고 왼손으로 받쳐 두 손으로 정중하게 손님 앞으로 옮긴다.
- 상석부터 한 사람씩 두 손으로 조용히 드리되, 찻잔을 내려놓는 위치는 방문객의 정면에서 약간 우측, 테이블 끝에서 10cm 가량 안쪽이 적당하다. 커피잔의 경우 손잡이는 방문객이 보는 방향에서 오른쪽으로 향해야 하며, 티스푼은 받침접시의 오른쪽이나 하단에 놓는 것이 좋다.
- 차를 다 낸 다음에는 쟁반의 윗면이 몸 쪽을 향하도록 하여 두 손으로 쥔 다음에 깍듯이 인사를 한다.
- 인사한 다음에는 방문객에게 등을 보이지 않도록 뒤로 물러서면서 조용히 나온다. 방문객이 보지 않더라도 문 앞에서 다시 한번 목례를 한다.

6. 방문 매너

방문객을 응대하는 것도 중요하지만 다른 기업이나 고객을 방문할 때의 자세도 그에 못지않게 중요하다. 깨끗하고 청결한 용모와 복장을 갖춘 뒤 고객을 방문하여 좋은 이미지를 줄 수 있도록 한다.

(1) 방문 전 약속

방문할 때에는 무턱대고 하는 것이 아니라 사전에 방문의 목적과 장소를 간결하고 명

확하게 전달한 뒤 상대에게 날짜와 시간을 결정하도록 한다. 만약 약속한 날짜까지 기간이 많이 남은 경우에는 한 번 더 연락을 하여 약속을 재확인하는 것이 좋다.

(2) 방문 준비

우선 방문 목적과 용건을 충분히 파악하고, 그에 필요한 자료를 준비한다. 또한 방문 기업과 고객, 자사와의 관계, 담당자에 대하여 선배나 상사에게 물어보아 알아 둔다. 방문지로 가는 교통편이나 주소를 미리 점검해 두면 시간에 임박해 마음을 졸이는 일이 없다. 승용차를 이용할 경우에는 주차 정보를 알아 두는 것도 좋다. 서류와 명함 그리고 기타 필요한 준비물을 체크한다.

(3) 방문처 도착

방문 시 지각은 절대 금물이다. 충분한 시간적 여유를 가지고 출발하여 약속시간 10분 전에 도착하는 것이 예의이다. 너무 빨리 도착했을 경우에는 밖에 있다가 10분 전에 들어가는 좋다. 부득이한 사정으로 약속시간에 늦는 경우에는 사전에 연락을 취하도록 한다. 근래에는 보안이 강화되고 출입문 개폐가 자동화되어 사원증이 없으면 들어갈 수 없게 입실이 제한되는 회사가 많다. 따라서 회사 앞에 도착하면 담당자에게 연락하여 원활하게 입실하도록 한다.

(4) 면담 접수 및 안내 요구

사람을 만나기 전에 화장실에 가서 용모를 점검하는 것이 좋다. 도착 후 접수처나 안내원이 있는 경우에는 그곳을 거친다. 하지만 일반 사무실의 경우에는 문에 가장 가까이 있는 사람에게 방문 목적과 이름을 밝히고 도움을 청한다. 외투를 입었을 경우에는 외투를 벗고 안내를 받는 것이 좋다. 안내를 해 준 사람에게는 반드시 "감사합니다."라는 말로 인사한다.

(5) 응접 소파에서의 바른 자세

좌석은 상대가 권하는 자리에 앉고 그렇지 않은 경우에는 하석에 앉는다. 사무실에서 만날 경우 방문처 쪽이 윗사람이거나 연장자일 때에는 먼저 앉지 말고 서서 기다리다가 권하면 앉는다. 가방은 옆에 놓고, 서류는 테이블 위에 놓는다.

(6) 상대방과의 상면

기다리던 상대방이 나타나면 바로 일어서서 맞는다. 부드러운 표정과 밝은 목소리로 자신을 소개하고 인사한다. 상대방이 상석을 권하면 옮겨 앉는다.

(7) 방문처에서의 예절

복도 통행 중에 만나는 사람에게는 가벼운 목례로 인사한다. 차를 대접받으면 고마움을 표시하고 가급적 소리를 내지 않고 마신다.

(8) 방문 마무리 및 귀사

방문 목적이 달성되었을 때에는 감사의 마음을 충분히 전달한다. “바쁘신 중에 시간을 내 주셔서 정말 감사합니다.” 등의 인사를 한다. 책상 위에 펼쳐 놓았던 자료가 있다면 모두 정리하고, 나올 때에도 예의 바른 자세를 유지한다.

7. 명함 매너

명함은 영어로 ‘visiting card’(미국), ‘calling card’(영국) 또는 ‘business card’라고도 하며(‘name card’라고 하지 않는다), 프랑스어로는 ‘carte de visite’라고 한다. 명함은 프랑스의 루이 14세 시대부터 사용한 것으로 전해지고 있는데, 당시 사교계에서 귀부인들이 자신의 이름을 트럼프 카드에 써서 왕에게 올린 것이 시초가 되었다. 명함은 자신의 얼굴이자 처음 보는 사람에게 자신의 존재를 알리는 자기 소개서와 다름없으므로 만들 때 신중을 기해야 한다.

사회생활을 시작하는 자신의 소속과 이름을 알리는 명함부터 만들게 된다. 그리고 이 명함으로 사회에서 만난 사람들과 첫인사를 한다. 따라서 상대방에게 알려 주어야 할 정보를 오탈자 없이 제대로 기재하고 누락시키지 않도록 명함 제작 시 세심한 관심을 기울여야 한다.

근래에는 사람들의 개성이 더욱 뚜렷해지고 자기 자신을 브랜드화하면서 미적, 디자인적 감각이 향상되고 인쇄기와 인쇄술이 발달하여 명함도 종래의 전형적인 틀에서 벗어나 이색적으로 제작하게 되었다. 각종 이미지나 그림을 삽입한 명함, 참신한 글씨체나 구도를 활용하여 멋을 낸 명함, 화려하고 다채로운 색상의 명함도 만들 수 있다. 명함의 내용 못지않게 명함의 디자인도 중시하여 세련된 명함으로 시대에 발 맞춰 가는 현대적인 인상을 남기는 것이 좋다.

성공한 CEO들은 "성공한 명함에서 나온다."고 말한다. 사회생활의 자산은 '인맥'이라고 할 수 있는데, 인맥 관리 시 필요한 것이 바로 명함이다. 그러므로 휴대전화 번호나 직위, 주소가 변경된 경우 즉시 내용을 수정하여 어느 때든지 명함을 건넬 수 있도록 만반의 준비를 한다. 그리고 아래에 설명한 명함 관리와 명함을 다루는 기본 매너를 익혀 사회생활을 하는 직장인으로서 기본 소양을 갖추도록 한다.

(1) 명함 관리법

명함은 매일 일정한 때와 연중 정기적인 때를 정해 정리해 두어 상대방을 기억하고 관계를 이어 나갈 수 있도록 한다.

- 하루 업무를 정리할 때 그날 받은 명함을 정리한다.
- 명함 뒷면이나 포스트잇을 이용하여 만난 일시, 장소, 용건, 대화 내용, 인상착의, 특이 사항 등 다음 만남을 위해 필요하거나 상대방을 기억해 내기에 좋은 내용을 기록해 둔다. 만약 주소와 전화번호가 변경되었다면 알게 되는 즉시 명함에 고쳐 놓는다(명함은 얼굴과도 같아서 상대방의 면전에서 그의 명함에 무언가를 적는 행동은 상대방을 존중하지 않는다는 느낌을 주므로 금물이다).
- 6개월에 한 번씩 명함을 정리한다. 오래된 명함 중 필요하지 않은 것, 인사이동 등으로 바뀐 명함 등은 폐기한다.

(2) 명함을 다루는 기본 매너

명함은 사회에서 만난 사람들과 주고받는 첫인사의 증표인 만큼 바른 매너를 익혀 좋은 인상을 주도록 한다.

- 명함은 명함 케이스에 보관한다. 지갑 한 켠이나 노트, 다이어리 등에 끼워 보관하는 것은 바람직하지 않다(받은 명함과 자신의 명함을 구분하여 보관한다).
- 명함은 항상 깨끗한 상태로 여유 있게 준비해 둔다.
- 명함은 반드시 두 손으로 건넨다. 한 손으로 건네는 것은 상대방을 함부로 여기는 듯한 인상을 준다.
- 명함을 바지 뒷주머니에서 꺼내지 않는다. 명함 케이스는 양복 상의 안주머니(또는 가방)에 보관하는 것이 가장 좋다.
- 명함을 줄 때에는 반드시 자기 이름이 쓰인 면이 상대방을 향하게 한다. 명함 케이스에 명함을 넣을 때 처음부터 상하를 거꾸로 넣어 두면 편리하다.
- 명함은 직위가 낮은 사람이 직위가 높은 사람에게 먼저 건네는 것이 매너이다.
- 회의석상에서 명함을 받았을 때에는 자신의 테이블 왼쪽에 둔다. 오른쪽에 두면 메모지 등과 섞여서 상대방을 호칭해야 할 때 찾지 못하는 낭패를 겪을 수 있다.

명함을 주고받는 자세

- 자신의 명함을 명함 케이스에서 꺼내어 그 위에 올려 놓는다.
- "처음 뵙겠습니다. ○○○라고 합니다."라고 인사말을 하면서 내놓는다. 명함에 인쇄된 자신의 이름이 상대방을 향하도록 건넨다. 왼손을 오른손 아래로 모아 두 손으로 내밀면 더욱 정중하게 보인다(자신의 소속과 이름을 확실히 밝힌다).
- 너무 굽실거리지 말고 자세를 곧게 세운 상태에서 상대방의 가슴과 허리선 사이에서 목례를 하며 건넨다.
- 명함을 받을 때에는 두 손으로 공손히 받고 상대의 이름과 직위 등을 확인하면서 한 걸음 뒤로 물러난다.
- "잘 간직하겠습니다."라는 인사말을 하고 명함 케이스에 넣는다.
- 동시에 주고받을 때에는 오른손으로 주고 왼손으로 받는다.

명함은 상대방의 분신과 같으므로 소중하게 다룬다. 따라서 더럽혀지거나 접힐 만한 곳에 넣지 말아야 한다. 뒷주머니에 명함을 넣는 것은 자리에 앉았을 때 구겨지기도 하고, 또 깔고 앉는 것이 되므로 상대방을 무시하는 행동으로 보일 수 있으니 삼가야 한다.

여기서 잠깐!

명함 매너 팁

명함을 서로 주고받는 순서

명함을 서로 주고받을 때에는 아랫사람이 먼저 건네는 것이 바른 매너이다(서비스 전문인일 경우에는 자신이 고객에게 먼저 드린다). 이때 먼저 받은 사람은 "○○○이시군요." 하고 이름을 확인한 후에 "저는 ○○○입니다." 하고 자기 명함을 건넨다.

모르는 글씨가 있어 상대방의 이름을 알 수 없을 때

혹 이름을 제대로 읽을 수 없거나 어떻게 읽는지 모를 때에는 그 자리에서 확인한다.

8. 소개 매너

우리는 누군가의 소개에 의하여 새로운 만남을 만들어 간다. 내가 소개를 받을 때도 있고 다른 사람을 소개할 때도 있다. 소개 매너는 첫 만남의 분위기를 조성하고 부드러운 대화를 이끌어 내는 데 일조한다. 그러므로 소개할 때의 매너를 바르게 익혀 원만한 인간관계로 사회생활을 원활히 할 수 있어야 한다. 소개할 사람에 대해서는 사실만을 간단하게 알리는 것이 좋다. 지나치게 과장된 칭찬이나 지루할 정도로 길게 소개를 하면 오히려 분위기가 거북해진다.

소개의 일반 원칙

- 연소자를 연장자에게 먼저 소개한다.
- 이성 간에는 남성을 여성에게 먼저 소개한다.
- 미혼자를 기혼자에게 먼저 소개한다.
- 회사의 동료를 고객에게 먼저 소개한다.

(1) 소개를 받는 사람이나 소개되는 사람 모두 일어서는 것이 원칙

- 동성끼리의 소개이거나 남성이 여성을 소개받을 때에는 반드시 일어선다.
- 여성이 남성을 소개받을 경우 반드시 일어날 필요는 없다. 나이가 많은 여성이거나 앉아 있던 여성은 그대로 앉아 있어도 무방하다.
- 업무상 관계로 만나는 경우에는 성별에 관계없이 일어서야 한다.
- 자신을 소개할 때에는 지위를 밝히지 않고 이름과 성을 알려 주는 것이 상례이다. 이때 자신의 이름에 존칭을 붙이지 않는다.

(2) 손아랫사람을 손윗사람에게 먼저 소개하는 것이 원칙

- 후배, 연소자, 하급자를 선배, 연장자, 상급자에게 먼저 소개한다.
- 업무 관계로 소개를 할 때에는 직장 내에서의 서열과 나이를 고려하여 소개한다. 이때 성별보다 직급을 우선시한다.
- 소개를 받은 후 동성 간에는 악수를 하고 이성 간에는 가벼운 목례와 함께 인사말을 나눈다. "만나 뵙게 되어 기쁩니다.", "처음 뵙겠습니다.", "○○ 씨에게서 많은 이야기를 들었습니다." 등 상대방에게 호감을 줄 수 있는 인사말을 건넨다.

주요 용어

- 근무 매너
- 명함 매너
- 방문객 응대 매너
- 방문 매너
- 보고 매너
- 상석 매너
- 소개 매너
- 안내 매너
- 외근 매너
- 지시 매너
- 직장인의 마음가짐
- 출퇴근 매너
- 휴대전화 매너

CHAPTER 7

경조사 예절

사람이 일생을 살다 보면 힘든 일도 기쁜 일도 있게 마련이다. 이때 주위 사람들의 따뜻한 말 한마디는 큰 위로와 기쁨이 된다. 나에게 그렇듯이 상대방에게도 나의 말 한마디는 기쁨과 위로가 된다는 것을 명심하고 친구나 동료의 경조사에 함께 기뻐하고 함께 슬픔을 나누어야 하겠다. 이 장에서는 경조사의 내용으로는 무엇이 있고, 각 경조사에 인사말과 선물을 어떻게 하는 것이 옳은지 알아본다.

1. 경조사 예절

사회생활을 하면서 경조사 챙기기의 중요성은 새삼 강조할 필요가 없다. 동료들의 경조사에 빠지지 않고 참석하고 힘들거나 도움이 필요할 때 도와주면 좋은 인상을 주고 신용을 한층 높여 인간관계 개선에 도움이 될 것이다.

혼인, 수연, 졸업 등 경사가 있을 때 축하를 해 주거나 재해, 문병, 조문 등 애사가 있을 때 위로해 주어야 하는 경우에는 가능한 한 참석하여 기쁨과 슬픔을 함께 나누는 것이 좋다. 그러나 부득이하게 참석을 못 하는 경우에는 축하진보, 엽서, 전화 등으로 인사를 하고 선물이나 부조를 하는 것이 예의이다. 상대방에게 축하나 위문의 뜻을 예의 바르게 전달하는 것이 매우 중요하다.

1.1. 경조사 내용

(1) 일반 교제 활동

- 경사: 취임, 영전, 승진, 수상, 수훈, 신축, 결혼, 출산, 입학, 졸업, 취직, 수연, 백일, 돌, 개축 등
- 조사: 장례식, 고별식, 제사, 문상, 문병 등

(2) 기업 관련 활동

- 경사: 창립 기념, 개점, 개업, 지점 개설, 취임, 주식 상장, 기공식, 낙성식 등
- 조사: 회사장 등

1.2. 선물 매너

사회생활을 하다 보면 선물을 주고받는 일이 많이 생긴다. 선물은 '받아서 즐겁고, 주어서 기쁜 것'이 될 수 있도록 예의를 지켜야 한다. 선물을 받았을 때에는 상대방의 호의에 진심으로 고맙다는 표현을 하고, 선물을 탁자나 적당한 자리에 정성스럽게 올려 크리스마스 선물을 제외하고는 그 자리에서 풀어 보는 것이 예의이다. 이때 "정말 마음에 듭니다.", "필요한 것이었는데 주셔서 감사합니다." 등의 인사말로 기쁨을 표시한다.

(1) 선물할 때의 주의사항

- 선물 자체보다 선물을 하게 된 동기, 즉 마음을 표현하는 것이 더 중요하다.
- 선물에 대한 답례를 기대해서는 안 된다.
- 선물은 직접 전달하는 것이 좋으나 부득이한 경우에는 편지나 카드를 동봉하여 우편이나 택배로 보내고 SMS나 전화로 미리 알려 주는 것이 좋다.
- 선물은 정성이 깃든 물건을 선택한다.

(2) 선물을 받을 때의 주의사항

선물을 받았을 때에는 즉시 진심이 담긴 감사의 말과 함께 기쁨을 나타내는 것이 좋다. 인편이나 우편으로 선물을 받은 경우에는 감사의 편지나 SMS, 전화로 고마운 마음을 즉시 전달해야 한다. 회사에서 업무와 관련하여 거래처에서 선물을 받은 경우에는 상사에게 보고하고 이메일이나 문자로 감사의 마음을 전한다.

(3) 선물을 보내는 시기

- 설날 등 명절 선물: 정초나 1주일 이내
- 생일, 결혼 기념일 선물: 당일이나 1주일 전
- 결혼 축하 선물: 결혼식 1개월 전부터 1주일 이내
- 출산 축하 선물: 출산 후 1주일 후부터 3주 정도까지
- 조문 시 부조금: 발상 당일부터 장례식 당일까지
- 크리스마스 선물: 크리스마스 이브까지
- 여행을 떠나는 사람이나 본국으로 귀국하는 손님: 일정 2~3일 전

(4) 선물의 개수

원칙적으로 선물의 수는 경사에는 홀수, 조사에는 짝수로 한다. 특히 결혼 축하 선물의 경우에는 그릇이나 수저를 반드시 짝수로 보낸다.

(5) 삼가야 할 선물

흰 손수건, 거울, 칼, 가위 등은 되도록 선물하지 않으며 속옷은 부부 사이와 같이 친한 경우에만 선물하는 것임을 명심한다. 지나치게 고가인 선물은 상대가 부담을 느끼므로 역효과를 낼 수 있다. 개인적 취향을 잘 모르는 경우에는 스카프나 옷, 액세서리를 피하는 것이 좋다.

2. 경사 시의 매너

2.1. 결혼

(1) 결혼 축하 기본 매너

예식장에는 정장을 입고 참석해야 하며, 식전에 도착하여 혼주와 인사하고 축의금을 전달한다. 무엇보다 마음으로 행복을 기원하는 것이 중요하다. 축의금이나 선물을 할 경우에는 결혼하는 사람과의 관계를 생각해서 알맞게 한다.

- 결혼식에 참석하는 손님은 결혼식 10분 전에는 미리 식장에 도착해서 조용히 예식을 기다리는 것이 예의이다. 결혼식이 시작된 후 허둥지둥 들어오는 모습은 보기에 좋지 않고 결례이다.
- 하객은 정장을 입는 것이 좋다. 흰색은 신랑 신부의 색이므로 삼가고, 검은색의 옷일 경우에는 액세서리나 스카프로 밝은 분위기를 연출하도록 한다. 아무리 친한 사이라고 해도 청바지나 셔츠 같은 일상복 차림은 예의에 어긋난다.
- 축의금 대신 선물로 축하의 마음을 전달하고 싶은 경우에는 결혼 전에 미리 상의하여 당사자들이 필요한 물건을 선택하도록 하는 것이 좋다.

49제가 끝나지 않은 상중일 때에는 초대를 받더라도 참석하지 않는 것이 상대방에 대한 예의이다.

(2) 축의금

- 축하금은 자기의 처지에 맞게 분수에 넘치지 않도록 한다.
- 봉투와 내면지에 쓸 경우에는 깨끗하게 성의를 다한다. 이때 회사의 양식을 사용해도 좋다.
- 축의금을 넣은 봉투 입구는 봉하지 않는다.

축하 문구

축혼인(祝婚姻), 축화혼(祝華婚), 축의(祝儀), 축성전(祝盛典), 결혼을 축하드립니다.

2.2. 수연(壽宴)

수연례는 회갑, 그리고 그 이후의 모든 생신 행사를 의미한다. 어른의 생신에 상을 차려 술을 올리고 오래 사시기를 기원하는 의식이다. 아랫사람이 태어난 날을 생일(生日)이라 하고 웃어른의 생일은 생신(生辰)이라 한다.

옛날에는 자녀들이 만수무강하시라는 헌수배례를 올리고 장성한 자녀일지라도 색동옷을 입고 재롱을 피워 주인공께 효도를 하였다. 잔치는 보통 당일에 한하지만 예전에는 3일 동안 광대 등을 불러 놀게 하며 지나가는 이들에게도 음식을 대접하는 등 온 동네가 잔치를 벌이기도 하였다. 그러나 최근에는 평균 연령이 높아지면서 회갑연을 하지 않고 칠순잔치를 하는 경향이 있다.

(1) 기본 매너

초대 범위로는 가까운 친구, 친척, 직장 동료 정도가 적당하다. 정성과 존경을 담아 축하하러 올 수 있도록 초대인의 적절한 범위를 정하는 것이 중요하다. 또한 접수처를 마련하여 선물이나 축의금을 받는 것은 좋지 않다. 여러 명이 함께 축하를 드리러 간 경우에는 대표로 한 사람이 잔을 올리면 된다.

(2) 복장

직계 가족이나 친척들은 큰절 인사를 드려야 하기 때문에 가능하면 한복 차림을 하고 축하객들도 단정한 정장 차림을 하도록 한다.

(3) 인사말

- "만복을 기원합니다."
- "축하드립니다."
- "축하 올립니다."
- "만수무강하십시오."

2.3. 수상

국가로부터 훈장을 받거나 대회에서 수상을 하면 영예의 기쁨은 수상자만의 것이 아니다. 친척이나 친구 등의 수상 소식을 듣게 되면 페이스북, 인스타그램 등의 소셜 미디어나 SMS, 카카오톡 등의 휴대전화, 유선전화 등으로 축하하도록 한다. 이때 기쁜 마음을 간단하게 전달하는 것이 좋다. 가까운 사람의 경우에는 축하회에 참석하는 것도 좋다. 수상자는 수상을 하는 데 도움을 주신 분들에게 감사의 인사를 잊지 말아야 한다.

2.4. 취직

사회에 첫발을 내딛는 사람을 축복해 주는 것은 당연하다. 당사자에게 용기를 복돋는 인사말을 하도록 한다. 선물은 당사자의 취미나 희망을 듣고 하는 것이 좋으며, 의복이나 장신구 등이 일반적이지만 취향을 모르는 경우에는 현금을 주는 것도 좋다. 당사자는 답례품을 하지 않아도 되지만 직장생활에 어느 정도 익숙해지면 직접 찾아가 감사의 인사를 드리도록 한다.

2.5. 영전, 전근

개인적 출세 · 영달이라는 극히 좁은 범위의 성격을 띤 경사이므로 가족끼리 축하하도록 한다. 친구나 친지가 전근을 가거나 이사를 간다는 이야기를 들으면 축하 인사말 정도만 해 주어도 된다. 또한 짐을 꾸리거나 들고 가는 짐을 나눠 들어 도와주는 것이 더 좋은 축하법이다.

2.6. 신축

예부터 우리나라는 집이나 건물을 지을 때 지신제를 올리고 대들보를 올리면서 상량제라는 고사를 지냈다. 집을 짓는 데 어떤 재난도 없이 무사히 지어지기를 기원함과 동시에 그 집과 건물의 앞날의 번영을 비는 행사를 하면서 공사 관계자와 이웃 사람들이 모여 건축주가 낸 술과 음식을 나누어 먹었다. 현대에는 이런 행사가 사라졌지만 신축식에 초대를 받았다면 말뿐인 치하를 하기보다는 새집 치장에 도움이 될 선물을 하는 것이 좋다. 여의치 않을 때는 금일봉을 내는 것도 괜찮다.

2.7. 개업

개업의 경우에는 무엇보다도 앞으로의 번창을 기원하기 위하여 널리 알리는 것이 좋다. 개업식에 초대받았을 때에는 무엇보다도 떠들썩한 분위기가 좋은 선물이므로 점포 앞을 장식할 화환이나 생화를 선물하거나 점포 장식에 필요한 선물을 하는 것이 좋다.

2.8. 출산

출산한 집에 바로 방문하는 것보다는 전화나 문자로 축하를 먼저 전하고 3주가 지난 뒤에 방문하는 것이 좋다. 선물을 할 때에는 신생아나 산모에게 필요한 것을 물어보아 선물하는 것이 좋고 화환은 선물하지 않는다. 축하 인사말은 신생아의 성별을 묻기 전에 먼저 순산하였는지를 물어 아이와 어머니의 건강을 빌어 주고 그다음에 축하의 말을 하여 함께 즐거움을 나누는 것이 좋다.

2.9. 돌

돌은 아이가 1년 24절기를 처음으로 한 바퀴 돌았다는 뜻에서 생긴 말이다. 영아 사망률이 높았던 옛날에는 생후 1년이 지나야 위험한 고비를 무사히 넘기고 비로소 가족 구성원이 되었다고 생각하였다. 돌 이후에 관명(冠名)을 지어 호적에 올린 것도 다 이런 이유 때문이다.

돌잔치는 아이가 명실상부한 가족의 일원이 된 것을 축하하고 아이의 장수와 복을 기원하는 잔치이다. 아이에게 득이 된다고 하여 떡을 해서 여러 사람에게 나누어 주는 풍습이 있는데, 이때 떡을 받은 사람은 빈 접시에 실이나 의복, 돈이나 반지 등을 답례품으로 보냈다.

최근에는 가까운 친구와 친척들을 초대하여 돌잔치를 열고 돌잡이 행사를 하는 것이 일반적이다. 이때 초대를 받은 사람은 아이의 돌을 축하하는 인사말을 하고 아이의 옷이나 반지, 축하금 등을 선물하는 것이 좋다.

3. 조사 시의 매너

3.1. 문병 예절

(1) 기본 매너

병문안을 가기 전에 환자의 상태와 방문이 가능한 면회시간 등을 알아보아 환자에게

부담이 덜 가도록 한다. 방문 시에는 위로와 격려가 되는 인사말을 한다.

- 문병을 갈 때에는 두세 사람 정도가 좋으며 다른 환자나 가족에게 폐가 되지 않도록 조용히 이야기하고, 환자를 간호하는 사람 외에는 장시간 머물러 환자를 피로하게 만들어서는 안 된다.
- 문병을 할 때에는 병원에서 정한 면회시간 또는 오전 10시경이나 오후 3시경이 좋으며 환자의 식사시간, 의사의 회진시간은 피한다.
- 회진 시에는 복도에서 끝날 때까지 기다린다.
- 향기가 진한 꽃을 가져가거나 향수를 진하게 뿌리고 문병을 하는 것은 좋지 않으며 어린아이나 애완동물을 동반하지 않도록 한다.
- 환자의 안정에 저해되는 행동(고성방가, 화투놀이, 취사 등)이나 집단 종교 행사 등은 하지 않는다.

(2) 문병 인사말

문병 시에는 가급적 위로와 함께 건강을 회복할 수 있도록 희망적인 이야기를 하고 부정적이거나 자극적인 화제는 피하는 것이 좋다.

- "사고를 당했다기에 무척 놀랐습니다. 이만하기가 다행입니다."
- "친환(내환)이 계시다니 얼마나 걱정되십니까?"

- "요새는 병환이 좀 어떻습니까? 차도가 좀 있다니 반갑습니다."
- "요전보다는 안색이 훨씬 나아 보입니다. 이제 얼마 지나면 완쾌되겠네요. 이대로 꾸준히 조리 잘 하셔야겠습니다."

3.2. 조문 예절

기쁨을 함께 나누면 두 배가 되고 슬픔을 함께하면 절반으로 줄어든다고 한다. 사람이 살아가면서 가장 힘든 일이 사랑하는 가족을 잃는 일일 것이다. 그래서 가족의 죽음으로 인하여 슬픔에 빠진 이웃을 위로하고 어려움을 함께 나누기 위해 조문(弔問)을 하게 된다.

조문이란 죽은 분에게 예를 올리고 상주나 상제를 위문하는 행위이다. 가까운 친척 친지 가운데서 상을 당했다는 연락이 오면, 가급적 빨리 상가에 가서 상제를 도와 장의 준비를 함께하는 것이 좋다. 상가에 가면 우선 상제들을 위로한 다음, 장의 절차나 예산 관계 등을 상의하고 할 일을 서로 분담하여 책임감 있게 수행한다. 내용도 모르면서 이 일 저 일에 참견하는 태도는 바람직하지 못하다. 또한 아무리 가까운 사이라도 복장을 바르게 하여 영위에 분향하고, 재배한 다음 상주에게 정중한 위로의 말을 전한다.

(1) 기본 매너

- 사망을 알리는 부고를 받은 즉시 상가에 가서 조문을 하거나 문자나 전화 등으로 애도의 뜻을 전한다. 친분이 돈독한 사이가 아니면 돌아가시고 하루 지나서 가는 것이 좋다. 첫날에는 입관을 하거나 상제들이 제의 등을 맞을 준비가 안 되어 있을 수 있다. 그러나 삼일장을 지낸다면 소식을 듣고 바로 가는 것도 무방하다.
- 일반 문상객은 화려하지 않은 검은색 계통의 단색 평상복을 입는다. 남자는 가능한 한 검은색 넥타이를 매고 흰 와이셔츠를 입는 것이 예의이다. 여성은 검은색 상의와 검은색 스커트를 입는 것이 무난하다. 주름치마는 폭이 넓어서 앉아도 신경이 쓰이지 않아 편리하다. 색조 화장은 피한다.
- 상가에 들어서기 전에 휴대전화는 진동 모드로 하거나 전원을 끈다.
- 상가에서 오랜만에 반가운 친구나 친지를 만나더라도 큰소리를 내지 않는다.
- 유족은 매우 지쳐 있는 상태이므로 너무 말을 많이 시키지 않도록 한다.
- 고인의 사망 원인, 경위 등을 유족에게 상세히 묻지 않는다.

(2) 바른 순서

- 호상소의 안내를 받아 빈소에 들어가 영정 앞에 분향이나 헌화한다. 헌화를 할 때에는 꽃대가 영좌 앞쪽으로 가도록 헌화대에 놓는다.
- 잠시 명복을 빈다.
- 영정 앞에 공수를 하고 절을 두 번 올리고 일어서서 반절을 한다. 공수를 할 때에는 평상시와 반대로 남자는 오른손이 위로, 여자는 왼손이 위로 오게 한다. 이때 종교에 따라 합장을 하거나 묵념을 하기도 한다.

- 조상이 끝나면 상주를 향해 선다. 상주와 맞절을 하고 일어섰다가 다시 앉아 정중하게 인사말을 한다.

(3) 분향 예절

- 향에 불을 붙여 불꽃을 손으로 끈 후 향로에 꽂는데, 이때 불꽃을 입으로 불지 않고 왼손을 흔들어 끈다.
- 향은 홀수로 분향한다.(1개 혹은 3개)

(4) 조문 인사말

- 상제의 부모인 경우
  "얼마나 망극하십니까?"
  "상사 말씀 무어라 드릴 말씀이 없습니다."
- 상사의 자제인 경우
  "얼마나 애통하십니까?"
  "얼마나 가슴 아프십니까?"
- 상제의 형제인 경우
  "백씨 상을 당하여 얼마나 비감하십니까?"
  "계씨 상을 당하여 얼마나 애통하십니까?"
- 상제의 남편인 경우
  "상사에 어떻게 말씀드려야 할지 모르겠습니다."
  "상사에 여쭐 말씀이 없습니다."
- 상제의 아내인 경우

"위로할 말씀이 없습니다."

"얼마나 상심이 되십니까?"

- 자식을 잃은 부모의 경우

  "얼마나 상심하십니까?"

  "참척을 보셔서 얼마나 마음이 아프십니까?"

- 조문할 때 덧붙여 할 수 있는 말

  "천수를 다하셨습니다."

  "호상(好喪)입니다."

  "춘추는 얼마나 되셨습니까?"

  "장지는 어디로 정하셨습니까?"

(5) 부의(賻儀)

부의는 오래전부터 전해 내려오는 상부상조의 관습이다. 돈을 백지에 싼 뒤 흰 봉투에 넣어 호상소에 내거나 분향하기 전에 영전 앞에 놓는다. 액수보다 성의가 중요하므로 엄숙한 분위기에서 전달한다.

조의금 봉투 쓰는 법

근조(謹弔), 추모(追慕), 추도(追悼), 애도(哀悼), 조의(弔意), 부의(賻儀), 위령(慰靈), 근도(謹棹), 삼가 고인(故人)의 명복(冥福)을 빕니다.

(6) 조장(弔狀), 조전(弔電)

불가피한 사정으로 문상을 갈 수 없을 경우에는 편지나 조전을 보낸다. 부고를 냈는데도 문상을 오지 않았거나 조장 또는 조전조차 보내오지 않은 사람과는 평생동안 말도 하지 않고 대면도 하지 않는 것이 예전의 풍습이었다.

주요 용어

• 경조사	• 수연	• 졸업
• 돌	• 수훈	• 출산
• 선물	• 조문	• 혼인

PART

3

글로벌 매너

CHAPTER

8 해외여행 매너

현대는 세계화, 국제화 시대로 세계가 지구촌을 형성하고 인터넷을 통해 서로 연결되어 있다. 국제화 시대에 21세기의 예의범절인 글로벌 매너를 갖추는 것은 세계 무대에서 타 문화를 이해하고 교류할 수 있는 경쟁력을 갖추는 것이다. 해외여행은 타국의 생활과 문화를 경험함으로써 자신을 발전시키고 국제적인 안목을 기를 수 있는 보람된 경험이자 건전한 여가를 누리는 방법이다. 이 장에서는 해외여행과 관련된 각종 매너와 호텔 이용 매너, 관광시 매너를 중심으로 글로벌 매너를 살펴본다.

1. 항공기 내에서의 매너

1.1. 좌석 매너

- 승무원에게 좌석을 안내받고 지정 좌석에 앉는다.
- 기내에 소지하고 들어간 짐은 좌석 밑이나 선반 위에 안전하게 놓고, 떨어질 위험이 있거나 깨지기 쉬운 물건은 반드시 좌석 밑에 보관한다.
- 항공기 이착륙 시에는 휴대전화 사용을 금한다.
- 좌석에 앉으면 안전벨트를 매고, 이착륙 시나 기상 변화로 기체가 흔들려 안내방송이 나올 때에는 반드시 안전벨트를 착용한다.
- 최근 많은 항공사들이 기내 금연을 수칙으로 하는 추세가 확산되고 있는데, 금연으로 표시된 항공기나 금연석에서는 담배를 피우지 않도록 한다. 금연 표시등이 켜져 있을 때에는 흡연석에서도 담배를 피울 수 없다.
- 장시간 비행 시 기내에서 간편한 옷차림이나 슬리퍼를 신어도 무방하지만 속옷만 걸치거나 양말을 벗지 않도록 한다. 정장을 입었을 경우 편안하고 따뜻한 옷으로 갈아입는 것이 비행 피로를 줄이는 데 도움이 된다(옷을 갈아입을 때에는 화장실 이용).
- 이착륙 시와 식사시간에는 의자의 등받침을 바로 하고, 창가 쪽 자리에 앉을 때에

는 너무 자주 자리를 떠서 옆 사람에게 불편을 주지 않도록 한다.

- 기내 상석은 2인용 좌석의 경우 장거리 노선은 통로 쪽이며 단거리 노선은 창가 쪽이다. 3인용 좌석의 경우 가운데가 제일 말석이다.

1.2. 기내 대화 매너

- 항공기 내에서는 큰소리로 잡담을 하거나 떠들어서 다른 승객에게 불쾌감을 주지 않도록 한다.
- 특히 일행과 탑승 객실이 다른 경우나 승객 간 대화를 나누고 싶을 때에는 상위 클래스 승객이 하위 클래스로 가서 대화를 나누는 것이 올바른 매너이다.
- 승객들이 취침 중일 때에는 일행과 떠들어서 다른 승객들의 취침을 방해하는 일이 없어야 한다.

1.3. 화장실 이용 매너

- 기내 화장실은 남녀 공용이며, 사용 중에는 'Occupied'로 표시되고 비어 있을 때에는 'Vacant'로 표시된다.
- 이착륙 시에는 사고 위험이 있으므로 화장실 사용을 금한다. 특히 여성의 경우 화장실에서 화장을 하면서 지나치게 오랜 시간을 머물지 않도록 한다.

내부 (잠금) 외부 (비어 있음) 외부 (사용 중)

그림 1 화장실 내외부 표시

- 화장실 사용 후 세면대의 물기를 닦아 청결을 유지하고, 사용한 종이 타월은 쓰레기통에 넣는다.
- 기내 화장실 사용 시에는 노크하지 않고 표시등을 보고 이용하는 것이 매너이며, 반드시 문고리를 잠가서 사용 중임을 표시해야 한다.

1.4. 승무원에 대한 매너

- 승무원 호출 시에는 좌석 팔걸이나 머리 위에 부착되어 있는 호출 버튼을 누르고 취소 시에는 취소 버튼을 누른다.
- 특히 반말로 부르거나 손을 흔들거나 큰소리로 부르거나 승무원을 건드리고 찌르는 행동을 삼간다.
- 식사나 음료를 제공받았을 때에는 승무원에게 감사 인사를 잊지 않는다.

Subodh Agnihotri / Shutterstock.com

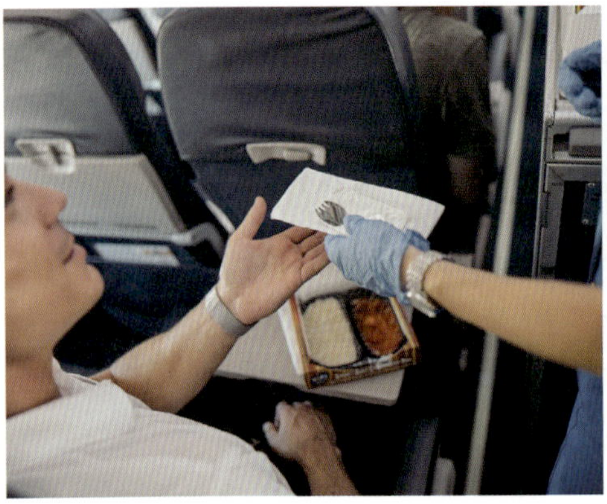

Brostock / Shutterstock.com

1.5. 기내식 매너

- 식사 서비스가 시작되면 좌석 등받이를 세워 뒷좌석 승객이 불편 없이 식사할 수 있도록 배려하고, 식사 서비스 중에는 좌석 이동을 삼간다.
- 창가 쪽에 앉았을 경우 통로 쪽 승객이 식사 중일 때에는 끝날 때까지 기다렸다가 일어선다. 통로 쪽에 앉았을 경우에는 창가 쪽에 앉은 승객의 식판을 받아 건네주는 것이 예의이다.
- 식사 후에는 종이 냅킨으로 식판을 덮어 전달하는 것이 보기에 좋다.
- 일반적으로 도착국가의 시간에 따라 식사 서비스가 제공되므로 시차 적응을 위해 양을 조절하여 먹는다.
- 요리는 이코노미석 기준으로 최소한 2가지 중에서 선택할 수 있으며, 어린이나 특정 종교인을 위한 메뉴도 준비되어 있으니 예약 시 주문한다.
- 기내에서 냄새가 심하게 나는 음식을 먹는 일로 다른 승객에게 불쾌감을 주지 않도록 하고 다른 반찬 등을 휴대함으로써 외국인들이나 다른 사람들에게 끼칠 불편을 고려하여 주의한다.
- 특별 서비스가 필요한 경우에는 예약 시 항공사에 요청하고 출발 전에 예약을 확인한다(종교 및 건강상의 이유로 기내식이 맞지 않을 경우 미리 특별식을 주문한다).
- 기내에서의 음주는 기압 차이로 인해 평소보다 과음을 하게 되어 몸에 해로울 수 있으니 주의한다.

1.6. 하기 매너

- 항공기가 착륙 후 정지하면 승무원의 안내에 따라 앞좌석 승객부터 차례로 내리고, 노약자나 어린이는 먼저 내릴 수 있도록 배려한다.
- 특히 항공기가 착륙하기도 전에 먼저 내리기 위해 안전벨트를 풀고 일어서거나 선반을 열고 짐을 챙겨서 나오는 등의 행동은 위험하므로 각별히 유의한다.

2. 호텔 이용 매너

2.1. 호텔 예약 시 유의사항

- 출발하기 전에 미리 전화나 인터넷, 서면 등으로 객실을 예약한다. 예약 시에는 성명, 성별, 도착 일시와 출발예정 일시, 숙박 일수, 비행 편명, 연락처, 지불 방법 등을 알려 준다.
- 여정의 변경이나 취소 시에는 호텔 측에 변경 요청과 취소 통보를 한다. 취소 통보 시기에 따라 수수료를 지불하기도 한다.
- 투숙 2~3일 전에 반드시 예약을 재확인(reconfirm)하고 부득이하게 취소할 경우에는 해당일 전에 호텔 측에 예약 취소(cancel)를 통보하여 호텔 측의 손해를 줄이고 착오를 방지해야 한다.
- 예약 시 싱글 룸(1인용 침대 방), 트윈 룸(1인용 침대가 두 개 있는 방), 더블베드 룸(두 사람이 한 침대를 쓸 수 있는 방) 중에서 묵고자 하는 방을 요청한다.
- 예약은 가능한 한 여유 있게 충분한 일정을 두고 한다.

트윈베드

더블베드

2.2. 호텔 체크인과 체크아웃

- 호텔에 도착하면 프런트(front)에서 숙박 카드(registration card)를 작성한다. 숙박 카드 작성 요령은 가족 동반인 경우를 제외하고 한 사람씩 작성한다. 숙박 카드에는 성명, 주소, 국적, 생년월일, 여권번호, 출발예정 일자 등을 적는다.
- 바쁜 고객과 단골 고객을 위한 익스프레스 체크인(express check-in)은 프런트를 거치지 않고 바로 객실로 안내하는 시스템이다.
- 숙박 등록이 끝나면 방 번호, 호텔 이름, 전화번호 등이 기재된 호텔 카드와 키를 받고 벨맨(bell man)의 안내에 따라 객실로 이동한다.
- 자신의 여행 목적과 신분에 따라 벨맨에게 가방 1개당 1달러 정도의 팁을 지불하는 것을 잊지 않도록 한다.

2.3. 호텔 시설 사용 매너

(1) 객실

- 국내외의 대부분의 호텔 객실은 열고 닫을 때 자동으로 문이 잠기기 때문에 방을 떠날 때에는 잠시라도 방 열쇠를 꼭 챙기고, 외출할 때에는 분실 시 도난의 위험이 있으니 방 열쇠를 프런트에 맡긴다. 귀중품은 호텔의 안전 금고(safety box)에 보관하는 것이 좋다.
- 베란다의 유리문이 자동으로 잠길 수 있으니 베란다로 나갈 때에는 반드시 문을 열어 놓고, 취침이나 외출 시에는 도난 등의 위험이 있으니 베란다의 문을 이중으로

잠근다. 방 안에 있을 때에는 안전 체인(safety chain)을 걸어 두고 방문은 함부로 열어 주지 않는다.

- 선진국에서는 부부 이외에는 같은 방을 사용하지 않으므로 특히 동성끼리 같은 방을 이용할 때에는 동성애자로 오해를 받을 수 있고 구설수에 오를 수 있으니 유의한다(비즈니스 출장 시 트윈 룸 사용은 무방함).
- 호텔 이불 이용 시 매트리스 → 흰색 시트 → 몸 → 흰색 시트 → 담요 → 흰색 시트 → 두꺼운 이불(커버) 순으로 이용한다. 두 개의 흰색 시트 사이에 몸을 넣어야 한다. 실수가 많아 호텔 측에서 몸이 들어갈 곳을 미리 접어 두기도 한다.

(2) 욕실

- 외국 호텔의 경우 욕실 바닥이 배수가 되지 않는 재질이나 배수구가 없는 구조로 되어 있을 수 있으므로 샤워를 할 때에는 샤워커튼을 욕조 안으로 넣어서 물이 욕조 밖으로 튀거나 넘치는 일이 없도록 한다.
- 욕실에 비치된 고무매트를 바닥에 깔아 미끄러움에 대비하고, 욕조매트는 욕조 바로 옆 바닥에 놓아 물이 튀는 것을 방지하고 바닥에 떨어진 물을 닦는다.
- 욕실에 비치된 수건에는 대략 대, 중, 소의 3가지 종류가 있다. 몸에 감는 용도, 세안용, 손이나 발을 닦는 용도이다.
- 익숙하지 않은 욕실의 수도시설은 뜨거운 물과 찬물의 방향을 확인하고 천천히 다룬다. 불어권 국가나 이탈리아에서는 뜨거운 물이 C(chaud), 찬물이 F(froid)로 표시되어 있다.

(3) 텔레비전과 전화

- 객실의 텔레비전 채널에는 일반 채널과 호텔 자체 채널이 있으므로 객실 내에 비치된 프로그램 안내서나 호텔 안내 책자를 참고하면 된다.
- 호텔 내부 전화는 무료이며, 호텔에서 국제전화를 거는 경우 카드식 전화보다 요금이 최고 50% 이상까지 비쌀 수 있다. 교환에게 부탁하여 전화로 깨워 주는 서비스인 모닝콜(morning call; wake-up call)을 신청할 수 있다.
- 호텔에서 사용하는 전화는 요금이 자동으로 계산되며 체크아웃 시 지불한다.

OlegDoroshin / Shutterstock.com

(4) 미니 바와 룸 서비스

- 객실 내에는 대부분 찬 음료수가 들어 있는 냉장고와 그 위에 간단한 주류와 스낵이 준비된 미니 바(mini bar)가 있다. 미니 바를 이용한 경우에는 비치된 계산서에 직접 표시하여 체크아웃 시 계산하면 된다.
- 냉장고의 얼음이 부족하거나 얼음이 없는 경우에는 아이스 머신(ice machine)이나 룸 서비스를 이용한다.
- 객실 내에서 식사를 하거나 음료를 마실 경우에는 객실에 비치되어 있는 룸 서비스 메뉴를 보고 전화로 주문한다. 룸 서비스는 레스토랑보다 보통 10~15% 정도가 더 비싸다.
- 아침 일찍 식사해야 할 일이 있다면 전날 밤에 문에 거는 행거 메뉴(hanger menu)를 미리 작성하여 문 바깥쪽 문고리에 걸어 둔다.
- 룸 서비스를 이용한 다음, 빈 식기는 냅킨으로 덮어 문밖에 내놓는다.

(5) 호텔 부대시설 및 기타 서비스

- 비즈니스 서비스: 호텔에서 고객들의 비즈니스 업무를 보조하기 위해 제공하는 서비스이다. 워드 작업, 복사, 번역과 통역 등을 포함한 팩스 송수신 및 각종 우편 업무, 항공권 예약과 취소 같은 업무에 필요한 각종 OA 기기와 컴퓨터 시설을 갖춘 서비스이다. 호텔에 따라 비즈니스 고객 전용층을 운영하기도 한다.
- 세탁물(laundry) 서비스: 옷의 세탁부터 다림질까지의 서비스를 호텔에서 맡아 해주는 것이다. 세탁물을 분류하여 세탁물 백(laundry bag)에 넣고 세탁주문서에 객실 번호, 내용물, 수량 등을 기입하여 전화로 서비스를 요청하면 당일에 수거하여

다음날 아침까지 가져다준다. 긴급을 요할 경우에는 익스프레스(express)에 표시하고 계산은 체크아웃할 때 한다.

- 콘시어지(concierge) 서비스: 콘시어지란 중세에 성을 지키며 촛불을 들고 사람들을 안내하던 '촛불 관리자'에서 유래하였다. '서비스의 꽃'이라 불리는 콘시어지는 호텔에서 현지 사정에 어두운 여행객들을 위해 각종 정보 제공에서부터 고충 처리까지 해 주는 모든 서비스를 말한다.
- 객실 청소(room make-up): 하루에 한 번씩 고객 외출 시에 룸 메이드가 하도록 되어 있다. 따라서 방을 나갈 때에는 사용한 침대나 방 안을 대충이라도 정리해 둔다. 혹시 청소를 원하지 않을 경우에는 객실 문 안쪽에 걸려 있는 DD(do not disturb) 카드를 바깥쪽으로 걸어 두면 된다(또는 문 옆의 D&D 버튼을 누르면 자동으로 점등된다).
- 피트니스(fitness) 시설: 여행객들의 건강과 즐거움을 위하여 헬스클럽이나 사우나, 수영장, 테니스장, 조깅코스, 골프 연습장 등을 갖추고 경우에 따라 무료로 운영하거나 소정의 이용료를 받기도 한다.

2.4. 호텔 체류 시 매너

- 객실 내에서 컵라면이나 고주장, 된장국, 김치 냄새 등을 풍겨서 다른 고객들에게 불쾌감을 주는 행동을 하지 않도록 한다. 또 먹다 남은 음식을 세면대나 욕조에 버리는 일이 없도록 한다.
- 객실 내에서 여러 사람이 모여 큰소리로 떠들거나 밤늦게까지 술을 마시거나 화투, 카드놀이 등을 하여 타인에게 불쾌감을 주는 행위를 삼간다.

- 수건과 같은 호텔 내 비품을 개인적으로 가져가지 않는다.
- 잠옷 차림으로 복도를 돌아다니지 않는다. 또한 객실 문을 열어 놓은 채 출입하는 것도 매너가 아니다.
- 방문객이 여성이 투숙하고 있는 호텔에 찾아왔을 경우 객실로 안내해서는 안 되고 방문객은 꼭 프런트나 호텔 내 커피숍에서 만나야 한다.

표 1 호텔의 숙박요금 체계

아메리칸 플랜(American plan)	객실 요금에 매일 세 끼의 식사 대금이 모두 포함되어 있는 제도
콘티넨털 플랜(continental plan)	객실 요금에 아침 식대만 포함되어 지불하는 제도
유러피언 플랜(European plan)	객실 요금에 식사 대금을 포함시키지 않는 제도

3. 관광지에서의 매너

3.1. 관광 매너

- 외출 시나 관광 시에는 호텔명이나 소재지를 기재하여 지니고, 단체관광 시에는 다음날의 여행 일정이나 단체에게 피해를 주지 않도록 주의한다.
- 해외여행 중 길을 잃었을 때에는 주변의 공공기관이나 호텔을 통해 문의하고 안전한 대중교통을 이용해 숙소로 돌아오도록 한다.
- 해외의 유명 관광지에서 '한글 낙서'가 많이 발견되어 비난을 받기도 하는데, 외국의 관광자원을 소중히 여기고 국가 이미지를 훼손하지 않도록 한다.

표 2 해외여행 중 장소별 매너

레스토랑	• 웨이터나 웨이트리스: 계산서의 평균 15%(10~25%) • 화장실 서비스 맨: 50센트 • 주차 서비스 맨: 50센트, 고급 레스토랑일 경우는 1~3달러 정도 • 소믈리에: 주문한 술값의 15% 정도 • 클로크 맨: 25센트~1달러
호텔	• 룸 메이트: 1박당 1~2달러(베개나 시트 위) • 룸 서비스: 계산서의 10~15%(음료의 경우는 1~2달러) • 세탁 서비스: 계산서의 10~15% • 벨맨: 가방당 1달러 정도, 방을 안내하고 문만 열어 주면 50센트 정도 • 프런트: 특별히 팁은 없고, 오래 머물 경우나 특별한 도움을 받았을 때 5달러 정도 • 주차 서비스: 1달러
열차	• 식당차: 계산서의 15% • 바 웨이터: 바 계산서의 15% • 포터: 보통 1달러
공항	• 포터: 보통 1달러, 카트의 짐이 가득할 경우에는 2~3달러 • 승무원: 없음
크루즈	• 정식 승무원: 전체 요금의 2.5~4% • 식당 승무원: 전체 요금의 2.5~4% • 방 청소, 바 등의 하급 승무원: 전체 요금의 5~7%를 서비스해 준 인원수로 나누어서 주말에 지급한다.
택시기사	• 요금의 15% 정도이며, 25센트 이하는 없다. 금액이 커질수록 요율은 낮아진다. • 기사가 짐을 운반해 줄 때: 1개당 50센트
미용사	• 최소 1달러 정도이나 보통은 요금의 15% 정도
극장 · 공연장	• 안내인이 자리까지 안내해 줄 경우 50센트~1달러 정도
가이드	• 1~2달러 정도

- 현지인을 촬영할 경우 나라마다 관습이나 문화가 다르므로 현지 관습에 따라 예의에 벗어나지 않도록 주의한다. 사진 촬영 시에는 짐을 반드시 앞에 놓고 일을 보도록 하며 외국인을 대상으로 하는 소매치기에 각별히 유의한다.
- 유명한 대성당이나 사원을 방문하는 경우 단정한 복장에 각별히 신경 써야 한다(반바지, 민소매, 찢어진 청바지 차림은 입장이 안 된다).
- 여권은 안전하게 보관하고 돈은 분산시켜 넣는다. 여행객임을 지나치게 드러내지

않도록 하고 필요 이상의 현금이나 귀중품을 휴대하지 않도록 한다.

- 여행지에서 필요 이상으로 호의를 베푸는 사람은 일단 경계하고, 남의 호의를 받았을 때에는 "고맙습니다."라는 인사를 하고, 또 부주의로 외국인에게 실수를 했을 때에는 "미안합니다."라는 사과 표시를 분명히 해야 한다. 남을 유심히 쳐다보거나 손가락질로 불쾌하게 만들거나, 여성에게 무례하게 행동하여 지탄받는 일이 없도록 한다.
- 해외여행 중 택시 이용 시에는 가이드북 등 여행정보 리스트를 활용하여 사전에 요금을 대략이라도 알아 두는 것이 편리하다. 전화로 서비스를 요청할 때에는 왕복 요금을 지불하는 경우가 있다. 유럽의 택시 기사들은 운전석 옆자리(조수석)를 자신의 공간으로 여기므로 가급적 그 자리에 승차하지 않도록 하고, 동남아시아나 중동 등지의 국가에서는 승차 전에 요금을 확인한 후 승차하는 것이 좋다.

3.2. 쇼핑 매너

Sorbis / Shutterstock.com

- 서유럽이나 외국의 몇몇 나라에서는 외국 여행객들이 물건을 살 때 10~15%에 달하는 부가가치세를 환급해 주고 있다. 면세 쇼핑(tax free shopping)을 시행하는 상점에서 물건을 구입한 경우 면세 쇼핑 전표를 출국할 때 체크인한 후 돈으로 환불받을 수 있으므로 여행을 떠나기 전에 대상국의 면세제도에 대해 미리 알아보도록 한다.
- 필요하지 않은 물건을 충동 구매하거나 단체 여행 시 일행과 함께 같은 물건을 집단 구매하는 것은 경제적으로 낭비일뿐더러 국가적으로도 나쁜 이미지를 줄 수 있으니 자제하도록 한다.
- 해외 유명 상품이나 면세점의 물건 중 국내에 반입이 허가되지 않은 물건들도 있으니 이를 잘 확인하고 유의하여 구매한다.

표 3 해외여행 시 알아야 할 글로벌 매너

아시아

중국	• 괘종시계처럼 종이 달린 시계는 중국에서 '끝내다' 또는 '죽음'을 상징하므로 선물로는 삼가야 한다. 중국인들은 선물을 선뜻 받기보다 세 번 정도 거절하는 것이 예의라고 생각하기 때문에, 선물을 줄 때 계속 받기를 권유한다.
일본	• 일본인들은 남에게 피해를 끼치는 행동을 매우 조심하기 때문에 대중교통 이용 시 휴대전화 사용을 자제한다. • 도쿄에서는 길거리 흡연 시 벌금을 부과하므로 주의한다. • 일본 온천에서 때를 미는 행위를 삼가야 한다. 탕 속에 타월을 담그는 것도 예의에 어긋난다. • 전통 잠옷인 유카타는 앞섶 왼쪽이 오른쪽을 덮는 식으로 입어야 한다. 오른쪽이 위로 오는 옷차림은 불길하다고 여긴다. • 여행이나 출장을 다녀오면 지역의 특산품을 선물하는 문화와 무언가를 받으면 빠른 시일 안에 답례를 해야 한다는 인식이 있다. 선물은 짝으로 된 세트를 선호하며 죽음을 상징하는 '4'와 관련된 것은 불행을 가져온다고 믿기 때문에 선물로는 피하는 것이 좋다.
인도네시아	• 인도네시아를 비롯한 이슬람 국가에서는 머리를 매우 신성한 부분으로 여기기 때문에 아이가 귀엽다고 해서 함부로 머리를 쓰다듬으면 매우 불쾌하게 여기므로 주의한다. • 인도네시아에서는 허리에 손을 올리면 화가 났다는 뜻이므로 주의한다. • 모스크 관람 시 짧은 반바지나 민소매를 착용하는 것을 삼가고 몸을 감쌀 수 있는 복장을 착용한다. • 오후 1~4시경에는 보통 낮잠을 즐기기 때문에 이 시간에는 전화를 하지 않는 것이 좋다.
태국	• 태국에서는 발을 불결한 것으로 생각하여 사람 머리 높이 가까이에 두지 않는다. 발로 사람이나 물건을 가리키면 엄청난 모욕을 당한 것으로 생각하므로 절대 삼가야 한다. • 사람을 부를 때 어깨를 치거나 반가운 사람을 만났을 때 어깨를 치는 경우가 있는데, 태국에서 이런 행동을 보이면 무례한 행동으로 여겨져 불쾌감을 준다. • 아이가 예쁘고 귀엽다고 해서 머리를 쓰다듬는 것은 삼가야 한다. • 사람을 발로 차는 행동은 불교 문화권에서 금기이다. • 태국은 불교 국가로 사원의 불상 앞에서 사진 촬영은 금기이며, 종교적인 그림이나 불상이 있는 곳에서는 반드시 신발을 벗어야 한다. 민소매나 반바지, 샌들 차림으로는 사원에 입장할 수가 없다. 스님의 몸에 손을 대거나 옷깃이 닿아서도 안 된다.
싱가포르	• 싱가포르는 깨끗함을 강조하는 나라로 이를 어겼을 때에는 관광객에게도 예외 없이 벌금을 부과한다. 공공장소에서의 흡연이나 거리에 쓰레기나 껌, 침을 뱉는 경우, 도로 무단 횡단의 경우에도 벌금을 내야 하며, 대중교통을 이용할 때 음식물을 섭취해서도 안 된다. • 더욱이 화장실에서 볼일을 본 후에 물을 내리지 않아도 벌금을 내야 하므로 조심해야 한다. • 공식적으로 레스토랑이나 택시 이용 시 팁을 지불할 필요가 없다.

인도	• 윙크는 모욕을 주는 행위로 여겨진다. • 인도인들은 상대방의 이야기에 귀를 기울일 때 고개를 좌우로 흔드는 습관이 있다. 절대 부정의 뜻이 아니다. • 인도인들에게 파키스탄, 채식주의, 카스트제도를 이야기하는 것은 결례이다. • 왼손으로 음식을 만지거나 먹어서는 안 된다. 왼손은 뒤처리를 하는 손으로 여겨진다. • 상점이나 시장에 가면 주인들이 호의로 차를 내오거나 과자를 주는 경우가 종종 있는데, 이때 거절하면 모욕으로 느끼므로 싫더라도 조금 먹는 시늉을 해야 한다. • 인도의 종교인 힌두교에서는 남녀가 서로 접촉하지 않기 때문에 여자가 남자에게 악수를 청해서는 안 된다.

아메리카

미국	• 미국에서 택시를 탈 때에는 운전자 옆자리에 앉지 않도록 주의한다. 택시의 앞좌석(보조석 포함)은 운전자만의 공간이다. • 미국인들은 친구에게 선물을 받으면 그 자리에서 뜯어 보고 감사의 마음을 전하는 것을 예의라고 생각한다. • 미국인에게 백합은 죽음을 의미하기 때문에 절대 선물하면 안 된다. • 택시 기사들 중 간혹 특별한 요구가 없으면 '생큐'라고만 하고 거스름돈을 주지 않는 경우가 있다. 그러므로 요금에 팁을 더한 금액이 얼마인지 정확하게 계산하는 것이 좋다. • 미국에서 동성끼리 손을 잡거나 어깨동무, 또는 허리를 감싸는 행동을 하면 게이나 레즈비언으로 오해받기 쉽다.
멕시코	• 멕시코 가정에 저녁 초대를 받았을 때에는 약속 시간보다 조금 늦는 것이 바른 매너이다. • 멕시코 인디언들은 사진을 찍으면 영혼을 빼앗긴다고 생각하는 풍습이 있으므로 촬영 전에 반드시 양해를 구해야 한다.
아르헨티나	• 죽음을 하느님 곁으로 가는 축복이라고 여기기 때문에 장례식 때 박수를 친다. • 포크와 나이프를 열십자로 놓으면 식사가 끝났다는 표시이다. • 와인이나 가죽은 아르헨티나가 원산지이므로 그곳 사람들에게 주는 선물로 적당하지 않다.

유럽

영국	• 사다리 밑으로 지나가거나 방 안에서 우산을 펴면 불길하다고 믿는다. • 런던의 지하철 에스컬레이터를 이용할 때 왼쪽에 서면 무조건 걷거나 뛰어야 한다. 만약 움직이기 싫다면 오른쪽에 서야 한다. • 영국인들은 애완동물을 소중히 생각하기 때문에 함부로 다루거나 위협적인 행동, 가혹 행위는 절대 삼간다. • 영국인들은 악수를 한 뒤에 명함을 주고받는다. • 소리 내어 웃으면 신사가 아니라고 생각한다. • 상대방에게 손등이 보이도록 V자 사인을 하면 욕설이 되므로 주의한다.
프랑스	• 손님은 택시 운전석 옆에 앉지 않는 것이 예의이다. 운전사가 허락한다면 가능하지만 추가 요금이 청구된다. • 미국식 O.K 사인은 '가치가 없다'는 의미이므로 프랑스인 앞에서는 조심해야 할 제스처이다. • 주위의 허락 없이 닭고기를 손에 들고 먹으면 야만인 취급을 받게 되므로 사전에 동의를 구해야 한다. • 반가움의 표현으로 와락 껴안는 것은 예의에 어긋난다. '비쥬(bisous)', 즉 서로 뺨을 가볍게 부딪치며 입으로 소리 나게 뽀뽀를 하는 인사법이 익숙하다. • 와인 잔이 비었을 때 직접 따라 마시는 것은 삼가야 한다. 특히 여자는 남자가 와인을 따라 줄 때까지 기다리는 것이 예의이다. 잔이 비어 있으면 웨이터가 알아서 채워 준다. 그만 마시고 싶을 때에는 절반 정도 채워진 잔을 그냥 두면 된다. • 13명이 모여 식사하는 것을 금기시한다.
독일	• 꽃 선물은 홀수로 하되 13송이를 선물하는 것은 삼가도록 하고, 장미나 카네이션, 포장한 꽃은 삼가도록 한다. • 선물을 포장할 때 흰색, 검은색, 갈색 포장지는 피한다. • 독일인들은 대화를 하는 도중 무의식적으로 주머니에 손을 넣는 것을 무례한 행동이라 생각한다. • 시간 약속에 늦는 것에 매우 엄격하므로 조심하도록 한다.
이탈리아	• 소금이나 후추 등을 다른 사람 손을 거쳐 받으면 좋지 않다는 미신이 있으므로, 소금과 후추는 직접 가져와 먹는 것이 좋다. • 손가락을 턱에 댔다 떼었다 하면 '귀찮다'는 의미이니, 이탈리아인 앞에서는 이런 제스처에 신경을 써야 한다. • 자신의 귀를 만지는 것은 상대를 모욕하는 사인이므로 주의해야 한다. • 이탈리아의 수많은 성당을 구경하기 위해서는 보수적인 옷차림이 꼭 필요하다. 대부분의 성당에는 짧은 바지나 미니스커트, 민소매 옷을 입고 입장하는 것이 불가하다. • 공중 화장실이 많지 않아 술집이나 음식점의 화장실을 이용해야 하는데, 식당에서 음식이나 음료를 먹은 경우가 아니라면 요금을 지불해야 하므로 동전을 소지하고 다닌다.

스페인	• 시에스타(siesta)는 스페인어로 '낮잠'이라는 의미로, 스페인에서는 오후 1시부터 4시까지 시에스타 시간이기 때문에 레스토랑이나 상점, 관광지, 박물관 등도 문을 닫는다. 사전에 미리 알아보고 방문해야 한다. • 스페인에서 저녁식사는 9~10시경에 하는 것이 보통인데, 초대를 받았을 경우 시간에 맞추어 가는 것보다 조금 늦게 가는 것이 예의이다. 또한 빈손으로 가는 것은 예의에 어긋나므로 와인이나 디저트를 선물로 갖고 가는 것이 좋다. • 2011년부터 건물 내 흡연이 전면 금지이며 술집에서도 금연이므로 주의하도록 한다. • 스페인의 성당을 구경하기 위해서는 너무 짧은 옷이나 민소매 옷을 착용하는 것을 피한다.

오세아니아

호주	• 거리에서 술병을 보이도록 들고 다니면 벌금을 물 수 있으니 타월이나 가방, 종이 등으로 가려야 한다('BYO'는 'Bring Your Own'이라는 뜻으로, 자신이 마실 음료수나 술을 준비해 가는 파티를 말한다. 또 BYO 표시가 되어 있는 레스토랑에는 술을 가지고 들어갈 수도 있고, 레스토랑에 들어갔다가 술을 사러 다시 나올 수도 있다). • 택시를 혼자 타는 경우 운전사의 옆자리에 앉는 것이 예의이다.

아프리카

남아프리카 공화국	• 가정에 초대되더라도 업무적인 일이라면 부인은 동행하지 않는 것이 바른 매너이며, 특히 흑인 사회의 경우 여성의 사회적 활동이 제한되는 편이다.
이집트	• 라마단 기간에 이집트인들 앞에서 음식을 먹거나, 술을 마시거나, 담배를 피우는 것은 큰 결례이다. • 이집트는 다른 이슬람 국가들에 비해 개방화되어 히잡(hijab)을 쓰고 다니는 여성이 많지 않으나, 길에서 여성에게 말을 걸면 주변 남성들의 주목을 받게 되며, 대화 내용이 불순할 경우 경찰까지 출동할 수 있다. • 식사를 하거나 악수를 할 때 왼손 대신 오른손으로 하는 것이 바른 매너이다. • 지하철은 맨 앞 차량, 버스는 운전석 뒤 앞좌석이 여성 전용 좌석이므로, 여성은 지정된 차량과 좌석에 앉아야 한다. • 팔과 가슴은 반드시 가리고, 무릎 아래로 오는 길이의 옷을 입는 것이 좋다. 공공장소에서 짧은 옷이나 몸에 딱 달라붙는 옷을 입어서는 절대 안 된다. • 병문안이나 결혼을 하는 경우가 아니면 꽃을 선물하는 것은 결례이다.

주요 용어

- 관광지 매너
- 항공기 내에서의 매너
- 호텔 이용 매너
- 팁 매너
- 해외여행 매너

CHAPTER

9 테이블 매너

테이블 매너는 사람들이 식사를 통해 서로를 이해하고 좀 더 즐거운 교제를 할 수 있는 약속이며 배려이다. 소리를 크게 내거나 지나친 향수 냄새, 어울리지 않는 복장, 식기가 부딪치는 날카로운 소리 등으로 인하여 식사시간을 망친다면 함께 식사를 한 사람에 대한 기억도 당연히 좋지 못할 것이다. 테이블 매너는 태어나서 현재에 이르기까지 오랜 세월의 경험을 통해 축적되고 체질화된 습관이기 때문에 하루아침에 고치기가 어렵고 각 문화에 따라 다르다는 데 어려움이 있다. 이 장에서는 서양식 테이블 매너와 한식, 일식, 중식 등의 상차림에 대해 알아봄으로써 서로 다른 식문화를 이해하도록 한다. 나아가 식음료 서비스 매너에 대해서도 알아보도록 한다.

1. 서양식 테이블 매너

국제 교류가 활발해지면서 음식 문화의 교류도 왕성하게 이루어지고 있는데 이 중심에는 바로 서양의 테이블 매너(table manner)가 자리 잡고 있다. 서양의 테이블 매너가 완성된 것은 19세기 영국의 빅토리아 여왕 시대로, 이 시대는 세계 역사상 형식을 가장 중요시하며 도덕 개념도 무척 까다롭고 엄격하던 시대였다.

식사 시 지켜야 할 예의범절로서 공식적인 연회는 물론, 그 밖의 격식을 갖춘 식사에서 타인에게 실례가 되지 않고 즐겁게 식사를 하기 위한 규범이 바로 테이블 매너이다. 영어가 세계 공용어인 것처럼 서양의 테이블 매너는 세계인의 공통적인 식사 매너로 여겨진다. 따라서 세계화 시대의 주인공으로 살아가기 위해서는 서양의 테이블 매너를 익혀야 한다.

1.1. 서양식의 분류

서양식은 크게 주문 식단에 의한 것과 식사 시간대에 따른 것으로 분류할 수 있다. 먼저 식사 시간에 의해서는 우리와 같이 조식, 중식, 석식으로 구분하고 주문 식단에 의

해서는 풀코스(full course) 정식 만찬(table d' hôte)과 코스별로 정해진 요리가 차례로 제공되는 일품요리(à la carte)로 구분할 수 있다.

(1) 식사 시간에 의한 분류

조식 메뉴(breakfast menu)

주로 오전 10시까지 제공되는 메뉴로, 베이컨과 소시지 등의 가벼운 육류와 과일, 계란, 빵과 커피, 음료 등 대체로 간편하고 신속히 제공될 수 있는 메뉴로 구성된다. 조식 메뉴에는 콘티넨털 스타일과 아메리칸 스타일이 있다. 간단한 유럽의 아침식사에서 유래된 콘티넨털 스타일(continental breakfast)은 계란요리가 제공되지 않고 커피와 빵 정도로 식사를 하는 것이며, 아메리칸 스타일(American breakfast)은 미국과 영국식으로 주스와 과일류, 시리얼류, 계란 요리, 빵과 식후 음료로 이루어진다.

브런치 메뉴(brunch menu)

아침 메뉴와 점심 메뉴의 혼합으로 아침식사 시간과 점심식사 시간 사이(오전 10~12시)에 제공되는 메뉴인데, 주로 휴양지 호텔과 아침식사를 놓쳐 아침 겸 점심을 먹는 경우 제공된다.

점심 메뉴(lunch menu)

저녁 메뉴보다는 가볍지만, 아침식사와 마찬가지로 다양하지 않으면서 쉽고 신속하게 제공될 수 있는 메뉴이다. 샌드위치, 수프, 샐러드 등 간단한 음식으로 구성된다.

저녁 메뉴(dinner menu)

아침과 점심보다 더 비중 있고 중요한 식사 시간으로, 시간과 음식 가격에 구애받지 않는 다양하고 고급스러운 메뉴로 구성된다. 일반적으로 스테이크(steaks), 치킨(chicken), 파스타(pasta), 해물요리(seafood) 등이 개인의 취향에 맞는 다양한 와인, 칵테일, 맥주 등의 주류와 음료, 디저트와 함께 제공된다.

테이블 세팅(table setting)

서양 음식은 식사의 진행에 따라 차례로 음식을 제공하는 형식을 취한다. 그래서 서양 음식의 상차림은 식탁보를 깔고 식사 도구를 미리 세팅한 뒤에 차례로 음식을 제공한다(원탁 테이블에서는 특히 메인 접시를 중심으로 왼쪽이 빵 접시, 오른쪽이 물잔 위치임을 기억하여 타인의 접시나 잔을 사용하지 않도록 유의한다).

(2) 주문 식단에 의한 분류

정식 만찬(table d' hôte, **타블 도트**)

각 코스별로 정해진 요리가 순서에 따라 차례로 제공되는 것을 말한다. 경우에 따라 수프와 샐러드, 디저트 중 원하는 음식을 제한적으로 선택할 수 있다. 각 코스와 가격이 일괄적으로 정해지며 순서에 따라 제공되는 세트 메뉴이다. 정식 코스의 순서는 다음과 같다.

정식 만찬(table d' hôte)의 순서

- 식전주(apperitif): 식욕 촉진주, 셰리(sherry), 베르무트(vermouth) 등
- 전채요리(appitizer) 혹은 오르되브르(hors-d'oeuvres)
- 수프(soup)
- 생선요리(fish)
- 셔벗(sherbet): 단맛이 적고 알코올 성분이 있는 소량의 빙수
- 고기요리(meats)
- 샐러드(salad)
- 치즈(cheese)
- 디저트(dessert)
- 식후주(digestif)

일품요리(à la carte, **아라카르트**)

각 코스별 다양한 메뉴 중에서 한 가지씩 마음대로 골라서 주문하는 것이다. 선택을 할 수 있다는 이점이 있지만 개별 가격이 비싸다는 단점이 있다.

특별요리(special menu)

고기요리를 중심으로 미리 짜인 메뉴로 매일 주방장이 준비하여 추천하는 메뉴이다. 양질의 재료, 저렴한 가격, 때와 장소, 계절에 따라 고객의 기호에 맞춰 변화 있게 제공하는 요리이다.

1.2. 식사 매너

(1) 레스토랑 이용 매너

예약하기

고급 레스토랑에서 식사를 하기 위해서는 반드시 예약을 해야 한다. 예약을 할 때에는 예약자의 성명, 날짜, 시간, 인원, 모임의 목적, 특별 주문사항을 알려 준다. 또 취소를 하거나 예약 시간보다 늦게 도착할 경우에는 미리 연락을 한다.

자리에 앉기

레스토랑에 들어서면 식사에 방해되는 코트나 큰 가방 등의 물품은 안내에 따라 클로

크룸(cloak room)에 보관한다. 자리는 웨이터가 안내해 줄 때까지 기다리며 안내를 받은 뒤에는 웨이터가 의자를 빼 주는 곳이 상석이므로 여성이나 주빈이 앉도록 배려한다. 의자에 앉을 때에는 의자의 왼쪽 방향으로 들어가 앉고, 테이블과 의자의 간격은 주먹이 한두 개 들어갈 정도로 떨어져 앉는 것이 좋다. 여성은 핸드백을 등과 의자 사이에 둔다. 식사가 시작되고 나서 의자의 위치를 바꾼다며 소리를 자주 내는 것은 큰 실례이다.

⊙ 상석의 위치: 전망이 좋은 자리, 편안하고 조용한 자리, 벽을 등진 자리

냅킨 사용하기

냅킨은 앉은 자리의 정면에 있는 것을 사용하며 일행이 모두 앉은 뒤 냅킨의 재봉선이 안쪽으로 오도록 무릎 위에 조용히 편다(식전 건배 시에는 건배가 끝날 때까지 냅킨을 펴지 않는다). 비행기나 기차 등 흔들리는 곳에서 식사를 할 때에는 냅킨을 와이셔츠나 조끼의 단춧구멍에 꽂기도 한다.

냅킨은 핑거볼을 사용한 다음에 손가락의 물기를 닦거나 물이나 포도주를 마시기 전 입술의 기름기를 제거하기 위해 사용한다. 이때 접힌 안쪽을 이용해 입을 살짝 누르기만 한다. 여성은 입술의 립스틱을 종이 냅킨(paper napkin)으로 닦아 내도록 하고, 립스틱을 냅킨으로 닦는 것은 에티켓에서 벗어난 행위이므로 삼가도록 한다.

잘못하여 물을 엎질렀을 때에도 냅킨으로 미구 닦지 않도록 한다. 이런 경우에는 웨이터에게 부탁해 처리하도록 한다. 식사 도중 자리를 뜰 때에는 냅킨을 식탁에 올려놓지 않고 의자 위나 팔걸이에 올려놓는다. 식사가 다 끝났을 때에는 냅킨을 대강 접어서 식탁 위에 올려놓는다(너무 깨끗이 냅킨을 접는 것은 오히려 서비스가 불만족스럽다는 표시가 된다).

주문하기

메뉴는 천천히 훑어보는 것이 매너이다. 메뉴표는 정식 만찬(full course)의 순서로 되어 있으므로 그 식당의 특색 있는 요리와 그날의 스페셜 요리 등을 웨이터에게 확인한 후 주문한다. 남성은 여성의 메뉴 선택을 도와주되 주문은 남성이 하도록 한다. 메뉴 내용을 잘 모르는 경우에는 웨이터의 도움을 받아도 좋다. 고기를 주문하는 경우에는 굽는 정도를 선택한다.

포크와 나이프 사용법

테이블에 놓인 포크와 나이프는 음식이 서비스되는 순서대로 바깥쪽부터 차례로 사용하면 된다. 포크는 왼손, 나이프는 오른손으로 잡는다. 식사 도중 포크와 나이프, 냅킨을 떨어뜨린 경우에는 직접 줍지 말고 웨이터에게 도움을 청해 새것으로 교체한다. 포크와 나이프를 세우거나 휘두르면 안 되고 나이프를 입으로 가져가서도 안 된다.

식사 중에는 포크와 나이프를 팔(八)자 모양으로 놓고 식사가 끝난 후에는 가지런히 모아 놓는다. 나이프는 사용 후 반드시 칼날이 자기 쪽을 향하도록 놓는다. 음식물을 입안에 넣고 씹을 때에는 포크와 나이프를 접시 위에 놓도록 하고, 나이프를 입안에 직접 넣는 것은 금기로 되어 있다.

식사 시간

식사를 할 때 함께 식사하는 사람과 보조를 맞추는 것도 매우 중요하다. 혼자 너무 빨리 먹거나 너무 늦게 먹어도 안 된다. 특히 초대를 한 경우라면 주빈이나 테이블 오른쪽의 손님과 보조를 맞추어야 하며 다른 손님보다 먼저 식사를 끝내지 않는 것이 올바

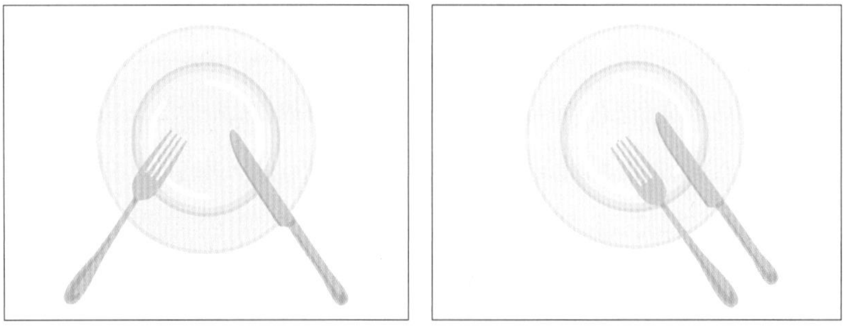

식사 중　　식사 후

그림 1 포크와 나이프 사용법

른 매너이다.

(2) 요리 순서에 따른 식사 매너

전채요리(appetizer)

식욕을 촉진하기 위해 식사 전에 가볍게 먹는 요리를 말한다. 짠맛, 신맛이 가미되어 타액의 분비를 촉진시켜 식욕을 돋워 준다. 대표적인 것으로는 카나페(canapé), 생굴, 훈제 연어, 푸아그라(foie gras), 캐비아(caviar), 식용달팽이(escargot) 등의 요리가 있다. 전채요리는 주요리를 먹기 전에 가볍게 조금만 먹어야 한다. 식용달팽이는 전용 홀더와 포크를 사용해서 먹고 샐러리, 파슬리, 카나페 등은 손으로 먹어도 된다. 생굴은 포크로 관자 부분을 떼어 낸 후 떠서 먹는다.

수프(soup)

수프는 종류가 다양하고 먹는 방법도 까다롭다. 식욕을 촉진하고 뒤따르는 음식의 소화를 돕고 위벽을 보호해서 알코올에 대한 저항력도 강화해 준다. 수프에는 맑은 수프인 콩소메(consommé)와 걸쭉한 수프인 포타주(potage)가 있다. 콩소메는 쇠고기, 생선, 닭고기 등을 삶은 국물(bouillon)로 만든 수프로, 진한 맛의 육류요리에 어울리며 코스가 많은 정식 요리에 알맞다. 포타주는 농도가 진한 수프로 옥수수, 감자, 야채 등을 첨가한 야채수프와 크림수프가 있다.

수프를 먹을 때 소리를 내서는 안 되고 식히려고 불어서도 안 된다. 후추와 소금은 간을 보고 적정량을 넣는다. 수프를 먹을 때 미국식은 자기 앞에서 바깥쪽으로, 유럽식은 바깥쪽에서 앞쪽으로 떠먹는다.

빵(bread)

빵은 약알칼리로 각 코스별 음식 고유의 맛을 즐길 수 있도록 혀에 남아 있는 맛을 씻어 내는 역할을 한다. 수프 다음에 나오는 요리와 함께 먹기 시작해서 디저트 코스에 들어가기 전에 끝내는 것이 원칙이다. 그러나 요즘에는 미리 빵이 올려져 있는 식당이 많으며 처음 코스가 나오기 전에 천천히 먹기 시작해도 괜찮다.

갓 구워 낸 빵은 나이프 등의 금속 제품을 대면 맛이 변하므로 도구를 이용해 잘라 먹지 않고 한입에 먹을 만큼 손으로 떼어서 먹는 것이 올바른 매너이다. 빵을 떼어 낼 때에는 빵 부스러기가 테이블 위에 떨어지기 쉬우므로 빵 접시 위에서 뜯는다. 테이블 위에 빵 부스러기가 떨어져도 손으로 줍거나 털어 낼 필요는 없다. 버터는 빵 접시에 올려놓고 버터 스프레더(butter spreader)로 발라 먹는다.

생선요리(fish)

서양 정식 코스에서 생선요리는 육류요리 앞에 나온다. 담백한 맛으로 먹는 생선, 조개류 등에는 씁쓸하고 뒷맛이 개운한 드라이한 백포도주가 어울린다. 생선요리는 머리가 왼편에 오게 서비스되며 왼쪽부터 적당히 잘라 먹는다. 이때 묽은 소스는 생선에 직접 뿌려 먹지만, 진한 소스는 접시에 덜어 찍어 먹는다.

위쪽의 살을 다 먹은 다음에는 생선을 뒤집지 말고, 그 상태에서 다시 나이프를 뼈와 아래쪽의 살 사이에 넣어 뼈를 발라낸 다음 아래쪽 살을 먹는다. 여기서 중요한 것은 생선을 뒤집지 않는다는 것이다. 발라낸 뼈는 접시 위쪽에 머리 · 꼬리 등과 함께 놓아 둔다. 가시를 먹은 경우에는 입속에서 발라내 왼손으로 입을 가린 후 포크로 가시를 빼거나 오른손으로 살짝 빼내어 접시 가장자리에 올려놓는다.

바닷가재(lobster)는 포크와 나이프로 껍질을 벗겨 내고 살을 먹는다. 새우요리는 상대에게 튀지 않게 한쪽 손으로 가리면서 레몬즙을 짜고 포크로 머리 부분을 고정하고, 나이프를 새우의 살과 껍질 사이에 넣어 살을 벗겨 내듯이 하여 꼬리 쪽으로 나이프를 옮겨서 살을 발라내어 먹는다.

고기요리(meats)

고기는 잘라 놓으면 고기즙이 흘러내리고 식어서 맛이 떨어진다. 나이프로 조금씩 왼쪽부터 잘라 먹는 것이 바른 매너이며 반드시 세로로 잘라서 먹는다.

양고기는 뼈 끝부분에 종이가 감겨 있으면 그것을 왼손으로 잡고, 오른손으로 살코기를 발라낸다. 닭고기는 은박지로 싼 부분을 잡고 먹어도 괜찮지만 편한 자리일 경우에 해당하며, 원칙적으로는 손으로 잡고 먹는 행동을 삼가야 한다. 스테이크는 굽는 정도에 따라 맛이 달라지므로 스테이크를 주문할 때에는 취향대로 웨이터에게 굽는 정도를 알려 준다.

스테이크의 굽는 정도

- 레어(rare): 표면만 살짝 구워 고기 중간은 붉은 날고기 그대로의 상태
- 미디엄 레어(medium rare): 중심부가 핑크인 부분과 붉은 부분이 섞여 있는 반쯤 덜 구운 상태
- 미디엄(medium): 중심부가 모두 핑크빛을 띠는 중간 정도의 구운 상태
- 웰던(welldone): 표면이 완전히 구워지고 중심부도 충분히 구워져 갈색을 띠는 상태
- 소스는 메인요리와 조화로운 맛을 내는 것이 중요하고, 메인요리의 1/3 정도 끼얹어 먹는다.

샐러드(salad)

샐러드는 육류요리와 함께 나오는 경우가 많은데, 이때에는 고기와 같이 먹거나 고기를 다 먹고 샐러드를 먹어도 된다. 포크로 먹는 것이 원칙이지만 샐러드 크기가 큰 것은 나이프를 사용하고 그릇(bowl)에 담겨 나오는 경우에는 나이프를 사용하지 않는다. 샐러드와 빵은 항상 테이블 왼쪽에 놓인다. 샐러드는 1인분씩 따로 제공되는 것이 일반적이지만 커다란 그릇에 담겨 제공될 때에는 오른손의 스푼으로 샐러드를 뜬 다음 왼손의 포크로 받쳐서 자기 접시에 옮겨 담으면 된다.

샐러드는 깨끗하고 신선한 재료로 차게 보관해야 하며 색상을 다채롭고 풍성하게 배합해야 한다. 먹기 어려운 콩은 포크의 등으로 부숴서 먹는다. 구운 통감자(baked potato)의 껍질은 먹어도 된다.

치즈(cheese)

치즈는 온도가 높은 곳에서는 곰팡이가 생겨 풍미가 떨어지므로 냉장 보관해야 한다. 정식 풀코스 요리에서 치즈는 샐러드와 디저트 사이에 제공된다. 여러 종류의 치즈를 먹는 경우에는 맛이 서로 섞이지 않도록 하나씩 먹고, 맛이 약한 것에서 강한 것 순으로 먹는다.

디저트(dessert)

디저트는 프랑스어 데세르비르(desservir)에서 나온 말로 '치우다', '정리하다'라는 의미이다. 디저트는 서양 요리에서 후식과 간식을 겸하며, 그 종류만큼이나 맛과 향이 다양하다. 메인 코스가 끝나고 나면 사용하던 식사 도구나 빵, 조미료, 포도주 병 등을 모두 치우고 나서 먹는다. 디저트는 식사의 마지막 코스로 이전의 요리와 섬세한 조화를 이루어야 하며, 달콤하면서도 부드러운 것을 위주로 구성된다.

과일이 나올 때에는 핑거볼에 한 손씩 교대로 손가락 끝만 씻고 먹는다. 과일류는 수분의 정도에 따라 스푼(멜론, 수박)이나 포크(사과, 감), 나이프를 사용한다(포도, 체리, 딸기는 손으로 먹고, 씨나 껍질은 입 가까이에 손을 대고 뱉는다).

과일이나 과자류의 디저트를 먹고 나면 식후 커피나 차가 제공된다. 커피 잔은 손가락을 방아쇠 당기듯 손잡이에 끼우지 말고 엄지와 검지로 가볍게 쥔다. 커피는 짧은 시간에 급히 마시기보다는 서로 이야기를 주고받으며 적당히 몇 번에 걸쳐 나누어

마시는 것이 좋다. 커피는 섭씨 70도 내외일 때가 가장 맛있다. 설탕이나 크림은 상석에 앉은 사람에게 먼저 권하며, 설탕이나 크림을 넣고 너무 많이 젓는 것도 보기에 흉하다. 상대방의 취향을 물어보지도 않고 커피에 크림이나 설탕을 타 주는 것은 예의에 어긋난다.

홍차의 티백(tea bag)은 왼손으로 실 끝을 잡고 오른손으로는 티스푼으로 들어 올려 짜낸 다음 잔의 뒤쪽에 가로로 놓는다. 커피를 찻잔 받침과 함께 들고 마시는 것은 바른 매너가 아니다(사용한 티스푼은 접시의 반대편 위에 놓는다).

(3) 기타 식사 매너

- 음식을 서비스하는 웨이터에게 예의를 갖추어 대한다.
- 음식의 양이 너무 많거나 또는 입에 맞지 않을 때 앞의 손님을 고려하지 않고 "치워 주세요."라고 이야기하지 않는다.
- 음식을 한입 가득 넣고 이야기하지 않는다.
- 포크나 나이프를 든 채로 말하지 않는다.
- 식사 중 자리를 떠나지 않도록 하고, 테이블에서 이쑤시개의 사용은 피해야 한다.
- 일단 먹은 음식은 절대 뱉지 않는다. 음식에 이상이 있을 때에는 조용히 종이 냅킨에 싸서 접시 구석에 놓아 둔다. 비위가 상해 식사를 계속할 수 없는 경우라면 웨이터를 불러 조용히 지적한다.
- 테이블 위의 접시는 이리저리 본인 마음대로 옮겨서는 안 된다.

- 소금, 후추를 미리 가미하지 않는다. 조미료가 필요한데 손이 닿지 않을 때에는 직접 팔을 뻗지 말고 옆 사람에게 부탁한다.
- 식사를 하고 나서 그 자리에서 화장을 고치지 않는다.
- 식사 중에 얼굴이나 머리, 코, 귀 같은 곳을 만지지 않는다. 빵을 손으로 뜯어 먹기 때문에 식사 도중 손이 지저분해지면 비위생적으로 여겨지기 때문이다.
- 식탁에서 다리를 꼬지 않도록 하고 식탁 위에 팔꿈치나 손을 올려놓지 않는다.
- 기침이나 재채기가 나오면 손수건으로 입과 코를 가린다.
- 콧물이나 땀, 여성의 립스틱은 손수건이나 종이 냅킨을 이용하여 닦는다.
- 식사 중에 가볍게 나눌 만한 화제로는 즐거운 식사 분위기를 돋우며 자연스럽게 공감할 수 있는 기후, 취미, 여행 등이 적당하다.
- 요리는 왼쪽에서, 음료는 오른쪽에서 서비스되므로 웨이터가 서비스하기 쉽게 몸을 피해 주고, 이때 대화도 잠시 중지한다.

2. 한식 테이블 매너

한식은 주식과 부식이 명확하게 구분되어 있으며 음식의 간을 중요하게 여긴다. 우리나라에서는 풍성하게 모두 상에 차려 놓고 식사를 한다. 그래서 상을 차리는 격식이 잘 발달되어 있고 상차림에서 음식을 놓는 장소도 정해져 있다. 궁중음식과 반가음식, 서민음식을 비롯하여 각 지역 고유의 향토음식 조리법이 발달했고 차림에 따른 음식의 종류가 다양하게 개발되어 있다.

2.1. 한식 상차림

반상은 밥을 주식으로 하고 반찬을 부식으로 하여 격식을 갖추어 차린 상차림이다. 반상은 반찬의 가짓수에 따라 3~12첩으로 나뉘는데, 첩이란 뚜껑을 덮은 반찬 그릇을 말한다. 상차림의 규모는 밥 · 국 · 김치 · 조치 · 종지(간장류)를 제외하고 반찬을 담은 쟁첩의 수로 나타낸다. 첩의 수가 많을수록 상차림이 풍성해지며, 12첩 반상은 임금의 수랏상 차림이다. 한식의 식사 매너는 평소의 생활습관, 가정교육 등을 드러내기 때문에 평소 좋은 식사 매너를 갖출 수 있도록 노력해야 한다.

2.2. 한식 상차림의 기본 매너

- 기본 음식인 밥그릇은 먹는 사람의 왼쪽에, 국그릇은 오른쪽에 놓는다.
- 숟가락은 국그릇 오른쪽에 놓고, 젓가락은 숟가락 오른쪽에 둔다.
- 국물 있는 음식은 먹는 사람 가까이에 놓고, 국물이 없는 음식은 멀리 둘 수 있다.
- 기본 조미료인 간장과 고추장은 식탁의 중앙이나 먹는 사람 가까이에 놓는다.
- 찬 음식을 먼저 차리고, 뜨겁게 먹는 음식은 식사 직전에 차린다.
- 여러 사람이 함께 식사를 할 때에는 물김치나 찌개 그릇에 여러 사람이 수저를 대지 않도록 덜어 먹는 그릇을 준비하거나 개인별로 조그만 그릇에 낸다.

2.3. 한식의 식사 매너

(1) 식사 전 매너

- 식사 전에 건네 주는 물수건으로는 손만 가볍게 닦고 식탁 옆에 놓아 둔다. 식사 시 복장은 단정해야 하며 자세를 바르게 한다.
- 웃어른과 식사를 할 때에는 웃어른이 수저를 든 다음에 들어야 하며, 식사를 할 때도 보조를 맞추는 것이 예의이다. 만약 아랫사람이 먼저 먹어야 할 때에는 "먼저 먹겠습니다." 또는 "먼저 먹습니다."라고 말한 다음 먹는다.

(2) 착석 매너

- 상 앞에서 10~15cm 떨어져 앉고, 좌식의 경우 방석을 밟지 않고 앉는다.
- 먼저 무릎으로 앉아 방석을 조정하고, 방석을 발로 밀거나 움직이면 안 된다. 손님에게 권할 때에도 조용히 앉아서 두 손으로 살며시 방석을 밀어 넣는다.

(3) 식사 중 매너

- 맛있는 음식만 골라 먹거나 뒤적거리면서 집었다 놓았다 하는 것, 양념을 털어 내는 것은 남에게 불쾌감을 줄 수 있다.
- 한꺼번에 많은 음식을 입에 넣어서 음식이 입 밖으로 튀어나오지 않도록 한다.
- 음식을 먹을 때 소리를 내거나 입안이 다른 사람에게 보이지 않도록 한다. 수저가 그릇에 부딪히는 소리나 국을 마실 때 후루룩 소리를 내는 것은 예의에 어긋난다.
- 음식을 먹을 때에는 몸을 단정히 하고 앉아서 음식을 입에까지 가져가 먹는 것이 바른 자세이다.
- 숟가락과 젓가락을 동시에 한 손에 들거나 그릇에 걸치거나 얹어 놓지 말고, 젓가락을 사용할 때에는 숟가락을 상 위에 놓는다.
- 식사 중일 때에는 가급적 대화를 나누지 않는 것이 매너이지만 비즈니스의 연장일 경우에는 결례가 되지 않는다. 말을 할 때에는 입안에 있는 음식을 삼키고 수저를 내려놓고 해야 한다.

(4) 식사 후 매너

- 식사를 끝냈다고 하더라도 웃어른이 식사 중일 때에는 일어나서는 안 된다.
- 식사를 마친 후에는 "잘 먹었습니다."라고 인사하고 수저를 처음 위치에 가지런히 놓고 사용한 냅킨은 대강 접어서 상 위에 놓는다.

3. 일식 테이블 매너

일식은 눈으로 먹는다고 할 정도로 색깔의 조화를 중요시하며 조미료를 거의 사용하지 않아 재료의 맛을 그대로 느낄 수 있다. 뿐만 아니라 계절감을 무시한 메뉴는 일식 요리라고 할 수 없을 만큼 계절 감각을 중요시한다. 일식은 음식을 담는 모양, 그릇의 모양까지 보기 좋게 신경을 많이 쓴다. 이와 같이 일본 요리는 맛뿐만 아니라 색깔과 모양도 고려하는 특징이 있다.

3.1. 일식 상차림

일식 상차림은 개별상을 기본으로 하며 우리나라와 마찬가지로 밥, 국, 반찬으로 나누어진다. 일본 음식은 상다리가 낮은 상이나 소반에 차려 낸다. 일본의 요리에는 관혼

상제 등 의식 때에 차리는 정식 차림인 혼젠요리(本膳料理), 다도에서 유래한 차를 더욱 맛있게 마시기 위한 가벼운 식사인 가이세키요리, 사찰에서 발달한 채식 요리인 쇼징요리(精進料理)가 있다.

3.2. 일식 상차림의 기본 매너

- 일본 요리는 1인분씩 젠이라고 하는 굽이 낮은 상에 차려 낸다.
- 밥은 왼쪽, 국은 오른쪽에 놓으며, 숟가락은 사용하지 않고 젓가락(하시)만으로 식사를 한다.
- 일본은 거의 모든 요리가 쌀밥과 일본 술에 어울리도록 만들어지고, 재료 본연의 맛을 살려 조리하기 때문에 향신료를 강하게 쓰지 않는다. 식기는 기본적으로 한 사람씩 따로 쓰고, 젓가락은 몸과 수평이 되도록 가로로 놓는 것이 원칙이어서 세로로 놓는 우리나라나 중국과는 다르다.

3.3. 일식의 식사 매너

- 먹기 시작할 때에는 "잘 먹겠습니다.", 먹고 난 다음에는 "잘 먹었습니다."라고 인사를 한다.
- 바른 자세로 앉아서 먹는다. 상이 낮아도 허리를 굽히고 먹지 않는다.
- 일식은 숟가락이 없이 젓가락으로만 음식을 먹는다. 밥그릇과 국그릇은 모두 들고 먹는 것이 기본이며, 밥그릇을 놓고 먹으면 실례이다. 밥이 모자랄 때에는 밥을 더 달라는 표시로 밥그릇에 한 숟가락 정도의 밥을 남겨 둔다.
- 일본 음식 중 튀김요리는 끝 또는 위에서 잡고 먹는다. 무즙을 텐쓰유(튀김 간장)에 넣어서 가볍게 섞고 그 그릇을 손에 들고 찍어 먹는다. 먹다 만 음식은 다른 사람에게 보이는 곳에 두지 않도록 한다. 생선회는 위에 와사비를 얹어 향을 즐기며 먹는다.
- 일본 음식의 상차림은 조금씩 담아 나오고 가짓수가 많지 않다.
- 상을 받고 젓가락으로 이것저것 눌러 보는 것은 실례이다.
- '시루'라는 국을 마실 때에는 소리가 나도 상관없다. 국은 그릇을 두 손으로 들어 젓가락으로 건더기를 건져 먹은 다음 국물을 마신다. 건더기가 남아 있을 때에는

젓가락으로 건더기를 누르고 마신다. 국에 밥을 말아 먹으면 안 된다.

- 멀리 있는 그릇을 젓가락으로 끌어당기거나, 젓가락 대 젓가락으로 음식물을 주고 받거나, 공동의 음식을 자신의 젓가락으로 집어 먹는 것은 절대 금물이다.
- 초밥은 물수건으로 손을 닦고 난 다음 손으로 집어 먹거나 젓가락으로 집어 먹는다.
- 식사가 끝나면 젓가락의 끝을 차에 씻어 제자리에 놓는다.
- 차를 마실 때에는 찻잔을 두 손으로 들어 왼손 바닥에 받치고 오른손으로 찻잔을 감싸 쥐고 소리가 나지 않도록 마신 뒤 찻잔의 뚜껑을 덮는다.
- 일식에서 과일은 미즈가시라고 하는데, 손으로 먹는 밀감과 포도를 제외한 과일은 포크로 먹을 수 있도록 손질해서 나오는 점이 서양식 상차림과 다르다.
- 생선을 먹는 때에는 생선의 윗면 살을 머리 쪽에서부터 꼬리 쪽을 향해 먹는다. 윗면 살을 먹은 다음에 젓가락으로 머리를 잡고 꼬리를 들면서 가시를 살에서 떼어 내고, 생선토막의 경우에는 왼쪽에서부터 젓가락으로 먹는다. 또 입안에 든 생선의 가시는 왼손으로 입가를 가리고 젓가락으로 집어 낸다. 집어 낸 가시는 그릇의 끝에 깨끗이 정리해 놓고, 젓가락만으로 빼내기가 어려운 경우에는 손을 사용해도 결코 예의에 어긋나지 않는다.

금기시되는 젓가락 매너

일식을 먹을 때 젓가락으로 다음과 같은 행동을 하는 것은 금지되어 있다.

- 니기리바시(握り箸): 젓가락을 쥔 채로 밥공기를 잡거나 옮기는 행동
- 요세바시(寄せ箸): 젓가락으로 식탁 위에 놓인 그릇을 옮기는 행동. 그릇은 반드시 손으로 옮긴다.
- 사시바시(刺し箸): 음식을 젓가락으로 찔러서 먹는 행동
- 와타시바시(渡し箸): 식사 도중 밥그릇 위에 젓가락을 가로질러 올려놓는 행동. 젓가락은 젓가락 받침 위에 놓는다.
- 마와시바시(回し箸): 젓가락으로 밥그릇을 마구 휘젓는 행동
- 나미다바시(涙箸): 국물이 있는 음식이나 간장 등을 질질 흘리면서 젓가락으로 집는 행동
- 사구리바시(さぐり箸): 그릇에 가득 담긴 음식을 젓가락으로 파헤쳐 자신이 먹고 싶은 음식을 찾는 행동
- 모기바시(もぎ箸): 젓가락에 붙은 음식을 입으로 떼어 내는 행동
- 네부리바시(ねぶり箸): 먹고 있는 것도 아닌데 젓가락을 입에 물고 핥는 행동
- 마요이바시(迷い箸): 어느 음식을 먹을지 고민하면서 젓가락을 든 채 음식을 이것저것 살펴보는 행동

4. 중식 테이블 매너

중국인들은 다양한 요리를 만들어 손님 접대를 즐기는데, 일반적으로 회전되는 원탁에서 한 가지 요리를 한 접시에 모두 담고 판을 돌려 가며 나누어 먹는다. 중국에서의 식사 초대는 최고의 호의이므로 받아들이는 것이 예의이며, 반드시 주인에게 감사 표시를 해야 한다.

4.1. 중식 상차림

중국 음식은 양쯔강을 경계로 크게 북방과 남방 요리로, 또는 세분하여 동 · 서 · 남 · 북부 요리로 나눌 수 있다. 베이징 요리는 북방 음식을 대표하며, 중부의 난징 요리, 남부의 광둥(廣東) 요리, 양쯔강 상류의 산악지방과 쓰촨(四川)을 중심으로 하는 쓰촨 요리가 유명하다. 넓은 영토와 많은 인구만큼이나 식재료가 풍부하고 요리법도 다양하여 특색 있는 요리가 많이 발달했다.

우선 베이징 요리는 육류를 중심으로 한 튀김요리와 볶음요리, 난징 요리는 풍부한 해산물과 쌀을 이용한 요리, 광둥 요리는 재료 본연의 맛을 잘 살려 내는 담백한 요리, 그리고 쓰촨 요리는 향신료를 많이 쓴 매운 요리가 발달했다. 중국의 식문화에서 발달한 차(茶)는 이물질이 많아서 물이 맑고 깨끗하지 못해 물을 끓여 먹은 데에서 유래한

것이라고 한다. 중국 음식은 미각을 중요하게 여기며, 처음부터 음식을 모두 제공하는 것이 아니라 순서대로 한 가지씩 제공한다.

4.2. 중식 상차림의 기본 매너

- 식탁의 중앙을 중심으로 개인별로 사기 숟가락과 상아 젓가락, 받침 접시, 찻잔, 냅킨 등을 준비해 놓는다. 유리잔은 받침 접시의 오른편 바깥쪽에 놓고 각각의 요리에 사용되는 그릇은 식사 전에 새롭게 준비해 받침 접시 위에 얹어 놓는다.
- 간장, 식초, 고추기름의 조미료는 식탁 위에 놓는다.
- 식사 도중 음식 접시는 필요에 따라 바꾸어 주며, 계속해서 뜨거운 차를 서비스한다.

4.3. 중식의 식사 매너

- 주인이 앉은 다음 자리에 앉고 주인이 식사를 시작하면 먹는 것이 예의이다.
- 냅킨을 펴고 앉는다. 뜨거운 물수건이 함께 제공되기도 하는데 물수건으로는 손만 닦는다.
- 정을 나눈다는 뜻으로 공동의 젓가락을 사용하지 않고, 자기가 사용하던 젓가락으로 음식을 덜어 주므로 이때 다른 사람에게 불쾌감을 주지 않도록 각별히 신경 써야 한다.
- 요리는 회전식 식탁에 놓인 것을 주인이 먼저 덜고 회전대를 시계 방향으로 돌린다. 돌아온 요리가 자기 앞에 오면 사양하지 말고 덜어 낸다. 소스는 앞접시에 그대로 덜어 놓으면 요리와 섞일 수 있으므로 별도의 소스용 접시(sauce plate)를 만들어 조금씩 요리를 찍어 먹는다.

- 식탁에 요리가 남아 있을 동안에는 몇 번을 떠 내도 무방하며, 뼈가 붙어 있는 닭고기 요리는 손에 들고 먹어도 괜찮다. 뼈는 마련된 그릇에 담는다.
- 큰 접시에 있는 요리는 자기 젓가락으로 집는다. 공동의 젓가락 또는 새 젓

가락을 사용하는 것은 중국 요리의 경우 금지 사항이다. 또한 젓가락은 접시에 걸쳐 놓지 말고 식탁에 놓아 둔다.

- 음식이 들어올 때 젓가락을 들고 있는 것은 금물이다. 젓가락 사용법은 한식과 같고 식사 중에는 접시 끝에 걸쳐 놓고 식사가 끝나면 젓가락 받침에 내려 놓는다. 음식이 맛있다고 그릇을 깨끗하게 비우기보다는 음식을 조금 남기는 것이 '배불리 잘 먹었다'는 표시이자 주인에 대한 예의이다.
- 식사가 끝날 무렵에는 밥과 채에 손을 대지 않아도 실례가 아니다. 음식을 먹는 중간에 차를 마셔서 입안에 남아 있는 음식의 잔맛과 향을 제거한다.
- 음식을 권할 때 젓가락에 무엇인가 묻었다면 식탁 위에 있는 물에 씻어도 된다.
- 차는 잔을 가득 채우면 업신여기는 의미가 되므로 잔의 반만 채우는 것이 바른 매너이다.
- 중국인들에게 생선은 배[船]를 의미하여 식사 중에 생선을 뒤집으면 배가 뒤집히는 것과 같은 불길함을 의미하기 때문에 주의한다.

뷔페 매너

- 일정한 격식을 차리지 않고 간편하게 손님을 접대할 수 있는 뷔페는 초청을 하는 사람이나 받는 사람이 모두 간편하고 편리하다는 특징이 있다.
- 일반적으로 코스 요리처럼 전채, 수프, 생선, 육류, 디저트 순서로 먹는다.
- 한 접시에 모든 코스의 요리를 담지 말고 에피타이저, 메인요리, 디저트를 코스별로 3~4회 걸쳐 나누어 가져와서 먹는다.
- 요리를 먹을 때에는 위치를 바꿔 가면서 여러 사람과 대화를 나누고, 지정 좌석의 경우에는 마음대로 바꿔 앉지 않는다.
- 뷔페와 칵테일파티는 기본적으로 형식에 얽매이지 않는 자유로운 형태의 모임이다. 뷔페에서는 식사를 위주로 한 요리가 나오기 때문에 포크나 스푼, 나이프를 사용하지만 칵테일파티에서는 음료와 안주로 구성되므로 손으로 음식을 먹는다.

글로벌 파티 매너

파티 호스트는 초대할 사람들을 세심하게 선정하고 그들 각자의 취향을 꼼꼼히 살펴 서로 허물없이 어울릴 수 있는 분위기를 조성한다. 가장 먼저 해야 하는 일은 초대장을 보내는 것이다. 초대장을 보낸 후 전화로 참석 여부를 확인하는 것이 좋으며, 최소한 일주일 전에는 초대장을 보내는 것이 초대받는 사람에 대한 예의이다. 이때 파티의 시작 시간과 끝나는 시간을 정확히 알려 주는 것이 좋다. 참석자는 여자보다 남자가 많은 것이 좋으며, 서로 불편해 할 사람이 없는지도 고려해야 한다. 초대를 받은 사람은 참석 여부를 미리 알리는 것이 예의이며, 초대를 받았을 때에는 감사 카드를 보내는 것이 좋다. 미국인은 선물은 잊어도 감사 카드는 잊지 않고 보낸다고 한다.

특히 파티를 주최한 이에게 알리지 않고 낯선 사람을 동반하는 것은 실례이다. 함께 가는 사람을 초대받지 않은 손님으로 만드는 격이니 주최자에게 사전에 알리고 동의를 구하는 것이 서로에게 좋다. 이때 동반자는 2명을 넘지 않도록 하고 초대에 응하지 못할 경우에는 꽃을 보내 미안한 마음을 전하는 것도 좋다. 초대장에 적힌 드레스 코드를 확인하고 그에 맞는 옷차림을 준비하는 것도 기본 매너이다.

파티는 인맥 형성의 장이므로 적극적으로 나를 알리는 것이 좋지만 그렇다고 명함 뭉치를 들고 다니면서 나누어 주는 행동은 속이 빤히 보여 눈살을 찌푸리게 한다. 아울러 무리 지어 우르르 몰려다니거나 삼삼오오 둘러앉아 큰 소리로 웃고 떠드는 것은 파티 분위기를 흐리는 행동이다. 그리고 초대해 준 상대방을 자신의 파티에 초대하는 것이 예의이다. 파티에는 가족 모임이 아니라면 어린이는 데리고 가지 말아야 한다. 자기 집으로 초대하는 경우에도 어른들만의 파티에는 어린이를 참석시키지 않는 것이 보통이다. 돌아갈 때에는 호스트에게 "파티 정말 즐거웠어요."라는 인사말을 잊어서는 안 된다.

그 밖에 지켜야 할 매너는 다음과 같다.

- 참석 여부는 꼭 알려 준다.
- 빈손으로 가지 않는다.
- 혼자서 떠들지 않는다.
- 정리정돈을 돕는다.
- 15분 이상 늦지 않는다.
- 음식이나 인테리어 등을 칭찬한다.
- 게임에는 싫어도 동참한다.
- 적당한 시간에 일어선다.

5. 식음료 서비스 매너

- 서비스 순서는 주문을 받을 때와 동일하게 시계 방향으로 숙녀, 고령자, 상위 직급자, 호스티스(hostess), 호스트(host)의 순서로 진행한다.
- 서비스 시 주문한 요리의 준비 시간, 운반에 걸리는 시간을 확인하고 뜨거운 것은 뜨겁게, 차가운 것은 차갑게 배려하여 맛있는 요리를 즐길 수 있도록 신속하게 서비스한다.
- 요리의 서비스 전에 손님의 주문사항에 맞게 테이블을 세팅하고, 서비스 시에는 양발의 간격을 25~30cm 정도 벌리고 무릎을 구부려 높낮이를 조절한다.
- 서비스 시 요리는 손님의 좌측에서, 음료는 우측에서 제공하고, 빵과 요리에 따른 소스나 샐러드 드레싱은 손님의 좌측에서 손님에게 보여 주고(showing) 서비스한다.
- "주문하신 ○○요리 올려 드리겠습니다, 맛있게 드십시오."라고 정중히 말하고 서비스한다. 다 드신 식기를 치울 때에는 절대로 손님의 머리 위를 스쳐 지나가지 않도록 한다.
- 접시를 쥘 때에는 엄지손가락이 접시의 안쪽으로 들어가지 않도록 주의하고 무늬나 식당 마크가 있는 식기는 로고가 손님의 정면에 오도록 한다. 접시를 놓을 때에는 테이블 끝에서 약 2cm 안쪽으로 오도록 살며시 놓는다.
- 손님 앞에서 직접 조리하는 경우에는 손님의 취향을 물어보고 기호에 맞게 조리한다.
- 손님의 취식이 끝난 식기는 완전히 손을 편 후 식기를 가리키며 "맛있게 드셨습니까?", "치워 드려도 되겠습니까?"라고 물어본 후 소리가 나지 않게 조용히 치운다.

주요 용어

- 식사 매너
- 식음료 서비스 매너
- 일식 테이블
- 일품요리(à la carte)
- 정식 만찬(table d' hôte)
- 중식 테이블 매너
- 테이블 매너 커뮤니케이션
- 테이블 세팅
- 한식 테이블 매너

CHAPTER 10

음주 매너

술은 잘 마시면 약이 되고 잘 못 마시면 독이 된다는 말처럼 친구를 사귀는 데 도움이 되기도 하지만 친구를 잃게도 만든다. 지나치게 많이 마시거나 마시는 방법을 몰라 함께 술을 마시는 사람에게 불쾌감을 주지 않아야 한다. 최근 우리나라에도 와인을 마시는 것이 일반화되면서 음주 문화에도 약간 변화가 있었다. 이 장에서는 국제화 시대에 알아야 할 각국의 술과, 와인의 음주 매너에 대해 살펴본다.

1. 자리 매너

술은 일반적으로 기쁜 일이 있을 때 기분을 돋우거나 힘든 일이 있을 때 위로를 받기 위해서 마시는 경우가 많다. 전통사회에서부터 현대에 이르기까지 술의 용도는 참으로 다양하며 우리 생활과 매우 밀접한 관계가 있다. 우리나라의 음주 매너는 전통적으로 심신이 흐트러지지 않으며 어른께 공경의 예를 갖추고 남에게 실례를 하지 않는 것이다. 전통 음주 매너에서 특히 중요한 것은 웃어른에 대한 공경임을 기억한다.

회식 술자리 7계명

- 회사를 비판하지 않는다.
- 중상모략을 하지 않는다. 남을 깎아내리는 말은 도리어 자신의 신용도를 떨어뜨린다.
- 사내 애정문제나 인사문제 등에 대해 언급하지 않는다. 자신도 구설수에 휘말릴 수 있다.
- 술 마시는 속도를 상사에게 맞춘다. 상사보다 먼저 취하지 않는다.
- 평상시의 술버릇을 드러내지 않도록 주의한다.
- 직장에서의 술자리는 업무의 연장이므로 가급적 참석하도록 한다.
- 회식 다음 날은 정시에 출근한다.

1.1. 자리 배석

술자리에도 상석은 있다. 술자리에서의 상석은 대개가 방 가운데 아랫목이나 경치를 바라보기 좋은 곳이다. 웃어른이 상석에 앉을 수 있도록 배려한다.

1.2. 잔 권하기

- 술잔을 줄 때나 받을 때 오른손을 이용한다. 왼손으로 주거나 받는 것은 상대에게 감정이 있거나 권하기 싫은데 어쩔 수 없이 하는 것으로 받아들여진다.
- 윗사람에게 술잔을 건넬 때에는 상대방이 술잔을 받기 좋게 오른손으로 술잔을 잡고 왼손 끝으로 잔의 밑이나 오른손을 살짝 받쳐 공손하게 드린다.
- 아랫사람에게 술잔을 건넬 때에는 한 손으로 주어도 무방하나, 상대방에게 술잔을 직접 주지 않고 상 위에 술잔을 놓고 따라 주는 것은 매너가 아니다.
- 술을 따를 때 온돌방인 경우에는 두 무릎을 꿇거나 왼쪽 무릎은 꿇고 오른쪽 무릎을 세운 자세로, 테이블 의자인 경우에는 일어선 자세로 술을 따른다.
- 술병으로 술을 따를 때에는 오른손으로 병목을 쥐고 왼손 손바닥이나 검지로 오른쪽 손목을 가볍게 받쳐 들고 따르면 된다. 주전자일 경우에는 오른손으로 주전자를 들고 왼손으로 주전자의 뚜껑을 가볍게 누른 상태에서 술을 따른다.
- 술은 잔의 90% 정도로 적당히 따라야 한다.

여기서 잠깐! **주도(酒道)**

두 손으로 술을 따를 경우 대부분 손을 어디에 둬야 할지 몰라 천차만별인데, 왼손의 위치가 자세를 좌우하는 것으로 복식에 따라 다르다고 한다. 도포처럼 소맷자락이 긴 한복을 입었을 때에는 왼손으로 겨드랑이를 끌어 올리듯이 해야 하고 양복을 입었을 때에는 술병을 받치는 것이 바른 자세이다. 그리고 서로 평교(平交)할 수 있는 5세 안팎의 연령이더라도 경어를 쓸 경우에는 반드시 두 손으로 따르고 받아야 한다.

1.3. 잔 받기

- 첫 잔은 사양하지 않는다. 술은 잘 마시지 못한다고 해도 술자리에 참석한 이상 첫

잔은 받는 것이 예의이다.

- 윗사람이 주는 술잔은 두 손으로 공손히 받는데 너무 황송해하는 행동은 보기 좋지 않으므로 자연스럽게 예를 갖추어 받고 "고맙습니다."라고 말한다.
- 술잔 돌리기는 삼가야 한다.

1.4. 마시는 법

술을 마시는 적당한 양에 대해서는 "일불(一不), 삼소(三少), 오의(五宜), 칠과(七過)"라 하여, 한 잔 술로 끝나는 법이 없고 세 잔 가지고는 부족하며 다섯 잔이라야 알맞되 다만 일곱 잔이면 과음이 되니 먹지 말라고 하였다. 어른이 잔을 들기 전에 먼저 마셔서는 안 되고, 어른이 주는 술은 사양하지 않는다. 어른이 술잔을 주면 두 손으로 공손히 받고, 어른 앞에서 함부로 술 마시는 것을 삼가는 의미로 고개를 약간 옆으로 돌리고 자연스럽게 마신다. 건배를 할 때에는 윗사람보다 잔을 더 높이 들지 않도록 주의한다.

좋은 음주 습관 10계명

- 자신의 주량을 지키며 동료에게 억지로 권하지 않는다.
- 알코올 도수가 낮은 술을 마시며 폭탄주는 절대 금한다.
- 빈속에 술을 마시지 않는다.
- 술을 되도록 천천히 마신다.
- 술잔을 돌리지 않는다.
- 원치 않을 때에는 마시지 않겠다는 의사를 확실히 표현한다.
- 매일 계속해서 술을 마시지 않는다.
- 조금이라도 음주를 한 후에는 자동차를 운전하지 않는다.
- 술자리는 가급적 일차에서 끝낸다.
- 약을 복용하는 경우에는 술을 마시지 않는다.

2. 세계의 음주 문화

동서양을 막론하고 술은 초기에 약으로 통했다. 중국『예기』에 "술은 노인을 봉양하는 것이요, 병을 낫게 한다."고 적혀 있으며,『한서』에도 "술은 모든 약 중에서 으뜸이요 즐거운 모임에 꼭 있어야 할 음식"이라고 예찬했다. 술을 적절하게 마시면 몸에 좋고 인간관계의 개선에 도움이 되지만 도를 지나치면 오히려 독이 된다. 각 나라마다 즐기는 술과 주법은 다르지만 국제적인 음주 매너를 익힘으로써 즐거운 분위기를 형성하고 비즈니스에서 성공을 도모할 수 있다.

2.1. 건배 매너

건배란 술잔을 여럿이 같이 들고 서로의 건강이나 발전, 행복 등을 빌면서 다 함께 외치는 말이다. '건배(乾杯)'라는 단어는 잔(杯)을 깨끗이 비우는(乾) 중국의 풍습에서 유래한 말이고, 서양에서의 건배는 같은 병에 담긴 술을 나눠 마심으로써 독(毒)이 없음을 알리고자 한 의도에서 비롯된 풍속이다. 한국과 일본에서는 건배를 식사 전에 하는 것이 관례이나 서양에서는 식후주를 마실 때 한다.

공식 만찬에서는 건배를 위한 술로 샴페인을 사용하며, 술을 마시지 못하는 사람이라도 소량이나마 잔을 채워 건배에 응하는 것이 예의이다. 호스트가 일어나 그 자리에서 가장 높은 사람이나 연장자에게 건배를 제의하면 제의를 받은 사람은 일어나 짧은

건배사와 함께 건배를 외친다. 건배할 때 잔의 높이는 눈높이 정도가 알맞고, 잔을 부딪칠 때에는 좌우의 가까운 사람과 가깝게 갖다 대고 먼 사람에게는 눈으로 의사를 표시한다. 서양에서는 건배했을 때 잔에 있는 술을 약간 마시는 것이 일반적이지만, 동양에서는 잔을 비우는 것이 예의이다.

세계의 건배 용어

- 일본: 乾杯(간빠이)
- 중국: 干杯(간뻬이)
- 미국: cheers(치어스), bottoms up(보텀스 업)
- 프랑스: A vorte sante(아보르트 상테)
- 이탈리아: salute(살루테)
- 독일: prosit(프로지트)

2.2. 각국의 음주 문화

(1) 한국의 음주 문화

술은 어른 앞에서 배워야 올바른 습관과 주도를 배울 수 있다고 생각하여 성년의식인 관례에서 술 마시는 예절을 가르쳤다. 어른 앞에서 술을 마실 때에는 머리를 옆으로 반쯤 돌려 마시는 것이 예의이며, 술은 무리하게 권하지 않는다.

(2) 중국의 음주 문화

중국에서는 중요한 비즈니스 기회를 연회라는 방식을 통해 만들어 낸다. 개인적인 교제가 쉽게 이루어지지 않기 때문에 연회에서 술을 마시며 관계를 돈독히 할 수 있다. 연회에서는 아무리 독한 술을 마셨다고 해도 흐트러진 모습을 보여서는 안 된다. 술이 약해서 그렇다고 받아들이는 우리나라와 달리 무례하다고 생각한다.

술은 잔 가득히 따르는 것이 존경의 뜻을 나타내며, 중국인은 가득 채우는 것(滿)을 좋아하기 때문에 잔이 비기 전에 계속 첨잔하는 것을 좋아한다. 술만 마시는 주점이 없어 식사가 끝나면 음주도 끝난다. 중국 정부에서는 백주(증류주) 5가지, 황주(양조주) 2가지, 약미주(혼성주) 1가지를 8대 명주라 하여 붉은색 띠나 리본으로 표시한다.

(3) 일본의 음주 문화

상대방이 다 비울 때까지 기다리지 말고 술잔의 술이 줄면 첨잔을 한다. 술을 따를 때에는 상대방의 오른쪽에서 가볍게 밑을 받치듯이 하여 잔의 80% 정도 술을 채운다. 첨잔은 한국에서는 금기이지만, 일본에서는 오히려 미덕으로 여긴다. 술을 못하면 양해를 구하거나 잔을 엎어 놓는다.

술잔의 술이 3분의 1 이하로 줄었는데도 주인이 권하지 않으면 자리를 마무리하자는 의사 표시로 이해하기 때문에, 초대한 경우 손님에게 수시로 권해야 한다. 술을 받을 때나 따를 때 한 손으로 하는 것은 실례가 되지 않는다.

(4) 독일의 음주 문화

남쪽의 독일인은 낭만적이나 북쪽의 독일인은 매우 보수적이다. 독일인은 맥주를 물과 같이 여기고, 술을 마시고 싶으면 맥주와 스프리츠(spirits)류를 같이 마셔서 취기를 부른다.

(5) 미국과 영국의 음주 문화

미국인은 양주에 얼음을 많이 넣어 마시나 영국인은 술의 농도가 낮아지는 것을 싫어해 적게 넣는다. 미국인이 미국산 버번을 즐겨 마신다면 영국인은 영국산 스카치 위스키를 즐겨 마시고, 미국인이 톡 쏘는 맛의 찬 맥주를 좋아한다면 영국인은 쓴맛의 맥주를 실온으로 마시는 것을 즐긴다.

3. 주류의 분류

3.1. 제조법에 따른 분류

우리가 흔히 술이라고 부르는 알코올성 음료는 여러 가지로 분류할 수 있다. 제조법에 따라서는 크게 효모를 발효시켜 만든 양조주와 양조주를 증류하여 만든 증류주, 그리고 증류주에 향료, 과즙, 당분 등을 혼합하여 만든 혼성주인 리큐르(liqueur)로 나눌 수 있다.

(1) 양조주(fermented liquor)

과일류 등 당분이 함유된 원료를 효모(yeast)로 발효시켜 만드는 포도주, 곡류와 전분을 당화시켜 다시 발효과정을 거치는 맥주와 청주, 탁주, 과실주 등이 있다.

(2) 증류주(distilled liquor)

과실 · 곡물 등을 포함한 원료를 발효시켜 주정분을 만들고, 그것을 다시 끓여서 증기

표 1 양주의 종류

양조주	와인	색깔별 분류	레드 와인, 화이트 와인, 로제 와인, 옐로 와인
		제법상 분류	스틸 와인, 스파클링 와인(샴페인), 포티파이드 와인
	맥주		드라이 맥주, 라이트 맥주, 병맥주, 생맥주
증류주	위스키	산지별 분류	스카치 위스키(스코틀랜드), 버번테네시 위스키(미국), 아이리시 위스키(아일랜드), 캐나디안 위스키(캐나다)
		제법상 분류	몰트 위스키, 그레인 위스키, 블렌디드 위스키
	럼		리이트 럼(흰색), 헤비 럼(진한 갈색)
	보드카		러시아산, 핀란드산, 폴란드산, 스웨덴산, 미국산
	테킬라		화이트 테킬라, 브라운 테킬라
	진		홀랜드 진(네덜란드), 런던 드라이 진(영국)
	브랜디	포도	코냑, 아르마냑
		사과	아르마냑
혼성주	리큐어		베네딕틴, 샤르트뢰즈, 쿠앵트로, 드람부이, 퀴멜

로 만든 후 냉각시켜 액화시킨 강한 알코올이 함유된 술이다. 위스키(whisky), 진(gin), 보드카(vodka), 럼(rum), 브랜디(brandy) 등이 있다.

(3) 혼성주(liqueur)

양조주 또는 증류주에 식물의 꽃, 잎, 뿌리, 과일 등을 담가 식물의 향기, 맛, 색깔을 침출시킨 후 향료, 과즙, 당류나 색소를 첨가하여 만든 술이다.

3.2. 식사와의 조화에 따른 분류

술을 마시는 데는 한 종류의 술만 마시는 경우와 식사에 따라 술의 종류를 바꾸어 가며 마시는 경우가 있다. 특히 서양식에서는 식사 전, 식사 중, 식사 후에 알맞은 술의 종류를 조화롭게 마시는 것을 중시한다.

(1) 식전주(aperitif)

소량의 알코올을 마시면 위산 분비가 활발해져 식욕이 좋아지는데 특히 신맛과 쓴맛이 더욱 효과적이다. 각종 칵테일(남성: 마티니, 여성: 맨해튼), 버무스(vermouth), 샴페인(champagne), 셰리(sherry) 등이 식전주로 애용된다.

(2) 식중주

식사 중에 마시는 술인 식중주는 혀나 위에 강한 자극을 주어 음식 본래의 맛을 변형시켜서는 안 되므로 알코올 농도가 낮고 순한 것이 좋다. 와인과 맥주 등 알코올 농도가 낮은 술이 권장되며 음식과도 조화를 이룰 수 있는 것이어야 한다.

(3) 식후주(digestif)

식후 소화를 돕는 역할을 하는 술로 대부분 알코올 농도가 짙고 감미로운 것이 특징이며 소량을 마신다. 리큐르(liqueur)나 브랜디(brandy)를 마신다.

4. 음주 상식

4.1. 브랜디(brandy)

(1) 브랜디란?

네덜란드의 'brande wikin burnt wine(불에 태운 술)'이 어원으로 와인을 증류한 술이다. 일반적으로 양조주인 와인을 증류시킨 것으로 포도를 주원료로 사용하지만 오늘날에는 과일을 원료로 한 증류주를 통칭하여 브랜디라고 한다. 포도 이외의 다른 과일을 원료로 할 경우에는 애플 브랜디(apple brandy), 체리 브랜디(cherry brandy), 애프리콧 브랜디(apricot brandy)와 같이 브랜디 앞에 그 과일의 이름을 붙인다. 브랜디를 코냑과 많이 혼용하여 부르는데, 코냑은 브랜디의 대표적인 산지명이다.

브랜디의 대표적인 산지로 프랑스 코냐크 지방과 아르마냐크 지방이 유명하고, 12~15년은 V.O.(Very Old), 20~25년의 V.S.O.P.(Very Superior Old Pale), 35~50년의 X.O.(Extra Old), 50~70년의 최상급(Extra Napoleon) 등으로 저장기간을 나타내는 기호가 상표에 명시되어 있으며 저장기간이 길수록 상품이다.

(2) 브랜디의 특징과 즐기는 방법

- 오랜 숙성 후에 병입된 것으로 그대로 맛을 즐기는 것이 좋다.
- 식후주로 많이 마신다.

- 큰 브랜디 잔에 소량의 브랜드를 따라 음미하며 마신다(1온스에서 2온스 정도).
- 브랜디의 잔은 향기를 보존하기 위하여 윗부분이 좁고 아랫부분이 넓은 튤립형이며, 와인 잔과 달리 다리가 짧다. 따라서 손가락을 잔의 다리에 끼워 감싸고, 손의 체온으로 술을 데워 가면서 때로는 흔들어 가며 향과 색을 음미하며 마신다.

4.2. 위스키(whisky)

위스키는 '생명의 물'이란 뜻의 고대어 'ushy'가 변형된 'usque-baugh'에서 유래하였다. 위스키를 정의하는 것은 어렵지만 옥수수, 밀, 보리 등의 곡류를 발효시켜 증류하고 오크통 속에서 숙성과정을 거친 술을 의미한다. 생산지에 따라 원료와 만드는 방법, 풍미에 차이가 있다.

(1) 위스키의 분류

위스키는 생산지에 따라 스카치 위스키(Scotch whisky), 아이리시 위스키(Irish whisky), 아메리칸 위스키(American whisky), 캐나다안 위스키(Canadian whisky)로 분류할 수 있으며, 이를 세계 4대 위스키라고 한다.

(2) 위스키를 마시는 방법

식전, 식후 아무 때나 마실 수 있다. 최근 미국에서는 여성이나 젊은 소비자층을 대상

Dmitry Melnikov / Shutterstock.com

으로 하여 마시기 쉬운 위스키를 만들게 되었다. 좋은 위스키는 스트레이트로 입에 품어 부드럽고 풍부한 맛, 혀끝에 와 닿는 섬세한 맛과 코끝에 와 닿는 방향을 즐기는 것이 제일이라고 한다. 그렇게 하려면 냉수와 함께 마시는 것이 좋고, 물로 희석하든지 얼음 조각 위에 부어 온더록(on the rocks)으로 마셔도 좋다.

4.3. 맥주(beer)

맥주는 '마신다'는 뜻의 라틴어 비베레(bibere)와 게르만 민족의 곡물이라는 뜻의 베오레(bior)에서 유래하였다. 맥주는 보리 · 홉 · 효모 · 물을 주원료로 사용하며, 쌀 · 옥수수 · 전분 · 설탕 등을 부원료로 사용한다. 맥주는 전 세계 주류시장에서 60% 이상을 차지할 만큼 사랑받는 술인데, 맥주의 원료인 보리 · 물 · 홉 · 효모 · 전분 중에서 물이 맥주의 맛을 좌우한다고 할 수 있다.

맥주의 종류는 크게 생맥주와 병맥주로 나눌 수 있는데, 생맥주는 원료를 발효, 숙성, 여과하여 만든 것이고 병맥주는 장기간 보존을 위하여 열처리로 살균한 맥주이다. 따라서 생맥주는 시원하고 독특한 고유의 맛과 향을 지니지만 오랜 시간 보관할 수 없다는 단점이 있다.

맥주를 가장 맛있게 먹는 온도는 여름철에는 6~8℃이고 겨울철에는 10~12℃이다. 너무 차면 혀를 마비시켜 맥주 맛이 싱겁게 느껴지고 반대로 차지 않으면 거품만 많이 나오고 맛도 없어진다. 차갑게 하기 위하여 맥주를 얼려서는 안 되며, 마시기 2시간 전

에 깨끗한 글라스를 냉동실에 넣어 두었다가 사용하면 더욱 시원하게 즐길 수 있다. 맥주는 액체와 거품을 8:2 비율로 하여 마시는 것이 좋다.

잔에 따를 때에는 반쯤 찰 때까지 잔을 기울여 받다가 점점 잔을 세워 가득 채운다. 식사와도 잘 어울리는 술이지만 너무 많이 마시면 음식을 맛있게 먹을 수 없다.

여기서 잠깐!

맥주의 거품과 맥주병의 색깔

맥주의 거품은 맥주 속에 들어 있는 탄산가스가 밖으로 나가는 것을 막고 맥주와 공기가 접촉하여 산화되는 것을 방지하는 역할을 한다. 맥주병의 색깔이 대부분 갈색인 이유는 직사광선으로부터 맥주를 보호하기 위해서이다. 직사광선을 직접 받으면 산화작용으로 맥주 특유의 향과 맛을 잃는다.

4.4. 와인(wine)

와인은 양조주로 역사가 가장 오래된 술 중의 하나이다. 식욕을 돋우고 소화작용을 돕는 건강한 음료이자 아름다운 색깔과 조화로운 맛과 향기를 지닌 예술품이다. 커피 마시는 법이 따로 없듯이 와인을 마시는 까다로운 법칙도 없다. 와인은 식사 때나 모임에서 즐겁고 편안하게 마시면 된다. 그러나 세계적인 음악가의 음악을 즐길 때 정장을 입는 것과 같이 고급 와인을 마시면서 지켜야 할 격식이 있음을 기억해야 한다.

와인은 이제 우리에게 일상생활의 한 부분이 되고 있으며, 음주 문화가 성숙하고 건전하게 발달한 나라일수록 그 소비도 증가한다. 비즈니스의 공식 주류는 와인이다. 이런 상황에서 와인에 대해 아는 것은 선택이 아닌 필수인 셈이다. 와인에 대한 기초적인 상식을 익힌 후에 성공적인 비즈니스를 위해 알아야 할 와인 매너에 대해 알아보도록 하자.

(1) 와인의 분류

와인의 분류법에는 여러 가지가 있으나 일반적으로 색깔, 제조방법, 맛, 알코올 첨가 유무, 식사의 순서에 따라서 구분한다.

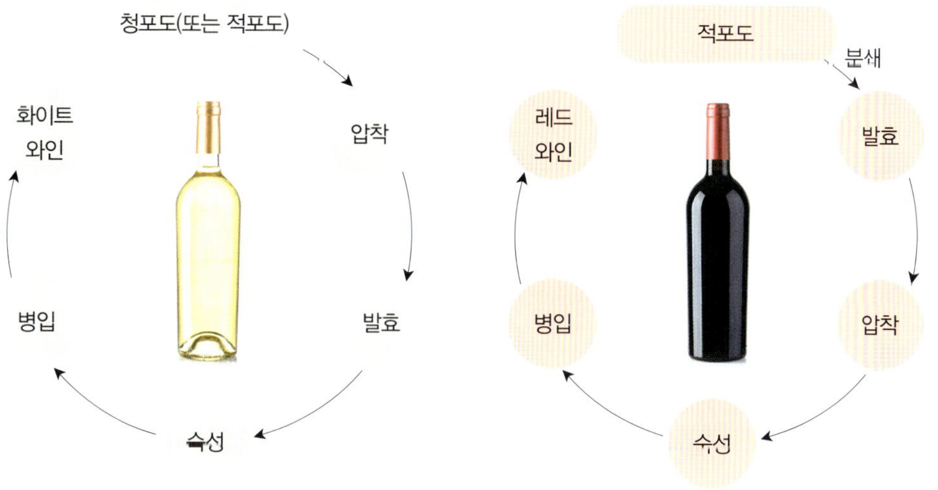

그림 1 와인 제조과정

색깔에 의한 분류

■ 화이트 와인

화이트 와인은 청포도를 사용하거나 적포도의 껍질을 제거하고 과즙만을 내어 발효시킨 것이다. 이때 발효 온도가 20℃ 정도로 낮아야 상품을 얻는데, 온도가 높으면 향이 손실되고 오염될 가능성이 많다. 물처럼 투명한 것에서부터 옅은 노란색, 연초록색, 초록색을 띤 노란색, 볏짚색, 짙은 노란색, 황금색, 호박색을 띤다. 화이트 와인은 조금 차게 마셔야 맛이 좋다(6~12℃ 정도). 스위트 와인은 더 차게 하여 마시는 것이 좋다(6~8℃). 화이트 와인은 레드 와인보다 더 가볍고 산뜻한 맛을 낸다.

■ 레드 와인

레드 와인은 적포도를 따서 껍질, 알맹이, 씨 등을 모두 으깬 상태 그대로 발효시킨 것이다. 발효가 진행되면서 씨에서 쓴맛이 우러나오고 껍질에서 색소가 우러나온다. 주로 짙은 자주색, 루비색, 붉은색, 붉은 벽돌색, 적갈색을 띤다. 상온으로 마시는 것이 좋다(12~20℃ 정도).

■ 로제 와인(핑크 와인)

레드 와인과 제조방법이 비슷하다. 적포도를 껍질째 통에 넣고 발효시키다가 어느 정도 색이 우러나오면 껍질을 제거한 채 과즙만을 가지고 와인을 만든다. 보존 기간이 짧으면서 오래 숙성시키지 않고 마시는 로제 와인은 색깔로는 화이트 와인과 레드 와인의 중간이고 맛은 화이트 와인에 가깝다. 주로 옅은 핑크색, 연어살색, 분홍 장미색을 띤다. 로제는 식사 때보다는 피크닉이나 특별한 분위기를 연출할 경우에 많이 마시며, 여름철에 주로 소비되는 계절 음료 성격을 띤다.

제조법에 따른 분류

■ 발포성 와인(sparkling wine)

톡 쏘는 거품이 나는 와인을 발포성 와인이라고 하며, 대표적인 것은 샴페인이다. 발포성 와인을 만드는 방법에는 2차 발효를 병 속에서 하면서 자연적으로 탄산가스가 생기게 하는 방법과, 잘 숙성된 와인을 병에 담을 때 인위적으로 탄산가스를 주입하는 방법이 있다.

풍부한 과일향과 차게 마시는 촉감(6~8℃)으로 누구나 좋아하는 맛을 지닌 샴페인은 천연 발포성 와인 중 프랑스 샹파뉴(Champagne) 지역에서 생산되는 제품만을 의미한다. 또 섬세하고 우아한 맛을 주는 샤르도네(Chardonnay), 풍부한 과일향의 피노 누아(Pinot Noir), 부드러운 맛의 피노 뫼니에(Pinot Meunier) 등 3개의 포도 품종으로 만들어진다. 12℃ 정도의 낮은 온도에서 서서히 숙성하여 만들어지며 샴페인 병은 포도주 병보다 두꺼우므로 냉장고에 하루 정도 넣어 두었다가 얼음을 채운 와인 쿨러에 담아서 낸다. 샴페인에는 탄산가스가 들어 있으므로 병마개를 뽑을 때 소리가 나지 않도록 주의한다.

샴페인 잔은 두께가 얇은 것이 좋고, 공식 만찬에서는 보통 후식이 끝난 후 인사를 하기 전에 건배한다. 스위트한 것부터 드라이한 것까지 여러 가지 맛이 있으며 어떤 음식과도 잘 어울리는데, 제조과정이 까다로워 값이 비싸다.

■ 비발포성 와인(still wine)

탄산가스가 없는 모든 와인으로 일반적으로 식탁에서 마시는 테이블 와인(table wine)이 여기에 속한다.

■ 강화 와인(fortified wine)

와인의 제조과정에서 브랜디 등을 첨가하여 알코올의 농도를 높인 와인이다.

■ 방향 와인(aromatized wine)

독특한 향신료나 약초 등을 첨가하여 향미를 좋게 한 와인이다.

(2) 와인의 타입

맛

와인의 타입을 일컫는 말로 드라이(dry), 스위트(sweet)가 있다. 드라이하다는 것은 단맛이 없다는 말이고 스위트는 말 그대로 단맛이 나는 와인을 말한다. 와인을 처음 접할 때에는 스위트가 좋지만 와인의 맛을 알아 갈수록 드라이 와인을 선호하게 된다. 식사 때 마시는 와인은 스위트보다 드라이 와인이 더 낫다.

와인의 알코올 발효 시 효모가 포도의 당분을 먹기 때문에 점차 단맛이 떨어지게 된

다. 효모는 알코올이 약 15%에 도달하거나 당분이 더이상 남아 있지 않으면 죽는데, 이때 와인 속에 남은 당분이 와인의 당도를 결정한다. 당도는 와인의 농도를 더욱 짙고 풍부하게 하며, 스위트 와인의 단맛은 산뜻한 산도와 조화되어 균형을 이룬다.

숙성 기간

와인은 숙성 기간에 따라 영 와인(young wine), 올드 와인(old wine)으로 나뉜다. 말 그대로 갓 담은 와인과 오래된 와인이다. 와인이 오래될수록 좋다는 생각은 잘못된 상식이다. 와인은 적당히 익었을 때가 가장 맛이 좋다. 김치와 마찬가지로 가장 맛있을 때가 있다. 그 기간이 지나면 아무리 오래된 와인일지라도 최고의 맛을 낼 수 없다.

가벼운 맛, 무거운 맛

가볍다(light), 무겁다(full)라는 표현도 있는데, 가벼운 것은 입안에서 부담이 없고 신선한 맛을 내는 것이며 무거운 것은 알코올 농도가 높고 텁텁한 맛을 내는 것을 말한다. 화이트 와인은 가벼운 것이 많고 레드 와인은 무거운 것이 많으며, 오래 숙성시킨 것일수록 무거운 맛을 낸다.

⦿ 바디(body): 와인을 마셨을 때 입안에서 느껴지는 것으로 라이트 바디(light body) 와인은 일반적으로 상큼하고 마시기 쉽다. 풀 바디(full body) 와인은 좀 더 힘 있고 농축된 맛을 내며 무거운 느낌을 준다.

통상적인 분류

이상과 같은 방식으로 와인을 분류하는 것은 교과서적인 방법이고, "보르도(Bordeaux) 와인을 마셔 볼까? 모젤(Mosel) 와인은 어때?"처럼 와인의 산지를 이야기하거나 '샤르도네(Chardonnay), 리즐링(Riesling)' 하는 식으로 포도 품종으로 이야기하기도 한다.

(3) 와인 감상의 3요소

와인 감상의 3요소는 색깔, 향, 맛이라고 할 수 있다. 와인이 입에 들어갔을 때 느끼는 맛은 복합적이어서 각 성분의 특성과 비율에 따라 맛에 차이가 있다. 따라서 마실 때에도 꿀꺽 삼키는 것보다 입안에서 서서히 굴리면서 음미하는 것이 좋다. 신맛, 떫은맛, 단맛 등 조화로운 맛과 입안에서 코로 전달되는 이차적 후각에 의해 어우러진 복합적인 맛을 느끼는 것이 와인을 감상하는 방법이다.

색깔(appearance)

우선 깨끗하고 투명한 글라스에 반쯤 따른 다음 불빛이나 하얀색 배경에 비춰 와인의 색깔을 본다. 조금도 혼탁하지 않고 투명하게 빛나야 한다. 레드 와인의 경우에는 진홍의 아름다운 색깔에, 영 와인은 경계선에 매혹적인 보랏빛이 보이지만, 오래될수록 벽돌색에 가까운 붉은색이 된다. 화이트 와인은 영 와인일 때에는 연둣빛이 은은하게 비치는 노란색이지만, 숙성될수록 연둣빛은 사라진다. 상한 와인은 레드 와인이 황토색, 화이트 와인이 브라운색을 띠며 둔탁하다.

향기(aroma)

글라스를 서서히 흔들면서 코밑에 갖다 대고 향기를 흠뻑 맡는다. 먼저 향을 맡고 이후 와인 잔을 돌려 다시 냄새를 맡는다. 코가 식별할 수 있는 향기는 혀가 맡을 수 있는 맛보다 수십 배 세밀하기 때문에 향기를 맡는다는 것은 와인을 감상하는 데 가장 중요한 역할을 한다. 품질이 낮은 와인일수록 향기가 평범하고 약하며, 좋은 와인일수록 복합적인 향기가 오래 지속된다.

향기

- 과일향기(fruit aromas): 감귤류, 푸른 과일(사과, 배), 붉은 과일(자두, 딸기, 라즈베리)
- 꽃향기(floral aromas): 장미, 바이올렛
- 향신료(spicy aromas): 계피, 바닐라, 후추
- 야채향기(vegetal aromas): 피망, 아스파라거스, 아몬드, 호두, 초콜릿, 커피

맛(taste)

단맛은 발효되지 않고 남아 있는 당분이나 생성된 알코올 그리고 글리세린 등에서 느낄 수 있는데, 보통 디저트 와인을 제외하고는 고급 와인일수록 단맛이 거의 없다. 화이트 와인의 경우 단맛과 신맛이, 레드 와인의 경우 떫은맛과 단맛, 신맛 등이 조화를 이루어 깊은 감칠맛이 나야 한다.

와인은 밀폐된 상태에서 잠을 자고 있다가 다른 병으로 옮기는 과정에서 공기와의 접촉(브리딩)으로 활성화되어 맛이 좋아진다(레드 와인은 마시기 30분에서 1시간 전,

스월링(swirling)

와인 디캔팅(wine decanting)

화이트 와인은 레드 와인에 비해 숙성 기간이 짧으므로 10~30분 전에 꺼내어 열어 두는 것이 적당하다).

- 브리딩(breathing): 와인을 제공하기 전에 공기와 접촉하여 병 속의 이상한 맛이나 거친 느낌을 숨 쉬게 하여 와인의 맛을 순화시키는 것이다.
- 스월링(swirling): 와인 잔에 와인을 넣고 돌리는 것을 말하며, 와인과 산소의 접촉을 촉진하여 와인의 향이 더 풍부하게 깨어나게 하기 위한 것이다. 잔의 다리를 잡고 돌리는 스월링은 가볍게 서너 번이 적당하다. 이 동작은 병에 갇혀 있던 와인이 공기와 골고루 접촉하도록 하기 위한 것으로 처음 마실 때 가볍게 서너 번 돌리는 것으로 충분하다. 이후에도 잔을 돌리는 것은 비즈니스 모임에서 상대방의 주의를 흩뜨릴 수 있으므로 피한다.
- 와인 디캔팅(wine decanting): 와인의 침전물을 분리하기 위해 별도의 투명한 유리병에 와인을 옮기는 것을 말한다. 이 과정에서 공기와의 접촉(브리딩)을 빨리 유도할 수 있다.

(4) 와인 고르기

와인은 종류가 많고 세계 여러 지역의 특성을 제각기 지니기 때문에 와인의 맛을 알려면 많은 관심과 경험이 필요하다. 와인의 질을 결정하는 데는 포도의 종류, 포도의 생산지, 포도 수확연도, 제조기술의 4가지가 복합적으로 영향을 미친다. 이 중 하나만 잘못되어도 좋은 품질의 와인은 나오지 않는다.

포도의 품종

세계적으로 널리 알려진 품종은 40여 종이지만, 품질 좋은 와인을 생산하는 품종은 10여 종에 불과하다. 모든 포도 품종은 각각 선호하는 토양과 기후가 다르므로 포도나무를 둘러싼 요소, 즉 배수, 토질, 채광, 고도, 포도밭 방향, 일조량, 강우량, 바람세기 등을 고려하여 포도의 품종을 선택해야 한다. 포도의 품종은 와인 특성의 많은 부분을 결정지을 뿐 아니라 와인의 풍미나 색상에도 영향을 미친다. 실제로 포도의 품종에 따라 알코올 도수를 결정하는 당도, 산도, 타닌의 정도가 각각 달라진다.

레드 와인은 카베르네 소비뇽(Cabernet Sauvignon), 메를로(Merlot), 피노 누아

(Pinot Noir), 시라(Syrah), 시라즈(Shiraz) 품종으로, 상급 화이트 와인의 90% 이상은 리즐링(Resling), 소비뇽 블랑(Sauvigon Blanc), 샤르도네(Chardonnay) 품종으로 만들어진다.

포도의 생산지(terroire)

같은 품종의 포도인데도 기후와 토양이 다르면 그 맛과 질이 달라진다. 좋은 예가 피노 누아(Pinot Noir)인데, 이 품종은 프랑스 부르고뉴(Bourgogne) 지방의 주된 품종으로 이 지방에서는 세계 최고의 와인을 생산하는데, 이후 전파된 미국에서는 수준 이하의 와인을 생산하게 되었다. 프랑스에서는 전통적으로 포도밭에 등급을 두고 수확하는 포도의 질과 관계없이 와인의 품질을 결정한다. 즉 포도 싹이 트기도 전에 와인의 등급이 결정되는 것이다. 와인 제조에는 그만큼 포도의 생산지가 중요하다.

원래 테루아르(Terroire)는 '토양(Soil)'을 뜻하는 프랑스어이다. 와인에 있어서 테루아르는 토앙의 성질이나 구조, 포도밭의 경사도나 방향, 일조량, 온도, 강수량 등 좋은 와인의 품질을 결정하는 포괄적 요소를 말한다. 다양한 자연조건으로 같은 포도 품종이라도 색다른 와인을 만들 수 있다.

테루아르의 요건

토양, 기후, 강수량, 영양분

와인의 라벨 읽는 법

와인 병에 붙어 있는 상표를 보면 와인의 품질을 알 수 있다. 와인의 라벨은 나라별로 각각 다른 기준을 가지고 표기되는데, 보통 포도의 수확연도, 포도의 품종, 포도 재배 국가와 지역, 제품명, 와인 등급, 와인 제조사가 표시된다. 여기에서는 보르도 와인의 라벨을 살펴보도록 하자.

① 와인의 상표(와인명): 단순히 지명이나 상호로 표기하지 않고 고급 와인은 생산자 명칭을 적는다.
② 포도 수확연도(vintage): 와인을 제조한 포도의 수확연도
③ 와인의 등급: 1등급 그랑 크뤼 글라세
④ 생산 지역명
⑤ 원산지 명칭 통제(AOC)
⑥ 포도원 소유지의 이름과 주소
⑦ 알코올 도수(알코올 농도)
⑧ 포도원(chateau) 병입: 미장 부테 오 샤토(Mis En Bouteilles Au Chateau)는 포도원에서 제조, 병입했다는 것을 보증한다는 내용이다.
⑨ 와인 생산국: 프랑스 보르도
⑩ 와인 물량
⑪ 심벌마크: 보르도 와인은 포도원 그림을 쓰는 경우가 많다.

Cephas Picture Library Ltd / Alamy Stock Photo

프랑스 와인의 등급

- AOC(Appellation d' Origine Contrôlée): 원산지 명칭 통제 표시를 말하며 엄격한 심사(포도의 생산, 포도 품종, 생산량, 가지치기, 재배방법, 양조 및 숙성, 저장방법 규제) 끝에 고급 와인으로 판정된 최상급 와인이다.(최저 알코올 도수 10% 이상)
- VDQS(Vin Délimité de Qualité Supérieure): '우수한 품질의 와인'이라는 표시로 일등급 와인이다.
- Vins de Pays: 지역 와인으로 보급주 표시이다. 이 와인은 엄격한 규제(AOC)는 받지 않았으나 원산지 표시가 의무화된 보급 와인이다.
- Vins de Table: 일반적인 프랑스식 테이블 와인으로 대중적인 와인이다.

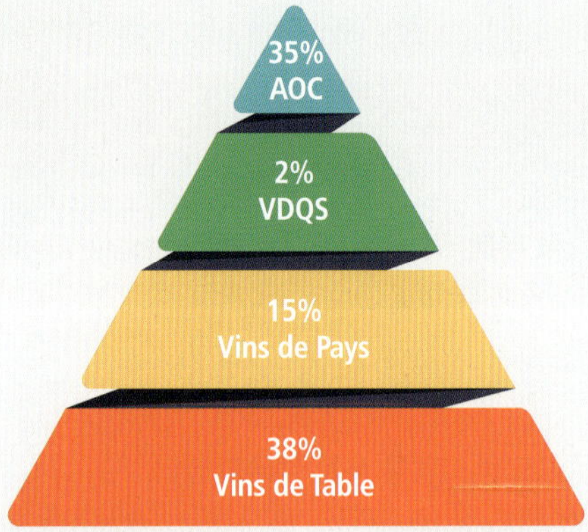

포도 수확연도(vintage)

해마다 기후가 같지 않다는 것은 누구나 알고 있는 사실이다. 포도는 기후와 강수량, 일조시간에 민감하기 때문에, 그 해의 모든 일기조건이 포도 품질을 결정적으로 좌우한다. 그래서 미식가들은 와인을 선택할 때 '보르도(Bordeaux) 1989년산' 하는 식으로 포도 풍년이 든 해를 기억하고 그 해 와인만을 찾기도 한다. 따라서 와인의 가격도 수확연도에 따라 차이가 있다. 또한 라벨에 표시한 빈티지는 와인의 품질을 판단하는 중요한 기준이 된다.

와인 제조기술

와인을 만드는 과정은 복잡하고 많은 경험을 요하기 때문에 최신 기술을 사용한다고 해서 좋은 와인이 만들어지는 것은 아니다. 대체로 대규모 생산설비와 자동화를 갖춘 회사의 와인이 값싸고, 전통적인 방법을 이용하여 소규모로 생산되는 와인이 값비싼 이유도 바로 여기에 있다.

(5) 와인 접대와 보관 방법

와인 글라스

일반적으로 사용하는 와인 글라스는 튤립 모양의 긴 손잡이가 달린 것인데 사람의 체온이 직접 전달되지 않도록 고안한 것이다. 그리고 위로 올라갈수록 입구가 좁아지는 이유는 와인의 향기가 밖으로 나가지 않고 글라스 안에서 감돌도록 한 것이다. 와인의 색깔을 보고 즐길 수 있도록 맑고 투명한 것이 좋다. 와인은 글라스의 3분의 1 정도만 따라야 글라스에 담긴 와인을 흔들어 향을 충분히 즐길 수 있다.

와인의 온도

와인의 종류에 따라 적정한 온도를 유지해야 한다. 급격한 온도 변화는 와인을 상하게 할 수도 있다. 또한 마실 때 화이트 와인은 6~12℃, 레드 와인은 15~20℃, 샴페인은 6~8℃ 정도로 마신다고 하지만 정해진 법칙은 없다. 경우에 따라 보졸레(Beaujolais)나 루아르(Loire)같이 가벼운 레드 와인은 차갑게 마실 수 있으며, 더운 여름에는 화이트 · 레드 와인을 차갑게 마실 수 있다. 다만 냉동실에 넣어 급격하게 온도 변화를 주는 것은 피해야 한다.

와인의 적정 서비스 온도는 다음 표와 같다.

표 2 와인의 적정 서비스 온도

와인 스타일	서비스 온도
미디엄/풀 바디 화이트 와인	조금 차게 12℃
라이트/미디엄 바디 화이트 와인	차게 10℃
스위트 와인	매우 차게 6~8℃
스파클링 와인(샴페인)	매우 차게 6~8℃
라이트 바디 레드 와인	살짝 차게 12℃
미디엄/풀 바디 레드 와인	상온 15~20℃

와인 테이스팅

먼저 와인을 주문한 사람 혹은 그날의 주빈에게 먼저 와인을 조금 따른 뒤 맛을 봐 달라고 청하는 것을 와인 테이스팅(wine tasting)이라고 한다. 이때 테이스팅을 하는 사람은 글라스를 들고 색깔과 향, 맛이 만족스러운지 살핀 다음, 다른 손님의 글라스에 따르도록 허락한다. 주빈의 오른쪽 사람부터 와인을 따르는데, 먼저 여성 손님의 글라스를 채운 후 다시 반대 방향으로 남성 손님의 잔을 채운다. 와인을 따르고 나서는 병을 약간 비틀어 와인 방울이 식탁에 떨어지지 않도록 한다.

와인 보관법

와인을 오랫동안 보관하기 위해서는 와인을 진동이 없고 50%의 습도율을 유지할 수 있는 약간 어두운 곳에 보관해야 한다. 이상적 온도는 13℃ 정도의 일정한 온도이다. 세워 놓기보다는 외부 공기가 병 속에 침입하는 것을 막을 수 있게 코르크가 젖도록 눕혀 놓는 것이 좋다(15도 각도). 코르크가 건조해지면 공기가 들어가 와인이 산화된다. 와인 병을 따고 나서 다 마실 수 없어 남긴 경우에는 음식에 이용하는 것이 좋다.

(6) 와인과 음식의 조화

일반적인 조화

붉은 고기류에는 레드 와인, 굴이나 새우, 생선요리, 흰 고기류에는 화이트 와인이 어울린다.

특징적 조화

생선요리 중 붉은 소스 요리에는 레드 와인이 어울린다. 닭고기처럼 살이 흰 고기에는

드라이한 화이트 와인이 어울린다. 과일이나 푸딩 같은 단 음식에는 스위트 와인이, 달지 않은 음식에는 드라이 와인이 어울린다. 또 프랑스 요리에는 프랑스 와인이, 이탈리아 요리에는 이탈리아 와인 등 그 지역의 요리에는 그곳에서 생산된 와인이 어울린다.

여기서 잠깐!

샴페인의 기준

원래 샹파뉴 지역은 신맛이 강한 드라이 화이트 와인과 특별한 특징이 없는 레드 와인을 생산하는 곳이었다. 250년 전 수도사 동 페리뇽(Dom Perignon)이 지방의 오빌레(Hauvillers) 수도원에서 와인 제조 책임자로 일했는데, 당시에는 당분이나 알코올의 측정법이 발달하지 않아 당분이 남아 있는 상태에서 와인을 병에 넣는 일이 많았다. 당분이 남아 있는 와인은 추운 겨울에는 큰 변화가 없지만 봄이 되어 온도가 올라가면 다시 발효가 일어나는 경우가 많은데, 발효가 일어나면 탄산가스가 생성되면서 병 속의 압력이 증가하여 병이 폭발하거나 병뚜껑이 날아간다. 동 페리뇽과 수사들은 이때 병 속에 가득한 탄산가스를 보며 맛을 보고는 "빨리 와 봐요. 난 지금 별을 마시고 있어요."라고 외쳤다고 한다.

고급 샴페인의 기준

- 좋은 포도주스를 원료로 한다(1등급 포도밭에서 생산된 포도).
- 오랜 기간 병에서 숙성시킨다.
- 포도의 수확연도(vintage)를 표기한다.
- 글라스에서 작은 거품이 오랜 시간 올라와야 한다.

JRJfin / Shutterstock.com

Stanimir G.Stoev / Shutterstock.com

식사 코스와의 조화

와인을 식사 중에 마실 때에는 다음 순서로 진행한다.

- 화이트 → 레드
- 드라이 → 스위트
- 라이트 바디 → 풀 바디
- 숙성이 덜 된 것 → 오래된 것

5. 와인과 샴페인 서비스 매너

5.1. 와인 서비스 매너

- 와인 리스트를 이용하여 요리에 잘 어울리는 와인을 권하고 주문을 받는다.
- 주문을 받은 와인은 적정 온도의 것으로 와인 셀러(wine seller)로부터 조심스럽게 식탁으로 가져온다.
- 화이트 와인의 경우 쿨러(cooler)에 넣어 호스트의 우측에 올려놓는다.
- 주문된 와인 병의 상표를 호스트에게 보이며 확인시킨다.
- 와인 오프닝은 병목을 둘러싼 포일(foil) 밑부분을 나이프로 조심스럽게 도려 내는 것에서 시작된다.
- 깨끗한 서비스 타월로 코르크와 병 주둥이를 닦고 왼손으로 병을 잡고 오른손으로 서서히 코르크를 뽑아 낸다.

- 와인이 닿은 부분의 냄새를 맡아 본 후 이상이 없으면 호스트의 우측에서 호스트에게 냄새를 맡게 한다. 호스트가 이상이 없다고 하면 손님이 와인 상표를 볼 수 있도록 와인 병을 잡고 서비스 타월로 감싸서 서비스한다.
- 손님의 오른쪽 뒤에서 오른손을 사용하여 바른 자세로 서비스한다.
- 손님의 수가 많을 때에는 호스트에게 먼저, 남

자와 여자가 있을 때에는 남자에게 시음을 권한다. 시음 시 와인을 글라스의 4분의 1 정도 따라서 제공하는데 시음하는 동안 손님이 와인 상표를 볼 수 있도록 하고, 시음 후 좋다는 의사를 표시하면 시계 방향으로 와인을 서비스한다.

- 와인은 병 입구가 글라스에 닿지 않도록 글라스에서 2.5cm 정도 위에서 서비스한다.
- 글라스는 식탁에 놓고 레드 와인은 글라스의 3분의 1, 화이트 와인은 2분의 1 정도만 따른다. 서비스할 때 와인 방울이 떨어지지 않도록 병을 약간 비틀어(병이 4분의 3 정도) 들어 올린다.
- 와인 서비스가 끝나면 레드 와인은 바구니에 담은 채로 호스트가 상표를 볼 수 있도록 식탁 위에 놓아 두고, 화이트 와인은 쿨러에 담고 그 위에 타월을 걸쳐 놓는다.
- 쿨러에는 와인 병의 어깨 정도를 덮을 수 있을 만큼의 물과 얼음을 섞어 채워 놓는다.
- 손님의 글라스가 비면 언제든지 채울 수 있도록 주의를 기울인다.

와인 오픈 방법

- 병목의 밑부분에 칼집을 내어 캡슐을 제거한다.
- 깝질을 벗겨 내고 코르크의 상태를 확인한다(이때 병목을 깨끗이 닦는다).
- 와인 오프너 스크루의 금속 부분을 중앙에 꽂는다.
- 스크루를 돌린다. 이때 코르크 부스러기가 떨어지지 않도록 유의한다.
- 스크루가 2/3 정도 들어가면 양쪽 날개를 잡고 아래쪽으로 눌러 코르크를 뽑아 낸다(코르크 부스러기가 나오도록 조금 따라 버린다).

5.2. 샴페인 서비스 매너

- 와인과 같이 서비스의 첫 단계는 병을 손님에게 보여 주는 것이며, 손님이 확인한 후 손님 앞에서 오픈한다.
- 서비스 시 적정 온도는 화이트 와인과 같고, 잘 냉각된 차가운 샴페인 글라스에 서비스한다(샴페인은 병이 두꺼우므로 마시기 20~30분 전쯤 물과 얼음을 넣은 통에 넣어 두는 것이 좋다).
- 샴페인을 운반할 때에는 심하게 흔들리지 않도록 주의한다. 병의 코르크가 높은 압력을 견디고 있는 상태이므로 오픈 시 소리가 크게 나지 않도록 유의한다.
- 병목을 둘러싼 포일을 벗겨 내고, 왼손 엄지손가락으로 철사망의 코르크 위를 누르고 오른손으로 철사고리를 왼쪽으로 풀어 철사망을 벗겨 낸다.
- 병을 45도 정도 기울이고 왼손의 엄지와 검지손가락을 사용하여 천천히 밀어 올리고 오른손으로는 병을 좌우로 약간씩 돌려 가면서 마개를 뺀다. 코르크 마개가 튀어 나가거나 소리가 너무 크게 나지 않도록 코르크를 단단히 잡는다.
- 호스트에게 시음을 청하여 맛을 확인시킨 후 와인과 동일한 순서로 서비스한다. 글라스의 3분의 1 정도를 따라서 거품을 가라앉히고 다시 2분의 1 또는 4분의 3 정도를 따라 서비스한다.

주요 용어

- 건배 매너
- 독일의 음주 문화
- 리큐르
- 맥주
- 미국과 영국의 음주 문화
- 브랜디
- 샴페인
- 샴페인 서비스
- 식전주
- 식중주
- 식후주
- 양조주
- 와인
- 와인 서비스
- 위스키
- 일본의 음주 문화
- 자리 매너
- 중국의 음주 문화
- 증류주
- 한국의 음주 문화
- 혼성주

CHAPTER

11 공공장소 매너

공공장소는 여러 사람이 공동으로 속하거나 이용하는 곳으로 나를 포함한 사회 구성원 모두가 공동생활을 하는 곳이다. 여러 사람이 함께 사용하는 공유 장소이자 다중 이용 시설인 만큼 어떠한 경우든지 상대방에게 피해를 주거나 결례가 되지 않도록 세심한 배려와 양보가 필요하다. 공공장소 매너는 쾌적하고 질서 있는 공동생활을 위해 반드시 지켜야 할 예의규범이며 '우리'를 배려함으로써 결국 자신이 그 혜택을 누리게 되는 지혜로운 삶의 습관이다. 이 장에서는 교통수단 이용 매너, 관람 매너, 보도 이용 매너에 대해 알아본다.

1. 교통수단 이용 매너

1.1. 승용차 이용 매너

- 손윗사람이나 상사가 승차 시에는 오른손으로 문을 열어 그대로 고정시킨 다음 왼손으로 "타십시오."라고 안내한다. 그리고 하차 시에는 내리는 문의 옆에 서서 문을 오른손으로 열고 안전을 확인한 후 하차를 권한다.

- 여성은 승차 시에 엉덩이를 먼저 넣고 양다리를 붙여 가지런히 옮기고 하차 시에는 다리를 먼저 내리고 일어서도록 한다. 여성이나 노약자의 경우에는 손을 내밀어 에스코트를 해 줄 수 있다.
- 자동차 안에서는 동승한 사람이 있을 경우 금연하며, 특히 담배를 피우지 않는 사람과 동승했을 때에는 반드시 금연하도록 한다.
- 타인의 차량에 승차 시에는 감사 인사를 하고, 운전자와 단둘이 승차할 경우에는 조수석에 승차한다. 임의로 운전자의 양해를 구하지 않고 창문을 여닫는 행위나, 오디오를 작동하거나 내부 시설을 만지는 등의 행위를 하지 않는다. 하차 시에도 감사 인사를 잊지 않는다.
- 운전자는 주행 시에 차간 거리를 유지하도록 하고 신호등과 주행속도를 지켜 운전한다. 비가 온 뒤 물이 고인 웅덩이를 지날 때에는 서행하여 보행자를 배려한다(모든 탑승자는 안전벨트 착용, 운전자는 음주 운전 금지).
- 택시 이용 시에는 승강장이 지정되어 있으면 그곳에서 줄지어 대기하고, 본인의 차례가 되었을 때 승차하도록 한다. 택시가 운행하기 어려운 곳이나 차의 운행 방향이 회전할 수 없는 곳으로 가자고 강요하지 않는다. 승하차 시에는 운전자에게 감사 인사를 한다.

최악의 주차 매너

- 이중 주차 후 사이드 브레이크 걸어 놓기
- 연락처를 남기지 않기
- 두 대가 주차할 수 있는 공간에 차를 걸쳐 대어 한 대 주차하기
- 우회전 커브 공간에 차 대어 놓고 전화하기

Ki young / Shutterstock.com

여기서 잠깐!

승용차의 상석 배치 매너

자가운전인 경우에는 운전자 옆자리가 최상석이다. 특히 운전자의 부인과 동승한 경우에는 운전석 옆자리가 부인석이다. 좌석의 위치는 판단이 애매할 경우 상사가 먼저 앉도록 하는 것이 좋고 상사가 자진해서 조수석에 앉는다면 양해의 말을 한마디 하고는 뒷좌석 좌측(운전석 뒤)에 앉는다. 뒷좌석 한가운데에는 특히 여성을 태우지 않도록 한다. 한가운데 좌석은 조금 높으므로 불편할 수 있다.

한복을 입은 여성이나 연로한 사람을 차의 안쪽에 들어가게 하는 것은 오히려 실례이다. 좌석의 순위는 원칙을 따르는 것도 중요하지만 상사나 연장자의 의사를 존중하는 것이 더 중요하므로 상황과 의견에 따르도록 한다. ("어디에 타는 것이 좋겠습니까?")

운전기사가 운전할 경우　　자가운전의 경우

그림 1 승용차의 상석 배치 매너

1.2. 버스 · 전철(지하철) 이용 매너

- 승하차 시에는 한 줄로 서서 차례를 기다리며, 노약자 보호석은 노약자를 위해 비워 둔다. 일반석의 경우에도 노약자나 장애인, 임산부, 어린이를 동반한 여성에게 자리를 양보하도록 한다.
- 차 안에서 신발을 벗거나 다리를 앞좌석의 의자 위에 올려놓기, 책상다리, 의자에 눕거나 다리를 꼬고 앉지 않도록 한다. 어린이가 뛰지 않도록 주의시킨다.
- 버스에 먼저 탄 사람은 창가 자리에 앉고, 창가 쪽의 치마 입은 여성이 하차하려고 하면 통로 쪽 남자 승객은 잠시 일어서서 비켜 주고, 승차했을 때에는 여성이 먼저 좌석에 앉을 수 있도록 배려한다. 신문을 넓게 펼쳐 보는 것은 옆 사람에게 불편을 주므로 반으로 접어서 본다.

Keitma / Shutterstock.com

- 대화는 조용히, 잠을 잘 때에는 남에게 피해가 가지 않도록 해야 하며, 특히 휴대전화 소리와 DMB 소리 등으로 옆 사람에게 방해되지 않도록 주의한다.
- 고속버스 안에서는 안전벨트를 착용하고, 출입구나 통로에 짐을 놓는다거나 빈 좌석을 차지하기 위해 차례를 무시하거나 다른 사람의 자리를 대신 많이 맡아 놓는 등의 행위를 삼가도록 한다.
- 애완동물을 데리고 전동차에 타지 않도록 하고, 혼잡한 역에서는 일행끼리 네 줄로 서서 통행인에게 불편을 주지 않도록 한다.

행복열차를 100배 즐기는 10가지 에티켓

- 휴대전화는 무음이나 진동으로, 통화는 내린 후에 이어폰 밖으로 소리가 새어 나가지 않도록 볼륨 낮추기
- 애완동물과 함께 탈 때에는 전용 박스에 넣어서 이동하기
- 복잡한 승강장에서는 네 줄로 서는 센스!
- 아무리 배가 고파도 전동차 내 음식물 섭취는 No!
- 장애인, 임산부, 노인, 어린이를 위해 교통약자석 비워 두기
- 신문은 반으로 접어서 보고 다 본 신문은 신문수거함에
- 전동차 내 잡상인 판매물품 구입하지 않기
- 옆 사람을 생각해서 다리는 모으고 앉기
- 복잡한 전동차 안에서는 '칸 이동' 자제하기

자료: 서울메트로(www.seoulmetro.co.kr)

1.3. 열차 이용 매너

- 시끄럽게 떠들고 담배를 피우는 행위를 삼가고 음식 · 과자 · 과일 껍질 등은 봉투에 모아서 휴지통에 버린다.
- 열차 내에서는 결례가 안 되는 범위에서 옆 좌석 승객들과 가벼운 인사를 나누고, 무거운 짐을 휴대한 주변 승객을 도와준다. 열차 내에서 음식을 먹을 때에는 음식 냄새가 퍼지지 않도록 유의한다.
- 출입구나 통로에 기대어 서거나 큰 가방이나 짐을 놓아 통행에 방해가 되지 않도록 한다. 노약자의 안전을 배려하고 아이들이 시끄럽게 떠들거나 통로를 뛰어다니지 않도록 주의시킨다.
- 신발을 벗거나 앞쪽 승객이 일행이 아니라면 앞좌석에 발을 올려놓지 않도록 한다.
- 객차 내에서는 휴대전화의 전원을 끄거나 진동으로 하고 통화해야 할 상황에서는 작은 소리로 하거나 객실 간 통로를 이용한다.

열차의 상석 배치 매너

열차에서의 상석은 창가 쪽이며, 통로 쪽이 말석이다. 네 사람이 마주 앉는 기차에서는 진행하는 방향의 창가 좌석이 상석이며, 그 맞은편 앞이 두 번째 상석, 첫 번째 상석 옆자리가 세 번째 상석이고 말석은 맞은편 통로 쪽 좌석이다. 침대차는 아래쪽 침대가 상석이다.

1.4. 선박 승선 매너

- 질서 있게 승선하여 지정석에 앉고 지정석이 없는 경우에는 한쪽으로만 치우쳐 앉지 않도록 주의한다.
- 배멀미를 하는 사람은 미리 약을 복용하고, 비닐 봉투 등을 준비해 둔다. 선내의 통로 · 비상구와 구명대의 위치를 확인하고 사용법을 익혀 비상시에 대비한다.
- 선내의 비품은 깨끗이 사용하고, 슬리퍼 차림으로 실외를 통행하지 않는다. 개인 행동은 금물이며, 선내 안내방송에 따라 행동한다.

2. 관람 매너

2.1. 전시장, 박람회 매너

- 한 줄로 서서 차례로 표를 사고 입장할 때는 휴대금지 품목(촬영 장비, 소음을 유발하는 장비나 물건)을 지정장소에 보관하거나 맡긴다.
- 사진 촬영이 금지된 곳에서는 규정을 준수하고, 연구 자료 등으로 꼭 필요한 경우에는 주최 측의 허락하에 가급적 관람객이 적은 시간에 촬영한다(플래시의 불빛은 고화를 변질시킬 수 있으므로 주의한다).
- 전시품은 눈으로 감상하며, 함부로 손을 대거나 낙서를 하여 훼손하지 않는다.
- 작품에 대해 궁금한 사항이 있으면 감상이 끝난 후에 안내원이나 담당 작가에게 문의하고, 함부로 큰 소리로 작품평을 하지 않도록 한다.
- 관람객이 많아 줄지어 관람할 때에는 한곳에 지나치게 오래 머물러 다음 사람에게 방해를 주는 태도를 삼가고 적당한 거리에서 떨어져 관람한다. 코스에 따라 관람하되 먼저 지나가야 할 때에는 조용히 지나간다.
- 관람을 마치고 나올 때에는 주최자에게 축하 내지는 감상의 뜻을 표하며 안내원의 지시에 따라 질서를 지키고, 조용히 관람, 감상을 한다.
- 원만하고 차질 없는 관람을 위해 가능한 한 전시시간을 미리 파악하여 관람할 날짜와 시간을 정하고 팸플릿이나 안내책자를 보고 예비 지식을 갖춰 관람한다. 휴식은 지정된 장소에서 다른 사람에게 방해가 되지 않도록 하는 것이 좋다.

2.2. 극장, 공연장 매너

- 공연장에서는 무대상연 시작 시간 전에 도착해 질서를 지켜 매표한 후 입장한다. 특히 화장실의 위치는 미리 확인하고 헤드폰을 대여하는 경우에도 미리 도착하여 확보해 둔다.
- 착석하기 위해 다른 관객 앞을 지날 때에는 공손히 양해를 구하며, 옆 사람에게 폐가 되지 않도록 옆걸음으로 조용히 들어오거나 나가야 한다. 일반적으로 입장 시 여성이 앞에 서는 것이 상례이나 남성이 티켓을 가지고 있을 경우에는 남성이 앞장서서 에스코트하면 된다. 남녀 커플이 동반할 경우에는 남 · 여 · 남 · 여 순으로 앉고 좌석 끝에 여성을 앉히지 않는다.
- 막이 오른 후 도착했을 때에는 다른 관객 및 출연자에게 방해가 되지 않도록 한 곡이 끝날 때까지 밖에서 기다렸다가 막간(intermission)을 이용해 들어가도록 한다.
- 공연 중에는 휴대전화의 전원을 끄고, 안내책자를 뒤적거리거나 옆 사람과 잡담을 하지 않는다. '연소자 입장불가'이거나 어린이가 관람하기에 부적절한 내용의 공연물과 정숙을 요하는 공연장(영화, 연극, 오페라 등)에는 어린이를 가급적 동반하지 않는다(6세 미만은 동반을 금지하고, 동반자도 적절한 복장을 갖추도록 하는 것이 좋다).
- 상영 중에는 이야기하면서 웃거나 머리를 지나치게 움직인다거나 이쪽저쪽 두리번거리고 소란스럽게 구는 행위, 껌이나 사탕을 소리 내어 먹는 행위, 애정행각 등을 하지 않는다.

T photography / Shutterstock.com

- 공연물에 따라서 남성의 복장은 턱시도 혹은 정장, 여성은 드레스(검은색 계통) 등을 착용하는 것이 좋다.
- 박수 등은 알맞게 쳐야 하는데 연극을 관람할 때에는 장이 바뀔 때마다 박수를 치고 연극이 끝나고 막이 내릴 때까지 자리에서 일어나지 않는다. 오페라의 경우에는 각각의 아리아에 대해 각 장이나 막마다 끝나면 박수를 친다. 클래식 콘서트는 음악 작품이 다 끝나면, 재즈 콘서트는 작품 내에서 솔로 공연 뒤에 박수를 친다.
- 지정 좌석이 아닌 경우에는 가운데 자리부터 앉아 다른 관람객들이 번거롭지 않게 하고 자기 좌석을 찾아 들어갈 때에는 양해를 구한다. 오페라하우스의 경우 로열박스(특별석)는 앞쪽이 여성석, 뒷줄이 남성석이다.
- 영화나 공연 관람 시 사진촬영은 삼가고 앞좌석을 발로 차지 않는다. 타인의 관람을 방해하는 큰 소리를 내지 않도록 한다.

박수를 치는 때와 방법

- 발레는 막이 내린 후에 박수를 친다.
- 국악은 한 곡 연주 후에 박수를 친다.
- 판소리 · 마당놀이는 흥에 겨우면 언제나 박수를 칠 수 있다.
- 연극은 막이 내렸을 때, 연극 중에 명대사나 명연기가 나올 때, 최후의 막이 내렸을 때 박수를 친다.
- 음악회의 경우 지휘자가 등장 시, 한 곡이 끝났을 때, 마지막 곡이 끝났을 때 박수를 친다. 교향곡과 같이 악장 수가 3~4악장으로 구성된 곡은 모든 악장이 끝난 후에 박수를 친다. 오페라는 아리아나 이중창이 끝나면 박수를 친다(성악곡은 3~4곡씩의 묶음 중에 한 묶음이 끝날 때마다, 기악곡은 마지막 악장이 끝났을 때 박수를 친다).
- 앙코르는 한두 번 청하고, 받아 주지 않는다고 하여 휘파람을 불거나 고함을 치면서 계속 청하는 것은 매너에 어긋난다.
- 오페라를 관람하면서 훌륭한 무대에 격려를 보내는 뜻으로, 무대 위의 연주자 혹은 성악가가 남성일 때에는 박수와 함께 '브라보!'를 외친다. 여성일 경우에는 '브라바', 남녀 혼성이거나 단체일 경우에는 '브라비'를 외친다. 단, 엄숙한 종교 음악에서 '브라보'를 외치는 것은 예의에 어긋나는 행동이다.

Ferenc Szelepcsenyi / Shutterstock.com

2.3. 스포츠 관람 매너

- 운동경기 중에 상대방 선수에게 야유를 보낸다거나 물건을 던지는 행위를 하지 않도록 하고 적절한 응원으로 경기장 분위기에 활력을 조성하는 것이 좋다.
- 상대편 선수나 팀이라도 훌륭한 경기를 보여 주었을 때에는 기꺼이 박수를 쳐 준다.

3. 보행 매너

길을 보행할 때에는 일행 중 연장자가 길 안쪽에 서고, 상급자와 함께 걸을 때에는 하급자가, 여성과 함께 길을 걸을 때에는 남성이 바깥쪽(차도 쪽)에 선다. 여성들끼리는 연령 순으로 연장자가 안쪽에 선다. 4~5명이 횡대로 나란히 걷지 않도록 하고, 남녀가 같이 걸을 때에는 남성이 여성을 우측으로 인도하는 것이 바른 매너이다.

보행 중에 휴대전화를 장시간 사용한다거나, 침이나 가래를 뱉는 행위, 싸움, 과음으로 비틀거리는 행위, 흡연 등을 삼간다. 혼잡한 노상에서 보행 중 장애인과 마주쳤을 때에는 잠시 멈추고 길 옆으로 비켜서서 그들이 무사히 지나갈 수 있도록 배려한다.

4. 대학생활 매너

4.1. 강의실 매너

- 지각은 수업 중인 교수님이나 다른 학생들에게 방해가 되기 때문에 수업이 시작하기 5분이나 10분 전에 미리 와서 준비한다.

- 강의가 시작되기 전에 휴대전화는 꺼 두거나 진동으로 해 놓는다.
- 수업 도중에 주변 사람들이나 친구들과 시끄럽게 떠들지 않는다.
- 주의 산만한 행동으로 수업을 방해하지 않는다.
- 수업에 집중하여 열심히 공부한다. 졸거나 엎드려 자는 행동은 삼간다.

4.2. 도서관, 열람실 매너

- 도서관과 열람실에서는 항상 정숙하게 조용히 한다.
- 타인에게 피해를 주기 때문에 자주 들락날락하지 않는다.
- 음식물, 음료 등을 가지고 들어가지 않는다.
- 책장을 요란스럽게 넘긴다거나 연필, 펜 등으로 소리를 내며 쓰는 등 다른 사람에게 피해를 주는 행동을 삼간다.
- 휴대전화는 꺼 두거나 진동으로 해 놓고 급한 전화를 받을 때에는 나가서 용건을 마치고 들어온다.
- 옆 사람에게 용무가 있을 때에는 작은 소리로 짧고 간결하게 하여 타인에게 피해를 주지 않는다.

주요 용어

- 강의실 매너
- 교통수단 이용 매너
- 극장, 공연장 매너
- 도서관, 열람실 매너
- 버스, 지하철 이용 매너
- 보행 매너
- 선박 승선 매너
- 스포츠 관람 매너
- 승용차 이용 매너
- 열차 이용 매너
- 전시장, 박람회 매너

참고문헌

- 강경화(2000), 『현대 메이크업 총론』, 서울 : APC.
- 권혜숙 · 황선진 · 권혜욱 · 김윤(2004), 『패션과 이미지메이킹』, 서울 : 수학사.
- 금한나(2007), 『이미지와 국제 매너』, 서울 : 한올출판사.
- 김광숙 · 박미정 · 양진희 · 이종란 · 구자명(2003), 『Make–up & Coordination』, 서울 : 예림.
- 김기혁 · 양석균(2007), 『고객 유형별 맞춤이 경쟁력이다』, 서울 : BG북갤러리.
- 김영신 · 유두련 · 백경미 · 서정희 · 이희숙(2001), 『소비자상담의 이해』, 서울 : 시그마프레스.
- 김옥희 · 오환일 · 이행숙 · 김현오 · 홍연숙 · 김동규 · 황경애 · 정영숙(1998), 『생활예절』, 서울 : 양서원.
- 김윤경 · 김애경(2006), 『패션과 이미지메이킹』, 서울 : 교문사.
- 김은영(2002), 『이미지메이킹』, 서울 : 김영사.
- 김원동 · 이동하(2008), 『무한도전 성공면접』, 서울 : 책과사람들.
- 김진익(2000), 『(생명을 살리는) 친절 도우미 감동 교육비결』, 서울 : 예사랑.
- 김진탁 · 강인호 · 최승호 · 박진영 · 조영대 · 권정택 · 안중식 · 석미란 · 유형숙(2004), 『관광과 서비스』, 서울 : 현학사.
- 김학수(2007), 『삼강오륜의 의미와 글로벌 에티켓』, 서울 : 높은오름.
- 김현룡(2002), 『(고객창출을 위한) 한국 표준 서비스』, 서울 : 범우사.
- 나카지마 다카시, 박현석 옮김(2008), 『유쾌한 표현술』, 고양 : 동해출판.
- 다나 메이 · 케이스퍼슨, 조은경 옮김(2006), 『(성공 비즈니스를 부르는) 에티켓 핸드북』, 서울 : 미래의 창.
- 다이보 이쿠오 · 고야마 스스무, 조기여 · 유태순 공역(2005), 『의복과 화장의 사회심리학』, 서울 : 동서문류.
- 대한항공 객실훈련원(1998), 『상위클래스 직무향상과정교재』, 서울 : 대한항공 객실훈련원.
- 도미경(2003), 『(고객감동을 위한) 관광서비스의 이해』, 서울 : 백산출판사.
- 도영태 · 김순희(2005), 『(기업이 원하는 인재가 되기 위해 반드시 알아야 할) 직장 예절』, 서울 : 영진미디어.
- 로버트 엘머, 김영호 옮김(2006), 『(성공을 부르는)이미지 마케팅 10』, 서울 : 지식의 샘.
- 미래 서비스 아카데미(2005), 『서비스 매너』, 서울 : 새로미.
- 민혜련(2012), 『(마담 민의 매너 살롱』, 서울 : 21세기북스.

- 박윤선(2012), 『직장생활 정글의 법칙』, 서울 : 매일경제신문사.
- 박한표(2006), 『글로벌 문화와 매너』, 서울 : 한올출판사.
- 박혜정(2005), 『고객서비스실무』, 서울 : 백산출판사.
- 박혜정(2007), 『(서비스맨의) 이미지메이킹』, 서울 : 백산출판사.
- 방기연 · 이윤정(2008), 『마인드 코칭』, 서울 : 하늘눈.
- B&B경영컨설팅(2005), 『친절을 파는 10가지 원칙』, 서울 : 삶과꿈.
- 사사키 치카 · 송유정 · 오선숙 · 이상은 · 이영미 · 이철영 · 정연자(2007), 『이미지메이킹』, 서울 : 예림.
- 심윤정 · 신재연(2013), 『고객서비스실무』, 서울 : 한올출판사.
- 서근석(1997), 『알기 쉬운 국제 매너』, 서울 : 고려서적.
- 서대원(2007), 『글로벌 파워매너』, 서울 : 중앙북스.
- 세일즈마케팅연구소 · 임진석(2005), 『(아무도 설명해 주지 않는) 세일즈 고객 매뉴얼』, 서울 : 삼각형비즈.
- 손일락 · 이채안 · 홍미선(2007), 『국제 매너의 이해』, 서울 : 한올출판사.
- 신강현(2005), 『글로벌 매너 테크』, 서울 : 형설출판사.
- 신원주 · 강경원 · 최소연 · 이미경 · 강성윤 · 송선영 · 배인정 · 조강혜 · 최윤영 · 정희영 · 김미교 · 박소영(2005), 『CS는 행동이다』, 서울 : 도서출판 두남.
- 안명숙 · 장애란(2002), 『현대패션과 이미지메이킹』, 서울 : 예학사.
- 안미현(2006), 『경쟁력 있는 서비스는 어떻게 만들어지는가』, 서울 : 거름.
- 에모토 마사루, 홍성민 옮김(2008), 『물은 답을 알고 있다』, 서울 : 더난출판사.
- 오경화 · 김정은 · 구미지 · 성연순 · 김세나(2007), 『패션 이미지 업』, 파주 : 교문사.
- 오홍철 · 함성필 · Dury Chung · 곽병휴 · 전재균 · 박소영 · 윤승자 · 유민정(2005), 『글로벌 매너 완전정복』, 파주 : 학현사.
- 우재현(2005), 『(TA에 의한) 청소년 인성개발 프로그램』, 대구 : 정암서원.
- 원융희(1995), 『매너소프트』, 서울 : 백산출판사.
- 윤치영(2002), 『당신도 화술의 달인이 될 수 있다』, 서울 : 책이있는마을.
- 윤치영(2007), 『성공 화술 백서』, 서울 : 책만드는집.
- 이관표 · 최상수(2008), 『(글로벌시대의) 세계관광』, 서울 : 대왕사.
- 이민규(2003), 『1%만 바꿔도 인생이 달라진다』, 서울 : 더난출판사.
- 이상민(2010), 『고객만족 실전경영바이블』, 서울 : RHK.
- 이상우(2006), 『향수의 모든 것』, 서울 : 도서출판 만남.

- 이성혜(1994), 『현대인의 인간관계론』, 서울 : 학문사.
- 이우곤(2006), 『취업특강』, 서울 : 청년정신.
- 이유재(2008), 『서비스마케팅』, 서울 : 학현사.
- 이정숙(2008), 『성공하는 직장인은 대화법이 다르다』, 서울 : 더난출판사.
- 이정숙(2011), 『마음을 열어주는 유쾌한 남녀대화법』, 서울 : 나무생각.
- 이정학 · 장태선 · 박명옥(2006), 『현대사회와 매너』, 서울 : 기문사.
- 일본능률협회컨설팅, 임준영 옮김(2008), 『(1시간 만에 마스터하는) 서비스 잘하는 방법』, 서울 : 청림출판.
- 임붕영(2004), 『(고객을 춤추게 하는) 서비스 리더십』, 서울 : 백산출판사.
- 장원기 · 남택영(2001), 『글로벌 에티켓』, 서울 : 기문사.
- 전대수(2007), 『(성공을 위한) 화술 클리닉』, 파주 : 범우사.
- 정미영 · 김상희 · 하성이 · 임은진(2006), 『이미지 메이킹과 서비스 매너』, 서울 : 도서출판 청람.
- 정연아(2011), 『매력은 설득이다』, 서울 : 랜덤하우스코리아.
- 정혜경(1999), 『언어행동과 비언어행동』, 서울 : 박이정.
- 진정욱 · 배영봉 · 김기봉(1999), 『신바람 직장 에티켓』, 서울 : 벤처북.
- 차길수(1997), 『서비스 기업의 인간관계 관리』, 서울 : 대왕사.
- 차석빈 · 허윤정(2007), 『펼치는 매너! 보이는 매너!』, 서울 : 현학사.
- 최동열(2004), 『관광서비스』, 서울 : 시문사.
- 최해수 · 서진우 · 김지윤(2006), 『매너 & 서비스실무』, 서울 : 대왕사.
- 캐빈 & 재키 프라이버그(2008), 『너츠! 사우스웨스트 효과를 기억하라』, 서울 : 동아일보사.
- 톰 윌리엄스, 송인숙 · 김경자 공역(1999), 『고객불평처리핸드북』, 서울 : 시그마프레스.
- 하진영 · 오선영(2007), 『영화로 보는 매너와 에티켓』, 서울 : 파워북.
- 한국능률협회(2003), 『고객이 당신을 해고할 수 있다』, 서울 : 한국능률협회.
- 한국여성교양학회 예절연구회(2006), 『생활예절』, 서울 : 신정.
- 한국여행발전연구회(2007), 『세계화 시대의 에티켓과 마인드』, 서울 : 대왕사.
- 한명숙 · 하희정(2005), 『자기 이미지 커뮤니케이션』, 서울 : 교문사.
- 한홍렬 · 서규선 · 최문기 · 정문현(2001), 『생활예절과 국제매너』, 고양 : 인강사랑.
- 향을 사랑하는 사람들(2000), 『향 · 향수 이야기』, 서울 : 도서출판 한송.
- 헤럴드 셔먼, 이미경 옮김(2008), 『커리어 우먼 대화법』, 서울 : 버들미디어.

- 호텔신라 서비스교육센터(1999), 『현대인을 위한 국제 매너』, 서울 : 김영사.
- 후루야 하루코, 김활란 옮김(2004), 『매너상식 48』, 서울 : 비즈포인트.

- Bennett, Roger(1996), "Relationship Formation and Governance in Consumer Markets : Transactional Analysis Versus the Behaviorist Approach," *Journal of Marketing Management*, 12, 417-436.
- Brian, Tracy(2002), *Be a Sales Superstar*, San Francisco : Berret-Koehler.
- Carla, Mason Mathis and Helen Villa Connor(1994), *The Triumph of Individual Style*, New York : Fair Child Publications, Inc.
- Condon, J. C. and Yousef, F.(1975), *An Introduction to Intercultural Communication*, Indianapolis : The Bobbs-Merrill Company, Inc.
- Dodd, C. H.(1982), *Dynamic of Intercultural Communication*, Iowa : Brown Company Publishers.
- Gornroos, C.(1984), "A Service Quality Model and Its Marketing Implication," *European Journal of Marketing*, 18(4), 37-40.
- Hollander, A.(1994), *Sex and Suit*, New York : Knopf Inc.
- Jakson, Carole(1980), *Color me Beautiful*, Washington : Acropolis Book.
- Parasuraman, A., Valarie A. Zeithaml and Leonard L. Berry(1985), "A Conceptual Model of Service Quality and Its Implications for Future Research," *Journal of Marketing*, 49(Fall), 41-50.
- Parasuraman, A., Valarie A. Zeithaml and Leonard L. Berry(1988), "SERVQUAL : A Multiple-Item Scale for Measuring Customer Perception of Service Quality," *Journal of Retailing*, 64(Spring), 16-17.
- Quinn, J. B., Baruch, J. J. and Paquette, P.C.(1987), "Technology in Service," *Scientific American*, 257(6), 50-58.
- Zeithaml, V. A. and Bitner, M. J.(1996), *Service Marketing*, New York : McGraw-Hill.
- Zeithaml, V. A., et al.(2008), Service Marketing-Integrating Customer Focus Across the Firm, 4th edition, New York : McGraw-Hill.
- http://media.daum.net/culture/leisure/view
- http://www.airport.kr/
- http://www.essenseac.com

- http://www.idisc.co.kr
- http://www.jobpion.com
- http://www.kdisc.co.kr
- http://www.kpti.com
- http://www.mbti.co.kr
- http://www.newsprime.co.kr
- http://www.news2day.co.kr
- http://www.seoulwine.com
- http://www.seoulmetro.co.kr
- http://www.theklife.co.kr
- http://www.wine21.com
- http://www.wineprince.co.kr
- http://www.9-mind.com
- http://korean.visitkorea.or.kr